Dieter Zeller

Charis bei Philon und Paulus

D1727159

Stuttgarter Bibelstudien
142

Herausgegeben von
Helmut Merklein und Erich Zenger

Dieter Zeller

Charis bei
Philon und Paulus

Verlag Katholisches Bibelwerk GmbH
Stuttgart

CIP-Titelaufnahme der Deutschen Bibliothek

Zeller, Dieter:
Charis bei Philon und Paulus / Dieter Zeller. –
Stuttgart: Verlag Katholisches Bibelwerk, 1990
  (Stuttgarter Bibelstudien; Bd. 142)
  ISBN 3-460-04421-7

NE: GT

Inhaltsverzeichnis

5

Vorwort

Diese Studie geht auf ein Referat zurück, das ich 1985 im Philon-Seminar des SNTS-Meetings in Trondheim hielt. Daß ich es zum Buch ausarbeiten konnte, verdanke ich einem Forschungssemester und meiner Frau, die die tägliche Last eines Haushalts mit Kleinkindern weithin allein getragen hat. Ihr sei es deshalb auch gewidmet: sie verkörpert ja in meinem Leben χάρις in allen Nuancen des Wortes.

Es soll aber auch ein χαριστήριον sein für die Kollegen vom Wissenschaftlich-Theologischen Seminar in Heidelberg: auf ihren Antrag hin wurde ich in diesem Jahr zum Honorarprofessor an der Ruprecht-Karls-Universität bestellt. Unter den dortigen Neutestamentlern ist in diesem Buch vor allem *K. Berger* mein Gesprächspartner. Daß dieses Gespräch teilweise kontrovers geführt wird, möge ihm meine freundschaftliche Hochachtung und die stimulierende Wirkung seiner zahlreichen Veröffentlichungen bezeugen.

Herrn Kollegen *H. Merklein*, Bonn, danke ich herzlich für die Aufnahme des Manuskripts in die Reihe der Stuttgarter Bibelstudien. Frau *B. Daub* hat mit viel Geduld das Computer-Skript durchkorrigiert. Hervorheben möchte ich schließlich meine wissenschaftliche Hilfskraft, Herrn *G. Rohrmann*, der die Literatur besorgte, die Druckfahnen durchlas und den Index erstellte.

Mainz, im Dezember 1989   *Dieter Zeller*

Einleitung

Welchen Sinn hat es, zwei Denker oder Theologen zu vergleichen? Welche methodischen Grundsätze sind dabei zu beachten? Einmal besteht die Gefahr, daß der Vergleich unfair ausfällt, weil zwei nicht komparable Größen nebeneinandergestellt werden oder weil man sie nach Gesichtspunkten untersucht, die einer oder beiden fremd sind. Zum andern kann der Vergleich unfruchtbar bleiben, wenn sich keine spannungsvolle Beziehung ergibt und alles einerlei ist.

Mit Philon und Paulus haben wir uns zwei Männer herausgesucht, die etwa in derselben Zeit lebten – Philon mag 15–20 Jahre älter gewesen sein[1] – und in einem ähnlichen Milieu wirkten: der antiken Welt des 1. Jh. n. Chr. Beide waren von Haus aus Diasporajuden. Philon geht es darum, seinen jüdischen Gottesglauben in einer heidnischen Umgebung festzuhalten und denkerisch zu rechtfertigen, in Auseinandersetzung und mit Hilfe der griechischen Philosophie. Paulus steht ein Stück weit in derselben Front: Auch er vertritt gegenüber dem Heidentum zunächst einmal den jüdischen Glauben an den einen Gott. Das ist freilich nur ein Vorspiel für seine Christusverkündigung. Und hier gerät er auch in einen gewissen Gegensatz zu seinem jüdischen Erbe, steht diesem gegenüber unter Rechtfertigungsdruck. Diese analogen und auch wieder unterschiedlichen Positionen sind bei einem Vergleich zu bedenken.

Auch die Art, wie beide Männer sich schriftlich äußern, ist verschieden. Philon produziert von vornherein literarisch, in der expositio und den apologetischen Schriften um die Selbstdarstellung des Judentums nach außen bemüht, in den allegorischen Werken für einen elitären jüdischen Kreis. Er will in erster Linie Schriftausleger sein[2]. Paulus dagegen ist von

---

[1] Zu den Einleitungsfragen vgl. *Daniélou, Goodenough,* Introduction; *Arnaldez,* Introduction (mehr Forschungsbericht); *Hegermann* in: *Maier-Schreiner* 175–178. 353–369; *Sandmel, Philo; ders.* in: ANRW II 21.1; *Borgen* ebd. (Forschungsbericht) und in: *Stone* II 233–282; *Williamson* 1–27. Zum Verhältnis Philons zur jüdischen Wirklichkeit seiner Zeit vgl. *Amir* 3–51. – Praktische Ratschläge gibt *D. T. Runia,* How to read Philo: NedThT 40 (1986) 185–198.

[2] Darin nimmt ihn *Nikiprowetzky,* commentaire, ernst. 181–192 lehnt er die Synagogenpredigt als Sitz im Leben der philonischen Schriftauslegung ab; höchstens für Material in qGen und qEx komme sie als Quelle in Frage. Daß Philon in der Tradition einer an die Synagoge angebundenen Exegeseschule steht, haben *D. M. Hay,* Philo's References to Other Allegorists: StPh 6 (1979/80) 41–75 und *Tobin* 172–176 wahrscheinlich gemacht. – Bei unserem Vorgehen werden wir

seiner Berufung her Missionar, der dabei auch Briefe schreibt. Er ist jedoch auch ein Theologe, der seine Argumente durch Schriftexegese unterbaut. Wie Philon, wenn auch in schwächerem Maß, steht er unter dem Einfluß der hellenistischen Popularphilosophie. So gesehen könnte sich ein Vergleich also lohnen.

Das Leitfossil unseres Vergleichs ist nun aber der Begriff „Gnade", besser gesagt, die theologische Konzeption, die sich damit verbindet. Es wird sich herausstellen, daß damit ein für beide Gestalten zentrales Stichwort gegeben ist. Wir beschäftigen uns also nicht mit Dingen, die für einen von beiden nur peripher wären, so daß man z. B. leicht Paulus gegen Philon ausspielen könnte oder umgekehrt.

Die große Bedeutung der χάρις bei beiden Autoren hat nun die Forscher schon seit langem dazu verführt, Paulus und Philon geistig nahe aneinander heranzurücken[3]. Doch heben gerade protestantische Theologen die Andersartigkeit und Originalität der paulinischen Gnadenlehre hervor[4]. Mit Recht fordern sie, man solle besser darauf achten, in welchem Kontext die Aussagen jeweils stehen.

So sehr sich manche aus dem Zusammenhang gerissene Stellen ähneln mögen, eine literarische Abhängigkeit ist ausgeschlossen[5]. Man kann es höchstens mit einer traditionsgeschichtlichen Erklärung der Ähnlichkeit versuchen. Vermutungen dieser Art haben in letzter Zeit vor allem *K. Berger* und seine Schüler geäußert.

---

demnach darauf achten müssen, wie weit Gedanken Philons aus dem biblischen Text gewonnen sind und ihn erschließen. Eine ausführliche Darstellung seines exegetischen Verfahrens ist aber aus Platzgründen nicht möglich. Philon wird sich auch als im wesentlichen kohärenter Denker erweisen; das erlaubt eine sachlich bestimmte Gliederung.

[3] Nach *Völker* 248 Anm. 2 und *Carsson* sind hier vor allem ältere Arbeiten von *Gfrörer* und *Kennedy* zu nennen, die ich im deutschen Leihverkehr nicht erhalten konnte. Auch *P. Bonnetain* macht in seinem monumentalen Art. *Grace* in: DBS III 761–1319, 926–930 auf die Nähe der philonischen Gnadenlehre zu Paulus, ja zur katholischen Dogmatik aufmerksam und kann nur bedauern, daß Philon nicht die Anziehungskraft der Gnade Christi verspürte. *H. Chadwick*, St. Paul and Philo of Alexandria: BJRL 48 (1965/66) 286–307 geht 300 kurz auf die Psychologie des Glaubens und den Gnadenbegriff ein.

[4] Zu *Windisch* und *Völker* vgl. II D 1 a und b. *Carsson* 163 f warnt: Von Paulus her uns bekannte Kategorien wie Erwählung und Gnade können in einem philonischen Kontext völlig verschiedene Konnotationen oder sogar Denotationen haben. Freilich unterscheidet er bei Philon selber die Kontexte zu wenig.

[5] Vgl. die eindringliche Warnung von *S. Sanders*, Parallelomania, in: JBL 81 (1962) 1–13.

Nach *Berger*[6] ist der Gegensatz von Gnade und Werken u. a. in der alexandrinisch-jüdischen Schöpfungstheologie entwickelt worden, an der auch Paulus partizipierte. *Heiligenthal* schließt sich dem an: Aus dem pagan-griechischen Topos der gegenseitigen Vergeltung der Wohltaten leite Philon ab, daß nicht die guten Werke, sondern die dankende Gottesverehrung die adäquate Antwort des Menschen auf die gnadenhafte Zuwendung Gottes sei[7]. Diese menschliche Reaktion verstehe Philon als von Gott geschenkte Möglichkeit zu einem am Gesetz orientierten Handeln[8]. Paulus nehme den traditionellen Gegensatz von Gnade und Werken auf, aber so daß er diese als ἔργα νόμου qualifiziert und damit der Zeit vor der eschatologischen Offenbarung der Gerechtigkeit Gottes ohne Gesetz zuordnet, während er die Gnade eng mit dem Christusgeschehen verbindet[9]. Innovierend sei auch die Trennung von „Glaube und Werken" in bezug auf die Rechtfertigung[10] und die Verbindung von Gnade und Glaube[11]. Als Kronzeuge wird immer wieder die Beispielreihe all III 77–103 angerufen.

Sellin bringt neuerdings weniger den Apostel als die Leugner der Auferstehung in Korinth mit philonischem Gedankengut zusammen. In diesem Zusammenhang finden sich längere Ausführungen über χάρις bei Philon[12].
Ein Vergleich könnte es vielleicht möglich machen, gemeinsame Traditionen von persönlichen Akzentuierungen zu scheiden. Es müssen z. B. nicht alle Aussagen des Paulus über Gnade auf einer Ebene liegen. Die Gegenüberstellung soll jedenfalls weder dazu dienen, die Ursprünglichkeit des Christentums herauszustellen noch umgekehrt sie durch traditionsgeschichtliche Vorgaben einzuebnen. Vielmehr können sich so beide Autoren in ihren eigenen Konturen herausheben, wenn wir sie zudem noch vor dem Hintergrund ihres jeweiligen Milieus sehen.
Wir beginnen mit Philon, der als der bei den Lesern dieser Studie wohl weniger bekannte ausführlicher behandelt wird. Doch zuvor müssen wir den Wortgebrauch von χάρις in dem Bereich skizzieren, der sowohl die Sprache Philons wie des Paulus prägt.

---

[6] Vgl. NedThT 27 (1973) 14f; *ders.* in: EWNT III 1099; *von Dobbeler* 133 Anm. 111. Dem Vernehmen nach sitzt ein weiterer Schüler *Bergers* an einer Diss. über Gnade bei Philon.
[7] Werke 272–278.
[8] Ebd. 290f.
[9] Ebd. 296f.
[10] *Ders.*, Art. ἔργον in: EWNT II 123–127, 126.
[11] Vgl. Werke 301f.
[12] Streit 148ff.

I. χάρις in der griechischen Antike und beim griechischsprechenden Judentum[1]

A) Allgemeiner Sprachgebrauch

χάρις ist von χαίρω herzuleiten und bedeutet eigentlich: Das Erfreuende. Die richtige Etymologie ist auch in der Antike bekannt. Plutarch, Mor. 778C etwa zitiert einen Komikervers:

χαρᾶς γὰρ οὐδὲν οὕτως γόνιμόν ἐστιν ὡς χάρις (Nichts erzeugt so sehr Freude wie eine gute Tat)[2].

Von daher erhalten wir drei hauptsächliche Bedeutungen:
1. Das Erfreuliche, der Reiz, die Anmut, nicht nur von Personen, sondern etwa auch von der Rede, vom Kunstwerk, vom Essen oder vom Leben ausgesagt[3].
2. Die Gunst
   a) als Gesinnung
   b) konkret als Gunsterweis, Gabe.

Hierbei ist eine überlegene Position des χάρις Gewährenden vorausgesetzt. Bezeichnend ist etwa die Verwendung in der Hofsprache: z. B. Syll.[3] I 22,15: Im Haus des Großkönigs „liegt" für einen verdienten Mann große χάρις (= Thuk. I 129 εὐεργεσία). Antiochus I. von Kommagene verewigt auf einer Inschrift seine ἔργα τῆς χάριτος (OGIS I 383,9). Nero bezeichnet die Gewährung der Freiheit für Achaia als χάρις (Syll.[3] II 814ff; vgl. noch OGIS I 139,20f). In hellenistisch-römischer Zeit erhalten die Gnadenerweise der Herrscher Zusätze wie „gottgleich" (OGIS II 666,21), „unsterblich" (Syll.[3] II 798,5). Das deutet an, von welcher Höhe herab sie kommen, verleiht ihnen aber auch eine besondere Qualität. In dem eben zit. Dokument aus Kyzikos (37 n. Chr.) heißt es denn auch:
„Die (von Caligula wieder eingesetzten Könige) die neidlose Fülle der unsterblichen Gnade genossen haben, sind dadurch größer als die früheren, weil jene

---

[1] Vgl. *Loew; Wetter; Moffatt*, Part A; *Conzelmann*, ThWNT IX 363–366; *Dörrie; Moussy* 411–415; C. *Spicq*, Notes de lexicographie néotestamentaire (OBO 22,2) Fribourg-Göttingen 1978, 960–966.
[2] Das Zitat ist daran zu erkennen, daß es Plutarch an dieser Stelle – gegen den Sinn des Fragments – auf die Freude des Gebers ankommt. – *Bauer-Aland* 1750 verweist noch auf ein Frgm. aus Apollodors Buch „Über die Götter": „Die Chariten heißen von der Freude her so, und oft nennen die Dichter die χάρις eine Freude." Ferner Cornutus, theol. gr. 15 (*Lang* 20).
[3] Vgl. z. B. Platon, Gesetze 667B–E.

von den Vätern den Thron erbten, diese aber wurden von der Gnade des Kaisers Gaius Kaiser, um zugleich mit so großen Göttern (den Kaisern) zu herrschen. Die Gnaden der Götter aber unterscheiden sich von menschlicher Thronfolge wie die Sonne von der Nacht und das Unsterbliche von der sterblichen Natur"[4]. Philon war mit diesem schmeichlerischen Stil vertraut. In Gai 147 sagt er zum Abschluß seiner Eloge auf Augustus:

ὁ τὰς χάριτας ἀταμιεύτους εἰς μέσον προθείς (der seine Wohltaten ohne zu zählen öffentlich darbot).

3. Der darauf antwortende Dank. Die Wohltat wird zu einem Depositum, das der Empfänger dem Geber „schuldet" (ὀφείλειν) und als Dank „zurückgibt" (ἀποδιδόναι, ἀπονέμειν)[5]. Mit Wortspielen drücken die Dichter die Entsprechung zwischen gewährter Gnade und Dank aus. Berühmt ist der Vers des Sophokles, Aias 522:

χάρις χάριν γάρ ἐστιν ἡ τίκτουσ' ἀεί (ein Gefallen erzeugt immer wieder einen Gefallen)[6].

So ist oft noch der innere Zusammenhang zwischen den drei Verwendungen spürbar, so daß K. Berger[7] schön formulieren kann, χάρις sei „das freie, unerzwingbare, glückhaft geschenkte Offensein füreinander".

B) Ethisch-religiöse Kontexte der griechischen Antike

1. Die Gunst der Götter und Dank dafür

Im durchschnittlichen religiösen Denken werden Glücksfälle, Rettung oder Erfolg auf die Gnade der Götter zurückgeführt[8]. Der in Festen

---

[4] Vgl. *Wetter* 15 ff; *Spicq* (s. Anm. 1) 961 f. Bei Philon Gai häufen sich die Belege für χάρις als Gunsterweis des Herrschers: vgl. 158. 253. 285. 287. 325. 334. 337. 345. Vgl. auch Jos 157. 181. 229. 231. 240. 249.

[5] Vgl. *Loew* 3–6; *Spicq* (s. Anm. 1) 964 Anm. 3 f.

[6] Vgl. Frgm. 275; ferner Euripides, Helena 1234 χάρις γὰρ ἀντὶ χάριτος ἐλθέτω; von einer unwillkommenen Gabe heißt es bei Sophokles, OedCol 779 ὅτ' οὐδὲν ἡ χάρις χάριν φέροι.

[7] EWNT III 1096.

[8] Zum Beispiel meldet ein Bote bei Aischylos, Agamemnon die Eroberung Trojas und sagt zum Schluß (581 f): χάρις τιμήσεται Διὸς τάδ' ἐκπράξασα (Man wird die Gnade des Zeus ehren, die dies vollbracht hat). Vgl. 4. hom. Hymnus 574 f par. mit φιλεῖν; Ael. Aristides 53 Ende. Weiter *Spicq* (s. Anm. 1) 961 Anm. 6.

epiphane Gott bringt Gnade mit[9]. Sie materialisiert sich in der Gabe[10]. Besonders beliebt sind die Gunsterweise der Aphrodite[11] und der Isis[12]. Die Gnade einer Gottheit wird gewürdigt, indem man ihr eine Gedenkinschrift widmet und/oder ein Dankopfer (χαριστήριον) darbringt. So darf der Fromme wieder auf neue Gnadenerweise hoffen. Natürlich bricht manchmal die Einsicht durch, daß kein Mensch die Wohltaten der Götter mit würdigen Dankesbezeigungen vergelten kann[13]. Und doch entsteht öfter der Eindruck des *do ut des*. Jedenfalls schließt der Begriff der Gnade nicht aus, daß ihr von seiten des Menschen Frömmigkeit oder etwas ähnliches voraufgeht. Das ist sogar die Regel[14]. Zwar läßt Platon Sokrates im Euthyphron klarstellen, daß die Frömmigkeit keine Geschäftemacherei zwischen Göttern und Menschen ist:

„Denn was sie geben, ist jedem deutlich; haben wir doch nichts Gutes, was jene nicht gäben. Was sie aber von uns empfangen, welchen Nutzen haben sie davon?"[15]

Man kann den Göttern keinen Gefallen (χάρις) erweisen. Eine entsprechende Auffassung des Eutyphron führt jedenfalls in die Aporie. Aber anderswo behält Platon die volkstümliche Anschauung bei; so ord-

---

[9] Vgl. Pindar, Parth. 2,4 ἥκει γὰρ ὁ Λοξίας πρόφρων ἀθανάταν χάριν (Apollon wird kommen, für unsterbliche Gnade sorgend); Frgm. 75,2. Auch Platon, Gesetze 796C τὴν τῆς θεοῦ χάριν τιμῶντας dürfte so zu verstehen sein, daß die Mädchen und Jünglinge die gnädige Anwesenheit der gerüsteten Athene mit Waffentänzen ehren. Zu den verschiedenen Übersetzungsmöglichkeiten vgl. *Th. A. Pangle*, The Laws of Plato, New York 1980, 530 Anm. 16.

[10] Vgl. z. B. Platon, Gesetze 844D: Διττὰς ἡμῖν δωρεὰς ἡ θεὸς ἔχει χάριτος αὕτη (zweifache Gaben ihrer Huld schenkt uns die Herbstgöttin).

[11] Vgl. Dion Chrys. XX 21.

[12] Vgl. SIRIS 42. Sie heißt POxy. 1380,10 χαριτοδώτειρα. Z. 156 ist – textlich unsicher – von ihrer χάρις im Zusammenhang ihres kosmischen Waltens die Rede. Daß aber Philon gerade deshalb χάρις verwendet, wie *Berger*, NTT 27 (1973) 15 vermutet, ist wohl ein Kurzschluß. Von beneficium bzw. beneficia der Isis spricht auch Apuleius, Metamorphosen XI 12,1; 13,6; 18,1; 21,1; 24,5; 25,2. – Antonius wird in Ephesus als Dionysos Χαριδότης καὶ Μειλίχιος gefeiert (Plutarch, Ant. 24). Dionysos ist „Erfinder" von χάριτες (Gai 88), nämlich des Weinbaus.

[13] Vgl. Xenophon, apomn. IV 3,15.

[14] *Bolkestein* 157: „Die Erwartung der Vergeltung einer Gabe wird auch *im Verkehr mit den Göttern* ganz naiv ausgesprochen."

[15] 14E/15A.

net er in den „Gesetzen" öffentliche Opferfeiern an θεῶν μὲν δὴ πρῶτον χάριτος ἕνεκα[16] (in erster Linie um der Gunst der Götter willen). Typisch mag die Erwägung in einer dem Hippokrates zugeschriebenen medizinischen Abhandlung[17] sein: Es geht um die Frage, warum gerade vornehme Skythen oft impotent sind. An mangelnden Opfern für die Götter kann es nicht liegen. Denn allgemein gilt:

τιμώμενοι χαίρουσιν οἱ θεοὶ καὶ θαυμαζόμενοι ὑπ᾽ ἀνθρώπων καὶ ἀντὶ τούτων χάριτας ἀποδιδοῦσιν[18].

Ähnlich heißt es in einer ehrenden Inschrift[19]:

„Denen, die fromm leben, folgen Gnadengaben von den Göttern und von denen, die Gutes empfingen".

Der Geehrte wollte τὰς τῆς εὐσεβείας χάριτας τοῖς θεοῖς ἀπονέμειν (33: den Göttern die der Frömmigkeit gewährten Wohltaten zurückerstatten bzw. die der Frömmigkeit anstehenden Dankerweise erstatten). Für die erstere Übersetzung spricht etwa, was Diodor S. III 2,4 von den Äthiopiern sagt:

τῆς εἰς τὸ θεῖον εὐσεβείας φανερῶς αὐτοὺς κομίζεσθαι τὰς χάριτας (sie ernten sichtbar die Gunst für ihre Frömmigkeit gegenüber dem Göttlichen).

Doch kann von einem „Handel" nicht eigentlich die Rede sein, wenn man die verschiedenen Ebenen von Gottheit und Mensch bedenkt, die gerade der Begriff χάρις anzeigt. Er begegnet in religiösen Texten der Antike selbstverständlich, wenn auch nicht zu häufig, ist also für ihre Frömmigkeit nicht zentral[20].

---

[16] 771D; dieselbe Wendung bei Aristophanes, Vögel 854f; vgl. auch Gesetze 931A: Indem wir Götterbilder verehren, glauben wir, daß sie uns deswegen viel Wohlwollen und Gnade (εὔνοιαν καὶ χάριν) gewähren. Vgl. auch Staat 394A.

[17] CMG I 1,75.

[18] „Die Götter freuen sich, wenn sie von den Menschen geehrt und bewundert werden, und geben dafür Gunstbezeugungen." Daß Gott sich freut, wenn er geehrt wird, setzt auch Jos., ant. XVI 42 voraus. Vgl. auch *Loew* 16f. Dagegen stimmt Sokrates in Platons Philebos 33B Protarchos zu, daß sich die Götter weder freuen noch traurig sein können.

[19] Syll.³ II 708,25; vgl. auch Apollon. Rhod. III 1005: Medea wird analog zu Ariadne von Gott Gnade verheißen, wenn sie die Schar der Argonauten rettet.

[20] So *Conzelmann*, ThWNT IX 364f.

2. Die Chariten[21]

An verschiedenen Orten Griechenlands und der Ägäis wurden in Zwei-
oder Dreizahl ursprünglich chthonische weibliche Gottheiten als Χάριτες
verehrt, die – wie ihre Namen (Auxesia bzw. Auxo, Damia – verwandt
mit Demeter –, Karpo, Thallo) verraten – für die vegetative Fruchtbarkeit
zuständig waren; die in Athen bezeugte Hegemone könnte auch als See-
lengeleiterin in Anspruch genommen worden sein. Bei Homer haben sie
ästhetische Bedeutung: Sie schenken Liebreiz, stehen im Dienst der
Aphrodite; eine von ihnen ist mit Hephaistos verheiratet, wohl weil er der
Gott des Kunsthandwerks ist.
Bei Hesiod, Theogonie 907–911 – wie auch bei Sappho und Theognis –
gelten sie als Töchter des Zeus. D. h.: Schönheit, zumal des poetischen
Werkes, ist Gottesgabe. Ihre Mutter ist Eurynome, die die weite Geltung
von Recht und Brauch repräsentiert. Hesiod zählt die Chariten als dritte
Dreiergruppe nach den Horen und Moiren auf und nennt die Namen, die
sich später durchsetzen: Aglaïa (der festliche Glanz), Euphrosyne (der
Frohsinn) und Thalia (die Festesfreude). Thalia heißt aber 77 auch eine
Muse. Die Chariten wohnen denn auch auf dem Olymp in der Nachbarschaft der Musen in festlichen Freuden, zusammen mit Himeros (das
Verlangen)[22]; denn ihr anmutender Blick sendet gliederlösenden Eros aus
(910). Die von Gott geschenkte Schönheit bewirkt das sehnsüchtige Dar-
auf-Aus-Sein des Menschen. Theognis, el. 15 ff legt den Chariten den
Spruch in den Mund:

„Was schön ist, ist lieb; das Unschöne aber ist unlieb"[23].

---

[21] Vgl. *Loew* Teil II; *Fernandes; Deichgräber; Moussy* 437–444; *W. Fauth,* Art.
Charites, in: KP I 1135–1137.

[22] 63 f. Da Philon in plant 129 V. 52 ff heranzieht, kann man damit rechnen, daß er
auch die Chariten aus der Theogonie kannte. Der Zusammenhang zwischen
Liebe und göttlicher Gnade wird uns noch beschäftigen. Die Hesiodstelle wird
auch von Plutarch, Mor. 49D auf die Eigenschaften der Freundschaft hin ausge-
wertet.

[23] Wenn Platon, Symposion 197D den Eros Vater u. a. der Chariten, des Himeros
und Pothos (die Sehnsucht) nennt, will er kaum das Verhältnis umkehren, sondern auch nur einen engen Konnex zwischen diesen Größen bildhaft festhalten.
Zur Nachbarschaft von Pothos und Chariten bei Euripides und Aristophanes
vgl. *Fernandes* 235. 240. 242.

So rufen die Dichter sie – mit oder anstelle der Musen – um das Gelingen ihres Liedes an. So auch Pindar in der 14. Ol. Ode V. 1 ff, wo er zur Begründung sagt:

> „Wird doch durch euch alles Erfreuliche und Süße den Sterblichen zuteil, ob ein Mann weise, schön oder edel ist.
> Denn nicht einmal die Götter führen ohne die hehren Chariten ihre Chöre oder Mähler; vielmehr sind sie Walterinnen (ταμίαι) aller Werke im Himmel"[24].

Sie lassen sich nicht herbeizwingen. Vielmehr gilt das Empedokles[25] zugeschriebene Wort:

> „Die Grazie haßt die schwer erträgliche Notwendigkeit".

Die Chariten sind deshalb für uns wichtig, weil auch Philon manchmal die χάριτες großschreibt. Er liebt gelegentliche Anspielungen auf die griechische Mythologie, setzt aber die stoische Allegorese der Göttinnen voraus. Damit kommen wir zu einem weiteren Kontext.

3. Gutestun und Dankbarkeit unter den Menschen

Der Grieche, der seinen Freunden hilft, erwartet normalerweise – wenn nicht eine Gegengabe – doch eine unmittelbare anerkennende Reaktion[26]. So lautet eines der grundlegenden Gebote, die den sieben Weisen oder dem delphischen Apollon zugeschrieben werden,

χάριν ἀποδός (vergilt die Wohltat)[27].

Die pseudoplatonischen Definitionen bestimmen χάρις als

εὐεργεσία ἑκούσιος· ἀπόδοσις ἀγαθοῦ· ὑπουργία ἐν καιρῷ (freiwillige Guttat, Vergeltung des Guten, Hilfe zur rechten Zeit)[28].

---

[24] Z. 5–10. Vgl. auch 1. Ol. Ode V. 30 (Sing.); Theokrit, Id. XVI.

[25] Frgm. 116 bei Diels-Kranz I aus Plutarch, Mor. 745D.

[26] Vgl. *Bolkestein* 158 ff; *Mott* 61 ff; A. R. *Hands*, Charities and Social Aid in Greece and Rome, Ithaka 1968, Kap. 3: Giving for a Return; *Heiligenthal* 265–268. Vgl. schon Hesiod, erga 353 ff und Theognis. el. 105–112, nach dem es die törichteste χάρις ist, Schlechten Gutes zu tun, weil man nicht auf Vergeltung hoffen kann.

[27] Vgl. Syll.³ III 1268 I,14. Z. 21 φίλωι χαρίζου (erweis dem Freund Gutes). Vgl. auch Sophokles, Aias 523 f „doch wem Erinnrung an empfangnes Glück vergeht, der hört wohl damit auf, ein edler Mann zu sein" *(Willige)*. Ferner V. *d'Agostino*, Gratitudine e ingratitudine secondo gli scrittori antichi: RSC 7 (1959) 51–64; *Krafft* 732–742.

Dem entspricht die ebenfalls aus der peripatetischen Schule stammende Unterscheidung einer dreifachen Bedeutung, die bei Stobäus[29] erhalten ist:

Sie ist einmal Gewährung von Nützlichem um seiner selbst willen (Aspekt der Freiwilligkeit), zum andern die Rückgabe einer solchen nützlichen Leistung und schließlich das Gedenken[30] an diese.

Deshalb pflege man auch von drei Göttinnen zu reden. Gemeint sind die Chariten, die hier Momente im Verhältnis von Wohltäter und Empfänger verkörpern. Diese Ausdeutung ist vom 4. Jh. an geläufig.

An die Pflicht des Dankes erinnern auch nach Aristoteles[31] die überall öffentlich aufgestellten Schreine dieser Gottheiten:

ἵνα ἀπόδοσις ᾖ· τοῦτο γὰρ ἴδιον χάριτος· ἀνθυπηρετῆσαι τε γὰρ δεῖ τῷ χαρισαμένῳ καὶ πάλιν αὐτὸν ἄρξαι χαριζόμενον (daß Vergeltung stattfinde; denn das ist eine Eigenheit des Dankes: man muß dem Wohltäter seinerseits zu Diensten sein und selbst die Initiative ergreifen, um Gutes zu tun).

Daß der Begünstigte dazu verpflichtet ist, bedeutet aber nicht, daß der, welcher eine χάρις erwiesen hat, dies um der Vergeltung willen tat. Das zeigt die Erklärung von χάρις in anderem Zusammenhang (Erregung von Affekten bei der Rede)[32]:

---

[28] 413E; vgl. 412E die Umschreibung der φιλανθρωπία u. a. als χάριτος σχέσις (hier: wohltätiges Verhalten) und 414A der δωρεά als ἀλλαγὴ χάριτος (Austausch von Gunstbezeigung). Daß zur χάρις Freiwilligkeit gehört (im Unterschied zur φύσις), betont auch Dion Chrys. XLI 5. Ebenso Seneca, ben. V 9,2; VI 7,2. Vgl. ferner das von *Betz*, 2 Corinthians 105–108 gesammelte Material. Zur Heiterkeit beim Gutestun Cornutus, theol. gr. 15; Philon, spec IV 74; Röm 12,8; 2 Kor 9,7 = Spr 22,8LXX.

[29] II Kap. XVII (S. 143 *Wachsmuth*).

[30] Zur Bedeutung der μνήμη für die Dankbarkeit vgl. *Loew* 6, Anm. 1 und o. Anm. 27, zur memoria bei Cicero: *Krafft* 739. Seneca, ben. I 4,5 spielt auf eine griechische Redensart an: ut qui praestiterint, obliviscantur, pertinax sit memoria debentium. Vgl. *F. Préchac*, Sénèque, Des Bienfaits, Paris 1926, XXIX Anm. 2. Dessen Einleitung ist überhaupt eine Fundgrube für unser Thema.

[31] Nik. Ethik V 5 (1133A). Vgl. schon Demosthenes, ep. 3,28; Kranzrede 92; Aristot. nach Demetrius, eloc. Nr. 233 (*Roberts;* hier auf Wohltaten); dann Diodor S. V 73,3; Dion Chr. XXXI 37; Plutarch, Mor. 778CD. Auch Strabon IX 2,40 (414DE). Vgl. *Fernandes* 101f. 252f. 263ff. – Das Volk von Teos beschließt zum Dank für von Antiochos III. empfangenes Gutes Opfer für den König, die Chariten und die Mneme, die hier wie auf einer lydischen Kultinschrift als Göttin neben den Chariten steht. Vgl. *P. Herrmann*, Antiochos der Große und Teos: Anat. 9 (1965) 29–159, Block D, Z. 33f und S. 65.

[32] Rhetorik II 7 (1385A). Vgl. Nik. Ethik IX 7 (1167B), 8 (1168A) zur desinteressierten Liebe in der Freundschaft. *Bolkestein* 169f. Weiteres Material zur Ethik der Gegenseitigkeit und zu ihrer Durchbrechung bei *W. C. van Unnik*, Die Motivierung der Feindesliebe in Lukas VI 32–35, in: *ders.*, Sparsa Collecta I (NT. S 29) Leiden 1973, 111–126, bes. 116–122.

ἔστω δὴ χάρις, καθ᾽ ἥν ὁ ἔχων λέγεται χάριν ὑπουργεῖν δεομένῳ μὴ ἀντί τινος, μηδ᾽ ἵνα τι αὐτῷ τῷ ὑπουργοῦντι, ἀλλ᾽ ἵνα ἐκείνῳ τι (von χάρις spricht man, wenn der Besitzende einem Bedürftigen eine Gunst erweist nicht für etwas und nicht, damit er, der Erweisende, selbst etwas davon habe, sondern damit jenem etwas zuteil werde).

Hier wird also die Spontaneität und Uneigennützigkeit der χάρις eigens festgestellt. Weiter führt der Philosoph aus, daß sich die Größe der Gunst an den Umständen bemißt. Sie kommt immer einer menschlichen Bestrebung, die aus einer Notlage erwächst, entgegen. Dagegen sind die ἀχάρι-στοι, ὅτι αὐτῶν ἕνεκα ὑρηρετοῦσι (die um ihrer selbst willen einen Dienst erweisen) oder rein zufällig oder gezwungen oder weil sie etwas schulden (ἤ ὅτι ἀπέδωκαν ἀλλ᾽ οὐκ ἔδωκαν)[33]. Diese Unterscheidung zwischen χάρις und Geschuldetem ist in der griechischen Ethik schon länger eingebürgert. Bei Thukydides II 40,4 rühmt Perikles die ἀρετή (Tugend) der Athener, die sich mit aktivem Gutestun Freunde machen.

„Beständiger ist der, welcher die Gefälligkeit erwiesen hat, so daß er sie als Schuld ... wach hält. Weniger eifrig ist der dadurch Verpflichtete (ἀντο-φείλων). Er weiß, daß er die Wohltat nicht aus freier Huld (ἐς χάριν), sondern als Schuld (ὡς ὀφείλημα) zurückerstattet (ἀποδώσων)" [34].

Diese Gedankengänge sind Philon bekannt. In Mos II 242 unterscheidet er anhand von Num 27,7 im Erbrecht δόμα bzw. δώσεις von ἀπόδομα bzw. ἀποδώσεις. Jene erhalten die Kämpfer als ihnen zustehende Preise (ὡς ἆθλα οἰκεῖα ἀπένειμε), diese die verwaisten Töchter Zelofhads aus Gnade (τὰς δὲ χάριτος καὶ φιλανθρωπίας, οὐ γέρως, ἠξίωσεν)[35]. Einerseits kann Philon mit antiken Autoren[36] eine gute Tat oder eine Gabe als ein Darlehen auffassen, das man mit Dank oder Gegengabe wieder zurückzahlen muß:

---

[33] Ebd. 1385B.
[34] Auf diese Stelle macht *Heiligenthal* 310 Anm. 418 aufmerksam. Aristoteles vertieft das Thema, warum der Mensch existentieller am Gutestun als am Empfangen beteiligt ist, in Nik. Ethik IX 7 (1167B/1168A): Liebe ist paradoxerweise Selbstverwirklichung.
[35] Vgl. auch Dion Chrys. XL 3: Durch Zögern verwandelt sich die versprochene Gunst (χάρις) in Schuld (χρέος). – Paulus stellt dann Röm 4,4 κατὰ χάριν und κατὰ ὀφείλημα einander gegenüber.
[36] Vgl. virt 83; Seneca, ep. 81,18; ben. I 1,3. Platon, Gesetze 717BC schärft die Ehrung der Eltern damit ein, daß er sie mit der Zurückzahlung alter Schulden – ihrer Fürsorge etc. – vergleicht. Aufgenommen bei Plutarch, Mor. 479D. Nach Dion Chrys. VII 89 kommen die Liebeserweise und Wohltaten, bei denen es auf Gegenseitigkeit abgesehen ist, Leihgaben und Darlehen gleich.

πρεσβυτέραν χάριν χάριτι νεωτέρᾳ, προκατάρχουσαν ἀντεκτινούσῃ δικαίως καὶ προσηκόντως ἀμειψάμενος (indem man die frühere Wohltat mit einer jüngeren, die vorher spontan erwiesene gerecht und geziemend zurücker-stattenden vergilt)[37].

Andererseits weist er die Vorstellung eines Handels zurück. Cher 122 karikiert Leute, die angeblich eine Wohltat erweisen (χαρίζεσθαι) und dabei eher verkaufen als schenken, indem sie auf Vergeltung aus sind (ζητοῦντες χάριτος ἀπόδοσιν)[38]. Dem stellt Philon 123 die Großzügig-keit Gottes gegenüber. Auch hier wiederholt er nur einen Topos antiker Moralphilosophie[39].

In II 8 seiner Rhetorik hebt Aristoteles dann die χάρις vom Mitleid (ἔλεος) ab, das eine Art Schmerz beinhaltet um den, der unverdient in Not geraten ist. Der Mitleidige fürchtet, Freunde oder gar er selbst könn-ten auch davon betroffen werden. Die Gunst dagegen kommt aus der hohen Stellung dessen, der nichts bedarf.

Die ethische Ausdeutung der Chariten, die wir eben im Peripatos fanden, haben dann vor allem die Stoiker gepflegt[40]. Chrysipp (3. Jh. v. Chr.) verfaßte einen Traktat Περὶ χαρίτων, von dem wir nur noch aus Anspie-lungen bei Philodemos und Seneca[41] wissen. Er deutete die Göttinnen auf

---

[37] Her 104. *Bréhier* 148 Anm. 8 entdeckt hier Terminologie des Cornutus; das trifft aber nur für προκατάρχειν zu. Die dem Kreditwesen entnommene Bilderspra-che ist weiter verbreitet.

[38] Vgl. auch decal 167: εὖ πεπονθόσιν εἰς χαρίτων ἀμοιβάς, ἄρξασι δὲ δωρεῶν εἰς τὸ μὴ ζητεῖν καθάπερ ἐν δανείοις ἀπόδοσιν (denen, die Gutes empfingen, ist die Vergeltung der Wohltaten vorgeschrieben, denen die mit Geschenken die Initiative ergriffen, daß sie nicht wie bei Darlehen Rückgabe suchen). Plant 106 definiert Philon die εὔνοια (das Wohlwollen) als βούλησις τοῦ τῷ πλησίον εἶναι τὰ ἀγαθὰ αὐτοῦ χάριν ἐκείνου (Wille, daß dem Nächsten die Güter um seiner selbst willen zuteil werden), eine stoische Bestimmung, wie *Colson* z. St. mit Verweis auf SVF III 432 vermerkt, vgl. aber auch Aristoteles, Nik. Ethik IX 5 (1167A). – *Winston*, ANRW II 21.1 392ff meint, Philon sei von der mittelstoi-schen Ethik beeinflußt und betone deshalb den positiven Aspekt der Gerechtig-keit als aktiver Wohltätigkeit.

[39] Vgl. Epikur, Frgm. 39 (*Bailey* 110ff); Cicero, fin. II 117 nec enim, cum tua causa cui commodes, beneficium illud habendum est, sed feneratio; vgl. die in der Ausgabe von *Reid* angegebenen Parallelen; nat. deorum I 122 von der amicitia: quam si ad fructum nostrum referemus, non ad illius commoda, quem diligemus, non erit ista amicitia, sed mercatura quaedam utilitatum suarum. Seneca, ben. VI 12,2: Multum, ut ait Cleanthes, a beneficio distat negotiatio; vgl. VI 14,3 quo-rum mercennarium beneficium est.

[40] Vgl. die Etymologie der Hesiodschen Namen bei Plutarch, Mor. 778D.

[41] SVF II 1081f.

unsere Initiativen (καταρχαί) und Dankeserweise (ἀνταποδόσεις τῶν εὐεργεσίων). Daß sie Töchter des Zeus sind, will sagen, daß Undankbarkeit ein Sakrileg ist, weil so schönen Mädchen ein Unrecht geschieht. Chrysipp knüpft offensichtlich an die Genealogie Hesiods und an Homer an. Den Namen der Mutter Eurynome legt er auf die Pflicht der Reichen, Wohltaten zu spenden, aus. Ebenso Cornutus[42], der Kap. 15 eine ganze Auswahl von Allegorien der Chariten bietet.

Auch Dionysios von Herakleia, ein Schüler Zenons, der allerdings unter dem Eindruck einer Krankheit von der Stoa abfiel, und der Nachfolger Zenons Kleanthes hatten über die χάρις geschrieben[43]. Auf Chrysipp und einem Traktat von Hekaton fußt Seneca, de beneficiis.

> Er referiert anfangs die Allegorese der Grazien durch seine Vorgänger. Warum sind es drei? Die eine gibt, die andere nimmt, die dritte gibt zurück. Daß sie mit verschlungenen Händen dargestellt werden, bedeutet
>   quia ordo beneficii per manus transeuntis nihilo minus ad dantem revertitur
> und daß der Kreislauf der Wohltaten nicht unterbrochen werden soll[44]. Ähnlich beantworten die Vorgänger die Frage, warum die Chariten Schwestern sind, warum sie fröhlich, jung und dazu jungfräulich erscheinen, warum sie mit gelöstem und leuchtendem Kleid tanzen.
> Seneca verzichtet gern auf solche Fabeleien und erklärt nüchtern – mit historischen Beispielen –, wie man geben, empfangen und zurückgeben muß. Obwohl die private Wohltätigkeit nicht in erster Linie den Armen gilt, ist sie doch ein wichtiges Moment des Zusammenlebens: res, quae maxime humanam societatem alligat (I 4,2). Als erstes stellt Seneca fest, daß es nicht auf den Gegenstand des beneficium, sondern auf die mens des Gebers ankommt (I 6). Man muß libenter, cito, sine ulla dubitatione geben (II 1). Gegenüber beneficium ist gratia hier meist die Dankbarkeit (III). Gegen die Epikureer hält Buch IV aber doch fest, daß Freigebigkeit eine virtus gratuita sein muß. Man darf nicht aus irgendeinem anderen Grund geben als um des Gebens willen (IV 3). Vorbild ist Gott, der Wohltaten erweist, ohne einen Nutzen daraus zu ziehen (ebd. bis 9.1; ferner 25). Es kommt nur auf den Vorteil des Empfangenden an. Dennoch muß man zusehen, quando, dem, cui, dem, quemadmodum, quare. Ebenso ist Dankbarkeit per se anzustreben, quia honestum, nicht nur quia utile (IV 16).

Philon ist in diesen Überlegungen zu Hause. Das zeigt zum Beispiel sein Grundsatz, daß man nicht jedem alles schenken darf, sondern nur das

---

[42] Vgl. SVF II 1083, *Lang 18 ff.*

[43] Vgl. SVF Index s.v. χάρις. Aber auch Epikur verfaßte ein Werk περὶ δώρων καὶ χάριτος (Diog. L. X 28), sein Jünger Philodemos eines περὶ χάριτος (KP IV 761).

[44] Vgl. Cornutus 15 (*Lang 19*): Es sind drei, weil es schön ist, wenn der Empfänger der Vergeltung sich wieder wohltätig verhält, damit dies unaufhörlich geschieht. Das wird auch durch ihren Reigen angezeigt.

Passende entsprechend der Notwendigkeit der Bedürftigen (post 142). Und wenn etwa für Cornutus Hermes als Führer der Chariten bedeutet, daß man mit Vernunft Gunst erweisen muß und nicht aufs Geratewohl, sondern nur den Würdigen[45], so werden wir bedenken müssen, ob Philon dieses Prinzip – Gnade nur für die „Würdigen" – auf das Verhältnis von Gott und Mensch überträgt. Überhaupt wird zu fragen sein, ob die hochstehenden Reflexionen der antiken Philosophie über die menschliche Interaktion in der χάρις nicht von Philon „theologisiert" werden[46]. Das ist, wie wir im Teil II A sehen werden, sicher bei der allegorischen Verwertung der Chariten der Fall.

4. Kritik am anthropomorphen Gottesbild

Der unter 1) behandelte religiöse Sprachgebrauch geht selbstverständlich davon aus, daß Gott ins Weltgeschehen eingreift und sich einzelnen gnädig zeigt. Ist das aber nicht eine sehr menschliche Vorstellung von Gott? Besonders kritisch wird es beim Sühnopfer. Denn dieser Brauch setzt voraus, daß Gott wegen menschlicher Schuld erzürnt ist, mit Verhängnissen von Leid und Unglück straft und nun durch das Opfer wieder gnädig gestimmt werden kann. Gegen solche volkstümlichen, von den Dichtern vertretenen Auffassungen wendet sich schon Platon[47]. Daß Götter neidisch sind oder zornig, ist in aufgeklärten hellenistischen Kreisen überholt. Hier wird ihnen χάρις mit den Synonymen εὔνοια, εὐεργεσία, μελέτη, πρόνοια, φιλοφροσύνη, φιλία mit aller Entschiedenheit zugeordnet[48]. Man betrachtet sie als die größten Wohltäter (vgl. Aristoteles, Nik. Ethik VIII 12 1162A).

Wenn es aber Unsinn ist, vom Zorn Gottes zu reden, fällt da nicht auch die Rede von der göttlichen Gnade dahin? Diese Konsequenz zog Epikur. Der bei allen Menschen gängige Vorbegriff von den Göttern hält sie für

---

[45] Kap. 16 (*Lang* 20). Vgl. Cicero, off. I 42 pro dignitate cuique tribuatur. Die Grundlage der Wohltätigkeit ist die Gerechtigkeit. Ausführung 45. Seneca, ep. 19,12 hebt die Bedeutung des Adressaten besonders hervor.

[46] Dies ist die These von *Heiligenthal*. Er weist 268–273 nach, wie das pagane Motiv gegenseitiger Vergeltung der Wohltaten Philons Zeichnung biblischer Gestalten und seine Interpretation des 4. Gebots beeinflußt. Entsprechend sehe Philon in der Frömmigkeit bzw. im Gottesdienst die adäquate Vergeltung der von Gott den Menschen erwiesenen Wohltaten (273–278).

[47] Vgl. Staat 365E; Gesetze 885B; 905D–907A: Götter lassen sich nicht bestechen.

[48] Vgl. *Dörrie* 323 ff.

selig und unvergänglich. Das heißt aber, daß sie sich weder um sich selbst noch um andere zu schaffen machen. Also wird das Göttliche weder von Zorn noch von Gnade bewegt (οὔτε ὀργαῖς οὔτε χάρισι συνέχεται). Denn das wäre ein Zeichen von Schwäche[49]. Solche Götter flößen auch keine Furcht mehr ein.

Die akademische und stoische Kritik fragt, warum dann ein derartiger Gott, der all seiner Macht beraubt ist und weder nützen noch schaden kann, noch verehrt wird. Er lebt ja angeblich allein und einsam zwischen den Welten, erhört nicht unsere Gebete und kümmert sich nicht um uns[50]. Das beste Gegenargument bringt der Akademiker: Liebe ist nicht unbedingt Schwäche. Der Epikureer nimmt Gott gerade das quod maxime proprium est optimae praestantissimae naturae, nämlich bonitas und beneficentia[51].

Die Stoiker wollten gegenüber den anthropomorphen Vorstellungen weg von den besonderen Gnadenerweisen für einzelne. Gnade ist für sie eine ständige, sich niemals wandelnde Eigenschaft, die mit der Vorsehung zusammenfällt. In diesem Sinn ist Gott reine Güte[52]. Cicero, nat. deorum II 73ff etwa gibt die stoische Lehre wieder, daß durch die Vorsehung der Götter das Weltall samt all seinen Bestandteilen am Anfang geschaffen wurde und daß es zu jeder Zeit von ihnen geleitet wird. Die Güte Gottes konkretisiert sich in den unterschiedlichen Schöpfungsgaben (beneficia, χάριτες). Vgl. Seneca, ben. IV 3,2:

> „Die Götter geben so viele Geschenke ohne Unterlaß Tag und Nacht, allein aufgrund ihrer Natur."

Gegen den Einwand Epikurs „non dat deus beneficia" weist Seneca 4ff

---

[49] Vgl. Diog. L. X 77.139; Cicero, nat. deorum I 45; vgl. 123f; dort wird *gratia* durch *caritas* verdoppelt. Ferner Laktanz, ira 2,7; 15,6: sed occurrit nobis Epicurus ac dicit: „si est in deo laetitiae adfectus ad gratiam et odii ad iram, necesse est habeat et timorem et libidinem et cupiditatem ceterosque adfectus, qui sunt inbecillitatis humanae". Auch Philodemos, piet. 105 (*Gomperz* 123,19).

[50] Vgl. Cicero, nat. deorum I 121ff; da Cotta sich 123 auf „unser aller Freund Poseidonios" beruft, teilt W. *Theiler*, Poseidonios. Die Fragmente, Berlin 1982 I Nr. 346 den Abschnitt 123f dieser stoischen Quelle zu. Ferner Seneca, ben. IV 4,2; 19.

[51] Vgl. Cicero, nat. deorum I 121f; schon Aristoteles, Nik. Ethik IX 7,6 hatte die Liebe als schöpferisch gezeichnet.

[52] Vgl. R. *McMullen*, Paganism in the Roman Empire, New Haven – London 1981, 74ff.

24

auf das, was dem Menschen in der Welt bereitet ist, von den Heilkräutern bis zum Wachstum des Körpers[53].

Epiktet I 16 (vgl. noch II 23,2) führt in einem Lehrvortrag über die Vorsehung die Versorgung der Tiere und die Ausstattung der Menschen bis zum Bartwuchs an;

„Wenn wir nämlich Verstand hätten, was müßten wir dann anderes tun, als das Göttliche für diese Werke gemeinsam oder privat zu preisen und zu loben und die Gnadengaben durchzugehen" (ἐπεξέρχεσθαι τὰς χάριτας 15)?

In diesem Milieu kann man die Chariten auch schon einmal kosmologisch allegorisieren. So das Scholion zu Hesiod, Theogonie 907ff, das den Namen ihrer Mutter Εὐρυνόμη auf die weltweiten Geschenke des Zeus auslegt (ὅτι αἱ τοῦ Διὸς δωρεαὶ ἀνὰ πᾶσαν εἰσι τὴν οἰκουμένην).

Auch von Philo haben wir eine ganz hellenistisch anmutende Schrift über die Vorsehung, in der er den Glauben der Stoiker darstellt. Daß er oft auf die χάριτες in der Schöpfung zu sprechen kommt, werden wir noch sehen. Übernimmt er aber auch die stoische Meinung gratiam in Deo esse, iram non esse[54]?

Gegen die übliche Redeweise, Gott werde in seiner Ehre von jemand verletzt, ist einzuwenden, daß der Zorn als mentis perturbatio ihm fremd bleibt. Wenn er schon für den Menschen ungehörig und schädlich ist, wieviel mehr noch für Gott? So gilt für den Stoiker

nihil aliud superesse nisi ut sit lenis tranquillus propitius beneficus conservator. ita enim demum et communis omnium pater et optimus maximus dici poterit, quod expetit divina caelestisque natura[55].

Die Güte entspricht der Vollkommenheit Gottes, seiner Natur[56]. Deshalb kann man auch nicht sagen, wenn er sich gnädig erweist, tue er es um eines Vorteils für ihn willen, etwa der Verehrung wegen. Denn alles tun

---

[53] Ferner I 1,9: III 15,4; IV 12,5; 25,2f; VI 23,5–8; VII 31,4.

[54] Referiert von Lactanz, ira 5 (SVF II 1120). Daß Gott ohne Zorn die Welt regiert, sagen dann unter stoischem Einfluß auch jüdische (Aristeasbrief 254) und christliche (1 Clem 19,3) Schriften.

[55] Ebd. 5,5f. Die Erklärung des Iupitertitels Optimus durch die Wohltaten auch bei Cicero, nat. deorum II 64. Vgl. die Parallelen im Komm. von Pease I 527; II 699.

[56] Vgl. Seneca, ep. 95,49: Quae causa est dis bene faciendi? Natura. Errat si quis illos putat nocere nolle: non possunt. Nec accipere iniuriam queunt nec facere: laedere etenim laedique coniunctum est. Ders., ira II 27,1: quaedam sunt quae nocere non possint nullamque vim nisi beneficam et salutarem habent, ut di immortales qui nec volunt obesse nec possunt; natura enim illis mitis et placida est, tam longe remota ab aliena iniuria quam a sua.

die Götter um ihretwillen[57]. Das schließt nicht aus, daß sie zugleich um der Sterblichen willen Heil wirken, wenn sie sozusagen ihre ureigenen Kräfte dahinein investieren, da das Wesen der Götter die Fürsorge ist[58]. Philon schaltet sich also in eine aktuelle Diskussion ein, wenn er behauptet, Gott sei „von Natur aus" gut und gnädig. Überhaupt ist es ihm darum zu tun, „alles Gewordene, Sterbliche, Veränderliche, Profane aus der Gottesvorstellung" zu entfernen[59]. Das betrifft auch sein Reden von der χάρις.

C) Die Septuaginta und das griechischsprechende Judentum[60]

1. Im *hebräischen* AT entspricht der χάρις sachlich *ḥen*, das in seiner Grundbedeutung objektiven „Liebreiz" und subjektives „Wohlgefallen" vereinigt. Aus derselben Wurzel *(ḥnn)* ist das Adjektiv *ḥannun* „gnädig" gebildet; in einer liturgischen Formel wird Jahwe etwa als *ḥannun wᵉraḥum* (Ex 34,6 u. ö.) angerufen. Im Vertrauen auf die geschichtlich erfahrenen Konstanten Gottes wird ähnlich wie im oben B 1 beschriebenen Kontext Gnade erfleht, nur daß Israel dabei an den Bund appellieren kann. Zum Hilferuf *ḥᵒnneni* tritt so *kᵉḥasdaeka* („gemäß deiner Bundeshuld") o. ä. Dieser theologisch zentralere Begriff unterscheidet sich dadurch von *ḥnn* und seinen Derivaten, daß er eine Beziehung voraussetzt, die sich nun bewähren soll, ohne daß ihm das Moment der Spontaneität abgeht[61].

---

[57] So nach Olympiodor (SVF II 1118).

[58] Dagegen Alexander von Aphr. (SVF II 1118).

[59] Sacr 101; vgl. all. III 82: Die Bezeichnung ὕψιστος besagt, daß man nicht niedrig und bodenverhaftet, sondern nur sehr groß, unmateriell und hoch über Gott denken darf. Um so peinlicher – zumindest für Philon – ist es, wenn über ihn ein Buch geschrieben wird mit dem Titel „Wie man über Gott nicht denken soll" *(Braun)*.

[60] Vgl. *W. Zimmerli*, Art. χάρις κτλ B, in: ThWNT IX 366–377; *Conzelmann* ebd. C 377–381; *H. J. Stoebe*, Art. *ḥnn*, in: THAT I 587–597; *ders.*, Art. *ḥaesaed*, ebd. 600–621; *Flack* 138–145; *I. Willi-Plein, ḥen.* ein Übersetzungsproblem, in: VT 23 (1973) 90–99; *S. A. Panimolle*, Il dono della legge e la grazia della verità (Teologia oggi 21) Rom 1973, 300–314; *D. N. Freedman/J. Lundbom/H.-J. Fabry*, Art. *ḥnn*, in: ThWAT III 23–40; *H.-J. Zobel*, Art. *ḥaesaed*, ebd. 48–71; *H. Graf Reventlow*, Art. Gnade I, in: TRE XIII 459–464.

[61] Vgl. *Zimmerli* (s. Anm. 60) 372. Auch *Zobel* (s. Anm. 60) möchte *ḥaesaed* nicht mit *N. Glueck* unter dem Oberbegriff der *bᵉrit* als „Rechts-Pflicht-Verhältnis" bestimmen, so sehr der Erweis von *ḥaesaed* innerhalb einer Gemeinschaft spielt. Selbst das ist allerdings nach *Reventlow* (s. vorige Anm.) 461 nicht ausreichend begründet.

Dagegen ist bei *ḥnn* immer „das gnädige Zugehen auf einen Schwächeren, Bedrängteren, Ärmeren" mitenthalten[62].

2. Die *LXX* übersetzt fast durchweg[63] *ḥaesaed* mit ἔλεος, verbales *ḥnn* mit ἐλεεῖν, seltener mit οἰκτίρειν, *ḥannun* mit ἐλεήμων. Das Substantiv *ḥen* hingegen wird mit χάρις wiedergegeben. Da dies relativ selten in religiösen Zusammenhängen vorkommt, ist auch χάρις in der LXX kein tragender theologischer Begriff. Der größte Teil der hier relevanten Belege entfällt auf die Wendung „Gott schenkt Ansehen bei Menschen"[64] bzw. die profaner Höflichkeit entstammende Formel „Wohlgefallen finden in den Augen Gottes" (gleich Gen 6,8 von Noah, 18,3 von Abraham, Ex 33,12f.16f; 34,9; Num 11,11 von Mose, Stellen, an die Philon anknüpfen wird)[65]. Größere Bedeutung, wenigstens nach der späteren Resonanz zu schließen[66], hat die vereinzelte Verheißung Sach 12,10: Gott wird über das Haus David und die Bewohner von Jerusalem πνεῦμα χάριτος καὶ οἰκτιρμοῦ ausgießen, „ein Geist der Gnade und des Mitleids" (wessen?), der sie zur Trauer über den erschlagenen Propheten und zur Hinwendung zu Gott bringen wird.

3. Im *griechisch-jüdischen Schrifttum* kann χάρις das Mit-Sein Gottes bezeichnen, das dem Frommen Segen wirkt[67]. Ins Jenseits verlagert meint dann χάρις par. zu ἔλεος Weish 3,9; 4,15 den Lohn für die Erwählten.

---

[62] *Zimmerli* (s. Anm. 60) 377.

[63] Nur dreimal steht ἔλεος als Äquivalent für *ḥen. Gese,* Johannesprolog 186 stellt allerdings fest, „je später, je mehr" diene χάρις zur Übersetzung von *ḥaesaed.* Seine Belege aus LXX sind freilich theologisch uninteressant oder ΣΘ entnommen.

[64] Vgl. zu dieser Grundbedeutung *Willi-Plein* (s. Anm. 60); Gen 39,21 als Folge davon, daß Gott sein Erbarmen (ἔλεος) über Josef ausgegossen hat. Vgl. 43,14; Ex 3,21=11,3=12,36 vom Volk Israel; ähnlich I Esr 8,77; Bar 2,14. Ferner Ps 83,12 (par. δόξα); Spr 3,34 – vgl. 13,15; Tob 1,13; Dan 1,9; TestJos 11,6; Aristeas 249, vgl. 225 (κεχαριτῶσθαι). Die von Gott verliehene Schönheit der Asketen heißt χάρις TestJos 3,4; VitProph 4,3.– Heidnische und christliche Belege bei *L. Bieler,* ΘΕΙΟΣ ANHP, Wien 1935f (Nachdr. Darmstadt 1967) 52ff.

[65] Vgl. in LXX noch 2 Sam 15,25; Spr 3,3f; 8,17ASᶜ; 12,2; (24,30); Sir 1,13B (– Segen); 3,18; 6,18S; 35 (32), 16S*⁺. Im sonstigen jüdischen Schrifttum vgl. TestRub 4,8; Sim 5,2; Ms. E nach Lev 2,3; als Gebetseinleitung JosAs 15,13; in der Bitte um apokalyptische Offenbarung IVEsr 4,44; 5,56; 6,11; 7,75.102; 8,42; 12,7; 14,22; syrBar 3,2; 28,6; ferner WeishKairGen 15,13.

[66] Vgl. Hebr 10,29 und die deutliche Aufnahme im christlichen Zusatz TestJud 24,2; 1 Klem 46,6.

[67] Vgl. TestJos 12,3; TestJud 2,1. So ist wohl auch das Gebet Jdt 10,8 zu verstehen: Gott soll Judit zum Segen machen.

Die Formulierung δοθήσεται γὰρ αὐτῷ τῆς πίστεως χάρις ἐκλεκτή (es wird ihm nämlich ausgezeichnete Huld für seine Treue gegeben werden) läßt erkennen, daß χάρις hier vergeltende Funktion hat[68]. Relativ selten begegnet χάρις im Kontext der kollektiven Erwählung Israels[69]. In apokalyptischen Texten kann es zum eschatologischen Heilsgut werden: so stellt Hen 5,7f den Auserwählten φῶς καὶ χάρις καὶ εἰρήνη in Aussicht[70], den Gottlosen aber Fluch. Nach Sib IV 45f werden die Frommen im Gegensatz zu diesen auf der kornspendenden Erde bleiben

πνεῦμα θεοῦ δόντος ζωήν θ' ἅμα καὶ χάριν αὐτοῖς (wobei Gott Geist, Leben und Gnade zugleich gibt).

V. 189 wird klar, daß damit der Zustand nach Gericht und Auferstehung angezielt ist.

4. Für uns ist ein weiterer Strang wichtig: Hier geht es um Güter, die schon dieses Leben auszeichnen; der Besitz von Weisheit sowie das Tun des Guten werden auf die Gnade Gottes zurückgeführt. Die nachexilische Weisheitsliteratur versteht allgemein die Weisheit als ein Geschenk Gottes, um das man beten muß (vgl. Spr 2,6; Sir 1,1 u. ö.). Deshalb kann es Sir 37,21 vom Bösen heißen:

οὐ γὰρ ἐδόθη αὐτῷ παρὰ κυρίου χάρις, ὅτι πάσης σοφίας ἐστερήθη (es wurde ihm nämlich vom Herrn keine Gnade gegeben, so daß er jeglicher Weisheit entbehrt).

Im Zuge einer dualistischen Abwertung menschlicher Fähigkeiten[71] läßt Weish 7,7ff Salomon um den Geist der Weisheit zu Gott, dem „Führer" der Weisheit, beten. 8,21 erkennt er, daß er nicht anders ihrer teilhaftig sein kann, als wenn Gott sie gibt.

---

[68] Vgl. auch noch VitProph 2,15, wo die χάρις, die Gott Jeremia gibt, in der himmlischen Gemeinschaft mit Mose besteht.

[69] Vgl. Sib V 330; auch Jos. versteht die Wohltaten Gottes beim Exodus und der Landnahme als χάριτες: vgl. ant. III 7.14; IV 60; V 54.107. Parallel dazu steht δωρεά oder Ähnliches (vgl. *Horbury* 41). Dieser nationale Horizont verblaßt aber in den Schriften Philons (gegen *Horbury* 42).

[70] Nach *Schnider-Stenger* 26 Anm. 49 ist freilich χαρά statt χάρις zu lesen. Vgl. noch äth Hen 99,13 mit unsicherer Lesart.

[71] Vgl. *Brandenburger*, Geist 106–110. Danach ist hier kosmologischer Dualismus und Skepsis vorausgesetzt. Aber das irdisch-fleischliche Wesen werde durch die Anwesenheit himmlisch-pneumatischer Kraftsubstanz ins Übermenschliche erhöht.

καὶ τοῦτο δ᾽ἦν φρονήσεως τὸ εἰδέναι τίνος ἡ χάρις (und das zeugte schon von Verstand, zu wissen, wessen gute Gabe sie ist).

So bittet er 9,1–19, Gott möge sie bzw. seinen heiligen Geist aus der Höhe senden. Auch Philon (imm 5) kann von der Gabe der Weisheit Gottes statt von χάρις reden. Die angerissene Linie führt *Sellin*[72] zur Vermutung, die Weisheitstradition sei der Ursprungsort der charismatisch-inspiratorischen Soteriologie Philons.

In der Tat ist es kein weiter Schritt vom göttlichen Geschenk der Weisheit zur Verwirklichung des Guten. Das zeigt etwa der Einschub von Ms. E nach Test-Lev 2,3[73]. Vor seiner Erstvision betet dort Levi u. a.:

δειχθήτω μοι, δέσποτα, τὸ πνεῦμα τὸ ἅγιον,
καὶ βουλὴν καὶ σοφίαν καὶ γνῶσιν καὶ ἰσχὺν δός μοι
ποιῆσαι τὰ ἀρέσκοντά σοι καὶ εὑρεῖν χάριν ἐνώπιόν σου ...
(es werde mir, Gebieter, der heilige Geist gezeigt, und Rat und Weisheit und Erkenntnis und Kraft gib mir, daß ich das Dir Wohlgefällige tue und Gnade finde vor dir).

Entsprechend steht TestBenj 4,5 der Gottesfürchtige in Parallele zu dem, der die Gnade eines guten Geistes hat.

Da die Weisheit auch Tugend lehrt, ist auch das Tun des Guten Gnade. So weiß Aristeas 231:

„Täter guter Werke und nicht des Gegenteils zu sein, ist aber eine Gabe Gottes"[74].

Als Musterbeispiel eines zugleich weisen und tugendhaften Mannes erscheint Joseph in JosAs 4,7:

ἀνὴρ θεοσεβὴς καὶ σώφρων καὶ παρθένος ... δυνατὸς ἐν σοφίᾳ καὶ ἐπιστήμῃ καὶ πνεῦμα θεοῦ ἐστιν ἐπ᾽αὐτῷ καὶ χάρις κυρίου μετ᾽αὐτοῦ (ein gottesfürchtiger, beherrschter und jungfräulicher Mann ... mächtig in Weisheit und Wissen, und der Geist Gottes ruht auf ihm und die Gnade des Herrn ist mit ihm)[75].

---

[72] Streit 150.

[73] Der Text ist auch 4Q 213 TestLev substantiell aramäisch erhalten. I 15 steht dort *raḥamin*. Vgl. *J. T. Milik*, Le Testament de Lévi en araméen, in: RB 62 (1955) 398–406.

[74] Vgl. auch 272 (παρὰ θεοῦ δῶρον); zum Geben Gottes vgl. 197. 267. 270. 271. 274. 282. 292. *Hegermann*, Vorstellung 24 nennt auch die vorchristlich-alexandrinischen Glossen zu Sir 1,12.17(18?); 11,14.

[75] Vgl. 13,15 die Bitte Aseneths für Josef: διατήρησον αὐτὸν ἐν τῇ σοφίᾳ τῆς χάριτός σου (Bewahre ihn in der Weisheit deiner Gnade).

In derselben dualistischen Tradition wie Weish steht eine hebräische, doch teilweise von griechischem Gedankengut beeinflußte Schrift aus der Kairoer Geniza[76]. Sie bezeichnet das den Weg des Lebens zeigende „Wort der Weisheit im Herzen des Menschen" als Gnade *(ḥen)*, die nicht durch die Tore der fünf Sinne hereinkommt (11,3). Daß Gott sie dem Menschen gibt (11,7f; 13,16), schließt nicht aus, daß sie diesen zum Suchen und zur Gerechtigkeit verpflichtet.

5. Es mag bei den beiden letzten Punkten aufgefallen sein, daß χάρις in Sach 12,10; Sib IV 46.189; TestBenj 4,5; JosAs 4,7 und Weish mit der Gabe des πνεῦμα zusammenhängt. Weish 7,22 beschreibt die Weisheit ihrem Gehalt nach als πνεῦμα νοερόν, ἅγιον, das alles durchdringt, geistig und stofflich zugleich ist. Auf diese Weise veranschaulichte die Stoa die Einheit der Welt im Logos. Die σοφία ist „Hauch der göttlichen Macht", „klarer Ausfluß der Herrlichkeit des Allherrschers" (V. 25), „Abstrahlung des ewigen Lichts" (V. 26). Diese Art, Weisheit und andere Größen als Kraft zu denken und zugleich ihre Wirkung sinnenhaft sich vorzustellen als Hauch, Licht o.ä., sehen manche Forscher als Ergebnis einer *hellenistischen Sprachentwicklung.*

Von ihr sei auch die Konzeption der χάρις erfaßt[77]. So ist das umfänglichste Kap. im Buch von *Wetter* überschrieben: „Die ‚hellenistische‘ (orientalische) Gnadenvorstellung"[78].

> Er unterscheidet Gnade als objektive, äußere Erscheinung[79], die auch räumlich gedacht werden kann, von der dem Menschen immanenten Kraft, seiner Ausstattung, die in den Zauberpapyri geradezu „naturhaft" aufgefaßt und auch Dingen verliehen werden könne.
> Nun lädt χάρις schon in seiner ästhetischen Grundbedeutung zur materiellen Veranschaulichung ein: Liebreiz ist „ausgegossen" über eine Person oder ein

---

[76] = WeishKairGen. Ich zitiere nach der ersten vollständigen Edition von *K. Berger,* Die Weisheitsschrift aus der Kairoer Geniza (Texte und Arbeiten zum neutestamentlichen Zeitalter 1), Tübingen 1989. Er datiert sie um 100 n. Chr. Vgl. seinen Kommentar 321 ff.

[77] Vgl. bes. *Conzelmann,* ThWNT IX 366: „χάρις wird zur Macht, die geradezu substantiell wird." Dabei würden die hergebrachten ontologischen Kategorien entwertet.

[78] Die ntl. Belege treffen das Gemeinte aber oft nicht. So ist der Einsatz bei Röm 5,12ff nicht glücklich. Daß χάρις hier als Hypostase auftritt (erst V. 21), ist durch die Gegenstellung zur Sünde bedingt. Sonst ist sie klar Gabe. Vgl. *Conzelmann,* ThWNT IX 385 Anm. 183.

[79] Vgl. 41: „eine mystische Kraft, die sich des Menschen bemächtigt, ihn in Beschlag nimmt und dadurch völlig umschafft".

Antlitz[80]. Das eigentliche Problem ist, daß *personale* Kategorien wie „Zuwendung" – die natürlich auf Gott bezogen auch wieder problematisch sind – nun substanzhaft und stofflich abgewandelt werden. Immerhin hatte schon Platon[81] wenigstens als Bild für die Idee des Guten die Sonne und ihr Licht eingeführt. Wie sie die Dinge erleuchtet, so schenkt die Idee des Guten den Gegenständen Wahrheit und der erkennenden Seele Erkenntniskraft. In der Stoa und ihr nahestehenden Schulen wird eine monistische Welterklärung angestrebt. Man versucht zu zeigen, wie das Geistige auch die materielle Welt durchwaltet. Um seine Realität massiv darzutun, wird es selbst materiell vorgestellt. Dies ist kaum das Motiv für unsere jüdisch-hellenistische Literatur. Hier geht es vielmehr darum, die Angewiesenheit des fleischlichen Menschen auf die Kraft Gottes mit solchen Kategorien sinnenfällig zu machen. Darin trifft sie sich mit Strömungen der hellenistischen Philosophie.

In der Zeit Philons reflektiert die Weisheitsliteratur die aufbrechende Frage, wie Tugend und Erkenntnis überhaupt möglich ist. Die Philosophen begnügen sich z. T. nicht mehr damit, Tugend zu predigen, sondern verankern sie in der Begabung durch Gott[82]. Die Weiheitsschriften verallgemeinern den Sonderfall der Inspiration, der Herabkunft göttlichen Geistes auf den Empfang von Weisheit. Das Göttliche erscheint als Befähigung, als Kraft zum Tun. Hierbei wird es notgedrungen dynamisch, pneumatisch vorgestellt.

Rückblick

Wir haben nicht nur die sprachlichen Vorgegebenheiten für Philons Denken umrissen, sondern auch die Problemfelder abgesteckt, in die seine Ausführungen eingreifen. Die hellenistische Welt ist fasziniert von der charismatischen Herrscherpersönlichkeit, die mit göttlicher Souveränität Wohltaten austeilt. Davon wird wiederum das Gottesbild geprägt. Allgemein sind die Philosophen bemüht, die überkommene religiöse Sprache,

---

[80] Vgl. schon Odyssee II 12; VI 235 ff; Hesiod, erga 65; Ps 44,2; sie „strahlt ab": Ilias XIV 183.

[81] Staat 508/509. Dazu *Beierwaltes* 37–47.

[82] Vgl. den Stoiker in Cicero, nat. deorum II 165: Hervorragende Männer sind nur durch die Hilfe Gottes solche; 167: Nemo igitur vir magnus sine aliquo adflatu divino umquam fuit. Seneca, ep. 41,2: Sacer intra nos spiritus sedet... Bonus vero vir sine deo nemo est. Gemeint ist der jedem Weisen von Natur aus innewohnende Logos. Vgl. 73,15 f. Epiktet, diss. IV 8,30 ff: Der wahre Kyniker ist ein Werk Gottes. Porphyrios, ad Marc. 12 (*Nauck* 282,6 f): Wir wollen Gott für die Ursache alles Guten, was wir tun, halten. Philostrat, Vita Ap. VIII 7,7: Tugenden kommen von Gott, da jeder, der an ihnen teilhat, gottähnlich ist.

die Zorn und Gunst der Götter kennt, zu läutern und allzumenschliche Vorstellungen von Gott zu überwinden. In welchem Sinn kann hier noch von seiner χάρις die Rede sein? Dürfen zwischenmenschliche Beziehungsmodelle, wie sie die Ethik etwa für die Wohltat und den entsprechenden Dank ausgearbeitet hat, auf ihn projiziert werden?

Wir haben gesehen, daß das AT, vor allem der von Philon fast ausschließlich herangezogene Pentateuch, ihm terminologisch wenig Anhalt für sein Lieblingswort χάρις bietet. Dennoch wird zu fragen sein, ob sich in seiner Darstellung nicht indirekt die biblische Gotteserfahrung niederschlägt. Erst in den jüdischen Apokryphen und Pseudepigraphen, soweit sie griechisch erhalten sind, gewinnt χάρις eine größere Bedeutung im Sinn der Befähigung zu außerordentlicher Weisheit. Insofern Erkenntnis und Sittlichkeit nach griechischem Denken eng zusammenhängen, kann sie so eine Rolle spielen auf dem Weg zur Tugend. Philon ist von diesen Schriften nicht literarisch abhängig; wohl aber läßt sich eine ähnliche Tendenz feststellen.

II. χάρις bei Philon von Alexandrien

A) Mythologische Anklänge im Sprachgebrauch Philons

Eine Vorbemerkung ist nötig:
Wie ein Blick in die Konkordanzen von *Leisegang* und *Mayer*[1] lehrt, spricht Philon in seinen exegetischen Schriften[2] relativ häufig von χάρις bzw. χάριτες. Dabei interessieren uns die profanen Verwendungen, die im oben I A umschriebenen Bedeutungsbereich liegen, weniger; vielmehr untersuchen wir die Belege, die sich auf Gottes Verhalten und Gabe bzw. dem ihm dafür gebührenden Dank beziehen.

An einigen Stellen sind die χάριτες nun erkennbar die Gestalten der griechischen Mythologie, in denen die nachklassische Philosophie menschliche Verhaltensweisen versinnbildet sah[3]. Abr 54 kann man noch sehen, daß Philon dabei auf traditionelle Deutungen zurückgreift. „Die Menschen nennen" die Naturanlage, das Lernen und die Übung die drei Grazien. Die beiden Begründungen jedoch, die mit χαρίζεσθαι bzw. δωρεῖν arbeiten und Gott ins Spiel bringen, dürften auf Philon zurückgehen. Mos II 7 ist die Vereinigung der vier Fähigkeiten des Mose ein Bild jungfräulicher Chariten. Philon spielt auf den Bildtyp an, der sie eng umschlungen im Reigen zeigt, und verrät mit τὰς ὠφελείας ἀντιλαμβάνουσαί τε καὶ ἀντεκτίνουσαι noch, daß er die stoische Auslegung[4] kennt. Aber bezeichnender für ihn ist die theologische Allegorese. So beschreibt Philon, praem 101 f mit dem „ununterbrochenen und aufeinander folgenden (Reigen) der Chariten Gottes" den unaufhörlichen Segen, den Gott nach Lev 26,5 für die den Geboten Gehorsamen wirkt[5].

---

[1] Bei *Mayer*, der bekanntlich die griechischen Fragmente nicht erfaßt, entfällt gut ein Drittel der Belege auf präpositionales χάριν. In einem Ausdruck der von *P. Borgen* vorbereiteten Computer-Konkordanz zu Philon zähle ich für Gottes χάρις 52 Belege, für seine χάριτες 46.

[2] In den bei *Mayer* verzeichneten philosophischen und politisch-aktuellen Schriften fehlt verständlicherweise theologisch bedeutsames χάρις bis auf aet 46.

[3] Vgl. *Boyancé*, Écho 178–193 und *Amir*, Die Übertragung griechischer Allegorien auf biblische Motive bei Philon, in: *ders.*, Gestalt 119–128, 122 ff.

[4] „Indem sie sich mit nützlichen Leistungen gegenseitig zu Hilfe kommen und diese wieder vergelten", vgl. I B 3 Seneca, ben. I 3,4. *Boyancé*, Écho 181 meint, die Vorlage habe so die ἀντακολούθησις der Tugenden veranschaulicht. Aber der stoische Grundsatz „Wer eine besitzt, besitzt alle" (7 Ende) stellt wohl eine im Bild kaum noch enthaltene Weiterführung durch Philon dar.

[5] Vgl. auch die Anspielung plant 89; qEx I 1 (Harris 47).

33

Daß die Chariten Töchter des Zeus sind, erklärt schon Cornutus damit, daß „dort die Anfänge des Schenkens und des Wohltuns sind"[6]. Für Philon besagt es, daß alles Gute auf Gott zurückgeht:

> „Welches Gut könnte fehlen, wenn der (alles) zu einem guten Ende bringende Gott mit seinen jungfräulichen Töchtern, den Chariten, da ist? Der Vater, der sie erzeugt hat, zieht sie ja unverdorben und unbefleckt auf[7]."

Fug 141 bilden sie die Begleitung Gottes, der uns mit den jungfräulichen χάριτες entgegenkommt[8]. Die „Jungfräulichkeit" bedeutet in den Traktaten, daß die Wohltaten unverfälscht von Nebenabsichten sein sollen[9]. Philon will auf diese Weise aber den stofflosen[10], göttlichen Charakter der Gnaden hervorheben; sie sind „unsterblich"[11]. Congr 38 sagt, daß Isaak die Geschenke Gottes, die ihm durch die πρεσβυτέραι χάριτες eingehaucht sind, ständig zur Verfügung stehen. Lewy[12] übersetzt „ehrwürdige", aber vielleicht sind die „älteren" Chariten gemeint. Denn die Allegorese unterscheidet, weil Ilias XIV 267f von χάριτες ὁπλότεραι spricht, „jüngere", d. h. erwidernde, und „ältere", d. h. initiative (προκατάρχουσαι) Wohltaten[13]. Philon ist, wie wir sahen[14], in dieser Terminologie bewandert. Will er mit dem Attribut die Initiative Gottes unterstreichen? Philon interessieren die χάριτες nicht in erster Linie als zwischenmenschliche Vollzüge, sondern als Äußerungen Gottes. Wir haben auch schon die beiden großen Kontexte gestreift, in denen sie zu stehen kommen: die Schöpfung und die Begnadung des Einzelnen. Wie die Stoiker differenziert nämlich Philon zwischen dem „großen Geschenk Gottes", das jeder bei der Geburt vorfindet, der vollständigen Welt, und den „speziellen

---

[6] Theol. gr. 9 (*Lang* 10).

[7] Migr 31; 183 ist es die Güte Gottes (dazu s. u.), die die Grazien erzeugt. qEx II 61 sind sie Töchter des wohltätigen Gottes.

[8] „Jungfräulich" heißt die χάρις auch mut 53; „jungfräulich und unsterblich" nennt post 32 die χάριτες; aber in Verbindung mit „regnen" sind sie kaum personal vorgestellt, es sei denn, sie würden mit den Nymphen in eins gesetzt; so *Goodenough*, Jewish Symbols IX 219.

[9] Vgl. wieder Seneca, ben. I 3,5.

[10] Vgl. all II 80. Ein Glossator scheint sie an dieser Stelle mit den Ideen identifiziert zu haben.

[11] Das Attribut noch ebr 107. Von χάρις ἀθάνατος spricht schon Pindar, Parth. 2,4.

[12] In: *Cohn u. a.*, Werke.

[13] Vgl. Pausanias IX 35,4; Porphyrios, quaest. hom. S. 195 *(Schrader)* bei *Loew* 50 Anm. 2.

[14] Vgl. her 104 oben I B 3.

Geschenken", die Gott gibt und die Menschen frei empfangen, den Tugenden und ihren Betätigungen[15].

B) χάρις im Raum der Schöpfung

Wir hatten oben gesehen, daß die Stoiker das gnädige Walten Gottes vom Einzelnen weg in den Kosmos und seine Anfänge verlagern. So versteht auch Philon gleich die erste Stelle der Bibel, in der χάρις vorkommt (Gen 6,8) vom Schöpferhandeln Gottes: imm 104–108; all III 78. Daß Noah „Gnade findet", kann ein Zweifaches bedeuten: entweder, daß er Gott gefiel (εὐαρεστῆσαι) und so der Gnade für würdig erachtet wurde, oder daß er nur Gnade erlangte (ἔτυχεν) wie die übrigen Wesen. Das wäre aber nichts Besonderes und der Erwähnung in der Schrift nicht wert:

> „Denn was ist ihm mehr geschenkt als allen andern..., die nicht nur zusammengesetzt, sondern auch einfache, elementare Naturen sind, und der göttlichen Gnade gewürdigt wurden?"[16]

Obwohl Philon diese Auslegung ablehnt, läßt er doch die stoische Auffassung durchblicken, nach der der Logos allem Sein bis zu den Elementen hin seine Wohltaten unterschiedslos und ohne Rücksicht auf Würdigkeit zukommen läßt[17].

Aber auch die erste, nach all III 78 hergebrachte Möglichkeit wird abgewiesen:

> „Denn wie vollkommen müßte einer sein, der bei Gott als der Gnade würdig beurteilt wird? Denn ich glaube, daß kaum der gesamte Kosmos das erlangen

---

[15] Vgl. ebr. 118f; qGen II 75: Dem Weisen wird sowohl gratia communis wie peculiaris zuteil. Seneca, ben. IV 4,3 hebt „quod nascentibus ex aequo distribuitur" von „quae secuntur" ab.

[16] Imm 104; zum stoischen Hintergrund s. o. I B 4 und *Dörrie* 328 ff. Zur kosmologischen Terminologie etwa SVF II 310.323.

[17] Seneca, ben. IV 26,1 (in einer Objektion): die Götter geben auch Undankbaren Wohltaten, „denn auch den Verbrechern geht die Sonne auf, und den Piraten stehen die Meere offen". Vgl. noch VII 31,2. Auch qGen I 96 stellt bei Noah klar, daß er nicht als einziger der Gnade würdig war, da allgemein das ganze Menschengeschlecht mit ihr überhäuft worden war. Vgl. migr 186: Der νοῦς des Alls sorgt nicht nur für die Würdigen, sondern auch für die gering Scheinenden. – Daß die Wohltaten ohne Unterbrechung, Tag und Nacht gewährt werden, sagen sowohl Seneca, ben. IV 3,2 wie Philon, spec I 285.

könnte – und doch ist er das erste, größte und vollkommenste der göttlichen Werke"[18].

So verfällt Philon auf eine dritte Lösung, die dem „Finden" eine aktive Nuance gibt und zur „Gerechtigkeit" (vgl. V. 9) Noahs paßt:

> „Vielleicht ist dies nun besser so zu verstehen, daß der Edle[19] ein Sucher und Lernbegieriger wurde und bei allem, das er durchforschte, das als die höchste Wahrheit fand, daß Wohltat (χάρις) Gottes das alles ist: Erde, Wasser, Luft, Feuer, Sonne, Sterne, Himmel, alle Tiere und Pflanzen."

Dies alles kann der Mensch existentiell als Wohltat für sich empfinden – die stoische Anthropozentrik wird von Philon geteilt. So ausdrücklich bei der Parallele all III 78, wonach Gott seine Gnade „dem nach ihm kommenden Geschlecht", d. h. den in der Schöpfung am höchsten stehenden Menschen, geschenkt hat[20]. Es ist aber auch „ontologische Gnade":

> „Es hat aber Gott sich selber nichts – er bedarf dessen ja nicht – geschenkt (κεχάρισται), dagegen die Welt der Welt und die Teile sich selber und einander, schließlich aber dem Ganzen"[21].
> „Obwohl er nichts der Gnade für wert hielt, hat er die Güter neidlos sowohl dem Ganzen wie den Teilen geschenkt. Denn er blickte dabei auf seine ewige Güte und hielt das Wohltun für seiner seligen und glücklichen Natur entsprechend. So daß ich, wenn einer mich fragte, was die Ursache der Entstehung der Welt sei, bei Mose lernend antworten würde: die Güte des Seienden (= Gott), die die älteste ‹der Chariten› und selbst ‹die Quelle› der Wohltaten (χαρίτων) ist"[22].

---

[18] Imm 106; auch hier ist die universale Wohltat Gottes vorausgesetzt. Die Welt wird von Platon, Tim. 92C als „größte und beste, schönste und vollkommenste" bezeichnet. Dazu *Runia*, Philo 88–92. Das rührt daher, daß Gott nur „gefüllte und vollkommene Güter allen Wesen zu schenken gewohnt ist" (agr 53; vgl. migr 73). – Zur Logik des sich in Fragen und Antworten bewegenden Abschnittes vgl. V. *Nikiprowetzky*, in: *Winston/Dillon* 41 f.

[19] ἀστεῖος entspricht in all III 78 δίκαιος.

[20] Vgl. ebr 118 αὐτὸν ἑαυτῷ καὶ τοῖς ἀρίστοις μέρεσιν ἐχαρίσατο; mit den „besten Teilen" sind wieder die Menschen gemeint.

[21] Imm 107. In der Parallelstelle all III 78 begegnet zum erstenmal in der Antike χάρισμα in theologischem Zusammenhang: Der Gerechte findet, daß alles Gnadengabe ist – im Gegensatz zu κτῆμα (Besitz). Denn das Geschaffene hat nichts zu eigen, kann also auch nichts schenken. „Alles aber ist Gottes Besitz, weshalb auch ihm allein die Gnade eignet". Der Schluß zeigt die Austauschbarkeit der Begriffe: δωρεὰ γὰρ καὶ εὐεργεσία καὶ χάρισμα θεοῦ τὰ πάντα ὅσα ἐν κόσμῳ καὶ ὁ κόσμος ἐστί (Denn Geschenk und Wohltat und Gnadengabe Gottes ist alles in der Welt und die Welt selbst).

[22] Imm 108. Der verderbte Text bietet nur ἥτις ἐστὶ πρεσβυτάτη τῶν ... χαρίτων

Dies hat Philon, wie wir gleich sehen werden, bei Platon gelernt. Die Kosmologie, in der der Logos das Ganze und die Teile zusammenhält und allem erst seine Qualität verleiht, ist jedoch stoisch. So kann somn II 223 „die von Wohltaten übervolle Setzung (διαθήκη)" Gottes als das älteste Gesetz und den Logos des Seienden bezeichnen. Wir haben also jene stoisch gefärbte Abart des Platonismus vor uns, die in der Mittleren Stoa ausgeprägt wurde und im „Mittelplatonismus" des 1. Jh. n. Chr. wieder auflebt. Hier hat das Seinsprinzip auch personale Züge. Seine Natur ist es, sich in Güte zu verströmen. Allzu naturalistische Vorstellungen von der Entstehung des Lebens werden so personalisiert. Z. B. wenn Philon, gig 11 zu „Die Luft sollte die beseelten Wesen hervorbringen, indem sie vom Demiurgen Samen empfing" hinzusetzt: „gemäß ausgesuchter Gnade".

Wie die Stoiker kann Philon besonders das Leben des Körpers der göttlichen Gnade verdanken und die Sinne als Geschenke Gottes begreifen (congr 96). Ein schöner Text aus ebr 105f soll das abschließend illustrieren. Abraham stimmt Gen 14,22f ein Danklied an, in dem er – so versteht jedenfalls Philon – dem „höchsten Gott, der Himmel und Erde geschaffen hat", verspricht, nichts von dem, was diesem gehört, von Geschaffenem zu „nehmen".

> „Er zeigt, wie mir scheint, auf alles Gewordene … zu jedem von diesen Dingen wird der, der die Tätigkeiten seiner Seele auf Gott spannt und von ihm allein Nutzbringendes erhofft, sagen müssen: ‚Von nichts werde ich das Deinige nehmen', nicht von der Sonne das Tageslicht, nicht vom Mond und den anderen Gestirnen den nächtlichen Schein, nicht von der Luft und den Wolken den Regen, nicht vom Wasser und der Erde Trank und Nahrung, nicht von den Augen das Sehen, nicht das Hören von den Ohren, nicht von der Nase die Gerüche, nicht vom Speichel des Gaumens das Kosten, nicht von der Zunge das Reden, nicht von den Händen das Geben und Nehmen, nicht das Hingehen und Zurückweichen von den Füßen, nicht das Luftholen von der Lunge, nicht die Verdauung von der Leber, nicht von den andern Eingeweiden die ihnen eigentümlichen Betätigungen, nicht von den Bäumen und gesäten Pflanzen die jährli-

---

οὖσα ἑαυτῇ. Während *Wendland* in der Lücke θεοῦ δυνάμεων, τῶν und statt ἑαυτῇ πηγή konjiziert (= *Mosès* in *Arnaldez* u. a., œuvres), schlagen *Winston/ Dillon* 331 αἰτιῶν als Füllsel vor. Am besten wird *Colson* dem Text gerecht, der wie oben lesen möchte. Über seine Begründung im Anhang hinaus können wir hier nach dem unter A) Gesagten auf das zu den χάριτες passende Attribut πρεσβυτάτη verweisen: die Güte Gottes ergreift die Initiative in der Weltschöpfung und entläßt so die anderen Wohltaten aus sich. Sie ist so dem Logos verwandt, der auch πρεσβύτατος genannt wird: all III 175; det 82; somn I 230; II 223.

chen Früchte, sondern alles von dem allein Weisen, der seine wohltätigen Kräfte (χαριστήριοι δυνάμεις) überall hin spannt und uns durch sie Nutzen bringt."

Und 107 präzisiert:

> „*Von* euch (παρ'ὑμῶν) werde ich nichts empfangen, vielmehr von Gott, dessen Besitz alles ist, *durch* euch (δι' ὑμῶν) vielleicht; denn ihr seid die Werkzeuge, die seinen unsterblichen Chariten dienen."

Typisch ist die reflektierte Formulierung, daß der Mensch „sich selbst" von Gott empfängt (vgl. Epiktet, Diss. IV 1,103 mit somn II 224).

1. Platonisch-stoische Deutung der Bibel[23]

Die philosophische Frage nach der ἀρχή des Werdens wurde imm 108 und all III 78 nach Mose, aber letztlich Platon folgend beantwortet, der Tim. 29E als Ursache die Güte des Demiurgen nennt:

> „Er war gut, einen Guten aber befällt nie Neid auf irgend etwas. Da er aber außerhalb des (Neides) stand, beschloß er, daß alles ihm möglichst ähnlich werden sollte".

Tatsächlich findet Philon, op 21 seine Ansicht von der Güte des „Vaters und Schöpfers"[24] als αἰτία ἧς ἕνεκα bei „einem der Alten" bestätigt:

> „Deshalb hat er auch seine beste Natur nicht einer Substanz (οὐσία) geneidet, die von sich aus nichts Schönes hat, aber alles werden kann" – der Materie.

Der Timaios war ein Grundbuch der nachplatonischen Philosophie[25]; Philon spielt häufig darauf an und zitiert einigemal wörtlich daraus[26]. Vielleicht kannte er auch Kommentare dazu[27].

---

[23] Vgl. *Pohlenz*, Philon 333ff; *Boyancé*, Philon-Studien; *Runia*, Philo passim, bes. 105–111.

[24] Philon übernimmt diese Gottesbezeichnungen bekanntlich aus Tim. 28C; vgl. *Runia*, Philo 83ff.

[25] Vgl. die Übersicht bei *Runia*, Philo 27–39.

[26] Vgl. Teil II bei *Runia*, Philo.

[27] *Theiler*, Timaeus denkt an den Platoniker Eudor. Aber die gründliche Untersuchung von *Runia*, Philo kommt eher zu dem Ergebnis, daß Philon einen direkten Zugang zu Tim. hatte, während es für formelle Timaioskommentare Eudors – wie bei Poseidonios und Antiochos von Askalon – keine „hard evidence" gibt (32f mit Anm.).

Die Frage nach dem Grund des Werdens wird in der Schultradition aufgespalten[28]. Philon nennt cher 125 im Anschluß an Aristoteles vier Konstituenten: die Wirkursache (τὸ ὑφ' οὗ), die Materie (τὸ ἐξ οὗ), das Werkzeug (τὸ δι' οὗ) und das Umwillen (τὸ δι' ὅ)[29]. Dieser Aufzählung fügt Seneca, ep. 65,8 „id in quo", die exemplarische Idee, hinzu. Letztere kennt auch Philon[30]; sie verschmilzt im Logos mit der instrumentalen Ursache. Für uns ist nur wichtig, daß auch die bei Seneca greifbare platonische Überlieferung als id propter quod bzw. propositum mit Berufung auf Tim. die bonitas Gottes angibt (65,10).

Die Güte Gottes[31] wird negativ näher bestimmt: Sie kommt nicht aus einem Nutzen-Denken, sondern entspricht Gottes „seliger und glücklicher Natur" (imm 108). D. h. er braucht nichts[32]. Weil nach Lev 25,23 alles in der Welt sein Werk und Besitz ist, kann er sein eigenes Werk verschenken; er bedarf dessen ja nicht (cher 119). Er handelt nach V. 23a nicht wie ein Verkäufer,

> „sondern als Schenker des Alls, indem er die immer fließenden Quellen seiner Gnaden aufsprudeln läßt und nicht nach Vergeltung trachtet; denn weder ist er selbst bedürftig, noch ist eines seiner Geschöpfe fähig, das Geschenk zu erwidern"[33].

Weil Gott sich selbst genügt, kann er neidlos geben. Wie aus dem Timaioszitat zu ersehen ist, war schon Platon die traditionelle Rede vom

---

[28] Zu dieser „Präpositionsmetaphysik" vgl. *Dillon*, Middle Platonists 137ff. *Theiler*, Beginn 499f vermutet Arius Didymus als gemeinsame Quelle für Philon und Seneca. Ähnlich *Tobin* 66–71.

[29] qGen I 58 führt nur die ersten drei Ursachen an. Das hängt mit der platonischen Gedankenstruktur zusammen, die *Dey* 18ff.139f hervorhebt.

[30] *Runia*, Philo 141f möchte auch prov I 23 statt „argumentum" „model" übersetzen.

[31] De Deo 3 wird von *Siegert*, Philon so rückübersetzt: γεννᾷ δι' ἔλεον τὸ θνητὸν, so daß wir hier Erbarmen statt der üblichen ἀγαθότης als Schöpfungsmotiv hätten. Vgl. qGen II 13: bonitas, quae mihi inest, ac benignitas (χρηστότης).

[32] Zur Bedürfnislosigkeit Gottes bei Philon vgl. *Williamson* 43, in der griechischen Philosophie vgl. *E. Norden*, Agnostos Theos (1923), Nachdr. Darmstadt ⁴1956, 13f. *G. Bertram*, ΙΚΑΝΟΣ in den griechischen Übersetzungen des ATs als Wiedergabe von schaddaj, in: ZAW 70 (1958) 20–31, 29. Möglicherweise ist Philon das Wort ἱκανός statt αὐτάρκης in diesem Zusammenhang durch Übersetzungstraditionen nahegelegt. – Der Neuplatonismus und die christliche Theologie werden das Motiv der Schöpfung in dem Adagium *Bonum est diffusivum sui* formulieren. Dazu *K. Kremer* in: ANRW II 36,2, 994–1032. Es kann in Spannung treten zur Freiheit des Schöpfers. Deswegen betont Philon unter Anknüpfung an das ἐβουλήθη Tim. 29E dessen Willensentschluß: vgl. *Runia*, Philo 111.

[33] Cher 123. Zum terminologischen Gegensatz von Kaufen und Schenken vgl. I B 4.

Neid der Götter unerträglich geworden[34]. Philon zitiert sein Wort Phaidros 247A „Denn Neid hat im göttlichen Reigen keinen Platz" verschiedentlich[35]. Gott ist gebefreudig (φιλόδωρος)[36], deshalb sind seine χάριτες – nicht umsonst steht der Plural in fast der Hälfte der theologisch bedeutsamen Belege – durch Überfluß und Unermeßlichkeit gekennzeichnet. Immer wieder gebraucht Philon die bildhafte Prägung vom „nie versiegenden (ἀέννάος) Quell der göttlichen Gnadengaben[37]. Sie gewähren nicht nur das Notwendige, sondern auch, was zum überschäumenden Genuß dient (vgl. spec II 173; qEx II 71).

Von den „Eltern des Weltalls" sagt er ebr 32:

> „Ist doch niemand fähig, die neidlose Fülle ihrer Geschenke zu fassen, vielleicht nicht einmal der Kosmos, sondern wie ein zu schmaler Behälter wird er, wenn die Quelle der Wohltaten (χάριτες) Gottes hinzuströmt, sehr schnell so voll sein, daß er überläuft und sich über die Ränder ergießt".

Dasselbe Bild her 31f, wo Philon die skeptische Frage Abrahams „Was wirst du mir geben?" (Gen 15,2) so umdeutet:

---

[34] Vgl. auch Aristoteles, Met. 983 A; *Dörrie* 322 ff.

[35] Prob 13 nach dem „hochheiligen Platon", anonym spec II 249. Für die Anspielungen verweist *Runia*, Philo 109 auf *M. Petits* Fußnote zu prob 13 in: *Arnaldez u. a.*, œuvres, und fügt noch weitere Belege hinzu. Vgl. auch De Deo 12.

[36] Vgl. z. B. mut 46 und den Index von *Leisegang* s. v. Spec IV 73 zitiert den Satz eines „Früheren": „Nichts können die Menschen Gottähnlicheres tun als schenken (χαρίζεσθαι)". Die Autorschaft für diesen Gemeinplatz wird von *Theiler*, Beginn 494 Eudor, von anderen Poseidonius gegeben. Vgl. die Fußnoten von *A. Mosès* in: *Arnaldez u. a.*, œuvres z. St. Zum Ganzen auch das Kap. 7 „Gottes Gebefreudigkeit" bei *Braun*, wo aber die Kontexte nicht wie bei uns auseinandergehalten sind.

[37] Vgl. z. B. op 168; cher 123; conf 182; somn II 183; spec I 285, II 180; virt 79. 168. Fug 197 f zeigt sich Philon dafür von Jer 2,13 inspiriert; aber auch bei Seneca, ben. IV 4,3 fanden wir „fons" und „manare". Weish 11,6 und Sib IV 15 zeigen die Geläufigkeit des Ausdrucks. – Welcher Klassiker Philon zu ἀέννάος anregte, konnte ich nicht endgültig klären. *Siegfried* 32 gibt Platon, Phaidon 111CD (immerströmende Flüsse – aber mit unterirdischer Quelle und Mündung) an. Man könnte auch noch auf Gesetze 966E verweisen. Mit πηγή zusammen fand ich ἀέναος bezogen auf den Tempelbezirk in einem Teil der Hss. zu Euripides, Ion 118f. Schon Odyssee XIII 109 kennt ὕδατ'ἀεναόντα in der die spätere Spekulation beflügelnden Nymphenhöhle. Porphyrios, antr. 12 kann bei ihrer Ausdeutung auch von πηγαί ... ἀέναοι sprechen. Die den Quellen vorstehenden Nymphen erhalten auf einer südbulgarischen Votivtafel selber dieses Attribut: vgl. *Goodenough*, Jewish Symbols IX 1, 204. Ihre Vermischung mit den Chariten mag Philon die Beschreibung der überfließenden χάριτες erleichtert haben. – Dasselbe bringt das Bild vom „Schatz" des Guten zum Ausdruck: vgl. all III 104 ff; imm 156f im Anschluß an Dtn 28,12; ferner migr 121; her 76.

„Bleibt mir noch mehr zu erwarten übrig? Neidlos sind, o Gebefreudiger, deine Wohltaten (χάριτες) und unbeschreiblich viel; sie haben keine Grenze und kein Ende, wenn wie bei Quellen mehr heraussprudelt als abgeschöpft werden kann."

Aber, so fährt Philon fort, man muß auch die so bewässerten Fluren berücksichtigen; übermäßig überschwemmte Felder werden sumpfig. Deshalb bedarf es im Hinblick auf das Fruchtbringen eines abgemessenen Zustromes. Hier kommt der Gedanke hinzu, daß das Geschaffene in seiner Aufnahmefähigkeit beschränkt ist. So deutlich op 23:

„Von keinem Beistand – welcher andere war denn da? – nur von sich selbst beraten erkannte Gott, daß er mit großzügigen und reichen Gaben (ἀταμιεύ-τοις καὶ πλουσίαις χάρισι) der Natur Gutes tun müsse, die ohne das göttliche Geschenk nicht imstande ist, etwas Gutes von sich aus zu erlangen. Freilich tut er nicht Gutes gemäß der Größe seiner Gaben (χάριτες) – denn unumschreibbar und unendlich sind diese –, sondern nach den Fähigkeiten (δυνάμεις) derer, die die Wohltaten empfangen."

So mißt Gott bzw. sein Logos jedem Einzelnen das ihm zukommende Maß zu (τὸ ἐπιβάλλον διαμετρεῖσθαι)[38]. Das wird op 56f an Sonne und Mond illustriert, die je eigene Macht erhalten, 58–61 an den Sternen, 62ff an den Lebewesen, wobei der Schöpfer den fünf Sinnen ihr je eigenes Urteilsvermögen zuteilte. Wir können hier nicht nur die Überlegungen philosophischer Ethik heraushören, wem und auf welche Weise man geben soll[39], sondern dürfen im kosmogonischen Zusammenhang annehmen, daß Platon, Tim. 30A für den Gedanken Pate stand:

---

[38] Vgl. sacr 59: Gottes Güte ist das Maß der guten Dinge; post 144f geht es mehr um die zeitliche Streuung der χάριτες: nicht als könne er sie nicht auf einmal geben. Vielmehr ist die Fürsorge für die Bedürftigen entscheidend. „Deshalb hält er seine ersten Wohltaten jeweils zurück, bevor die Empfänger übersättigt übermütig werden, und teilt wiederum andere an deren Stelle zu..." „Denn das Gewordene ist niemals ohne die göttlichen Wohltaten – da es sonst völlig zugrunde ginge –, kann aber ihren gewaltigen und neidlosen Fluß nicht ertragen. Da wir also einen Nutzen von dem haben sollen, was er verleiht, wägt er die Gaben entsprechend der Kraft der Empfänger ab". Ferner mut 218; spec I 43 „Ich schenke aber das dem Empfänger Gemäße (τὰ οἰκεῖα); denn nicht kann der Mensch auch empfangen, was mir zu geben leicht ist; deshalb reiche ich dem der Wohltat Würdigen alle Geschenke, die er aufzunehmen vermag." Hier tritt zur ontologischen Beschränktheit des Empfängers noch der Gesichtspunkt der Würdigkeit, der bereits ein sittliches Verhalten voraussetzt. Dazu s. u.

[39] S. I B 4.

„Denn Gott wollte, daß alles gut, aber nach Möglichkeit (κατὰ δύναμιν) nichts schlecht sei..."[40].

Die Freigebigkeit Gottes ist auch der Grund dafür, daß Gott seine Güter auch dem leibverhafteten, zum Bösen geneigten Menschen mitteilt:

φιλόδωρος ὢν ὁ θεὸς χαρίζεται τὰ ἀγαθὰ πᾶσι καὶ τοῖς μὴ τελείοις (Da er gebefreudig ist, schenkt Gott die Güter allen, auch den nicht Vollkommenen).

Dieselbe Großzügigkeit zeigt sich ja auch in seinem Handeln in der Natur, z. B. wenn er ins Meer regnen läßt[41].

Fassen wir zusammen:

Χάρις kann neben ἀγαθότης, nach Platon der Beweggrund der Schöpfung, stehen (all III 78). Während die Güte des platonischen Demiurgen metaphysisch, ja geradezu „technisch" konzipiert ist[42], gibt ihr die χάρις eine personalere Note. Diese meint die nach außen gewandte Seite der Vollkommenheit Gottes, seine Geneigtheit gegenüber dem Unvollkommenen, die Fähigkeit, aus totalem Selbstbesitz heraus überreich zu schenken. Sie konkretisiert sich aber in den χάριτες, den Wohltaten, die der Welt und ihren Bestandteilen erst zum Sein verhelfen. Dieser Sprachgebrauch war in der späteren Stoa zu belegen und geht wohl auf die Verteidigung der göttlichen πρόνοια durch ihr kosmisches Walten zurück[43]. Die Wohltaten entspringen der Güte Gottes, die deshalb „die älteste" der Chariten genannt wird[44]. Der grundlegende Akt der Vorsehung setzt sich

---

[40] Vgl. auch schon Tim. 29E „möglichst ähnlich werden". Auf Tim. machen z. B. aufmerksam *Boyancé*, Philon-Studien 44 mit Anm. 59, wo freilich op 20 zu korrigieren ist; *Runia*, Philo 109 ff; *ders.*, Naming Anm. 50. Auf die neuplatonische Lehre von der „Eignung zur Aufnahme" verweist *Dillon* in *Winston-Dillon* 223.

[41] Vgl. all I 34. Wieder ist auf Tim. 29E zu verweisen.

[42] Vgl. *Verdenius*, Platon 23; *Runia*, Philo 369.

[43] Zu dem oben I B 5 Notierten vgl. noch αἱ παρὰ τοῦ θεοῦ χάριτες bei Epiktet, Diss. II 23,2 mit speziellerem Bezug auf die Rednergabe; Dion Chrys. XXX 41 nennt in seinem Gleichnis von dem von den Göttern veranstalteten Mahl die ἡδονή eine χάρις τῶν θεῶν, die die meisten Menschen allerdings nicht ehren. Die stoisch-mittelplatonische Auffassung von Gott auch bei Jos., Ap. II 190, wo es u. a. heißt: „Er hält das All vollständig und selig, genügt sich selbst und allen Wesen, ist Anfang, Mitte und Ende von allem, ist offenbar mit Werken und Wohltaten".

[44] Vgl. imm 108, zum textkritischen Problem o. Anm. 22. Migr 183 ist das Bild nur oberflächlich anders: Hier erzeugt die Güte die χάριτες, „durch die sie das Nicht-Seiende zum Sein und ans Licht bringt".

in der creatio continua fort; so legt Philon, plant 89 θεὸς αἰώνιος (Gen 21,33) aus:

> „Der Ausdruck ‚ewiger Gott‘ ist gleichbedeutend mit ‚der nicht einmal schenkt, ein andermal nicht, sondern immer und kontinuierlich, der unaufhörlich Gutes tut ... der die Wohltaten (χάριτες) mit einigenden Kräften zu einem miteinander zusammenhängenden Reigen fügt‘ ...“[45].

Im Dienst dieser Konzeption übernimmt Philon von den Stoikern Gottesattribute wie εὐεργετικός[46], φιλάνθρωπος[47], προνοητικός[48] und κηδεμών[49]. Die Herkunft wird offensichtlich, wenn er immer wieder betont, daß Gott diese Eigenschaften „von Natur aus" zukommen. Die Wohltaten Gottes haben einen dynamischen Aspekt[50] und können so seiner εὐεργετικὴ δύναμις zugeordnet werden[51]. Damit gehören sie in ein System, mit dem Philon die Paradoxien des Weltgeschehens theologisch durchsichtig zu machen versucht.

2. Das Spiel der beiden hauptsächlichen Kräfte Gottes[52]

Philon möchte sowohl die Transzendenz Gottes wie sein Engagement in Schöpfung und Geschichte, das ihm die Bibel vorgibt, mit philosophischen Mitteln wahren. Da er dazu zugleich platonische und stoische Traditionen verarbeitet, geht das nicht ohne äußerliche Widersprüche. Die χάριτες führt er sicher nicht ein, um Gott auf Distanz zur Welt zu halten[53]. Allerdings sagt er auch nicht, daß Gott sich in der Schöpfung

---

[45] Vgl. *Montes-Peral* 82 f; *Runia*, Philo 220 zu Philons Interpretation von Gen 2,2; zusammenfassend 368. So erklärt sich auch das die χάρις schmückende Adjektiv ἀένναος. – *Winston*, Philo 13–17 schreibt unserem Autor eine creatio aeterna zu; das ist ein etwas anderes Problem, das Philon löst, indem er die Zeit mit der Welt zugleich geschaffen sein läßt.

[46] Vgl. SVF II 1115; zu Philon den Index von *Leisegang* s. v. εὐεργέτης.

[47] Vgl. ebd. und 1126; zu Philon wieder *Leisegang* s. v. ·

[48] Vgl. spec I 209 mit SVF II 1021.

[49] Vgl. congr 118 mit SVF II 1126.

[50] Vgl. ebr 106 (s. o.).

[51] Nicht umsonst sind die Chariten qEx II 61 Töchter des εὐεργέτης.

[52] Vgl. etwa *Siegfried* 211–218; *Drummond* II 65–155; *Goodenough*, Light 23–47; *Pohlenz*, Philon 337–340; *Bréhier* 136–157; *Wolfson* I 217–226; *Bormann; Montes-Peral* 174–181.

[53] Anders *Braun* 46; dagegen *Drummond* II 107: „a primary function of the powers was not to keep God out of the finite, but to bring him into it".

selbst schenkt, während etwa Seneca unbefangen von der Natur sagen kann, daß sie „sich selbst gab"[54]. Die Wohltaten sind vielmehr Erzeugnisse einer δύναμις Gottes, die wie eine Reihe anderer Kräfte zwischen dem entzogenen Gott und seinen Kreaturen vermittelt. Wie hier nicht weiter ausgeführt zu werden braucht, unterscheidet Philon ja zwischen dem unerkennbaren Wesen Gottes und seinen δυνάμεις, die unsichtbar das Weltall zusammenhalten[55] und uns wenigstens Zugang zu seiner Existenz eröffnen[56]. So kann die stoische Rede, daß Gott „von Natur aus" gütig sei, nicht bedeuten, ihn gleichsam so auf Güte festzulegen, als könne man darin sein Wesen fassen. Die Kräfte sind das Farbenspektrum, in das sich in unserer beschränkten Sicht die Fülle seines Lichts auseinanderlegt.

Die philosophiegeschichtliche Herleitung dieser Auffassung gelingt nur annähernd. Eine Wurzel ist sicher die platonische Ideenlehre. Gott ist keine Idee – auch nicht die des Guten; hier schafft Philon Platon gegenüber Klarheit. Gott setzt vielmehr diese geistige Welt schöpferisch aus sich heraus im Logos, der der Ort der Ideen bzw. die Idee der Ideen ist. Insofern die Kräfte als dessen Wirkweisen das Seiende wie ein Siegel prägen, kann Philon sie mit den Ideen identifizieren[57].

In Platons Schöpfungsmythos schaltet der Demiurg[58] bei der Schaffung des menschlichen Leibes die „jungen Götter" ein (Tim. 42DE). Davon angeregt liest Philon aus dem Plural Gen 1,26 heraus, daß Gott den sterblichen Teil des

---

[54] Vgl. ben. IV 4,3 se dedit; daß sie gleichbedeutend mit Gott ist, legt dann 7,1 dar. Bei Philon ist dagegen nach Ausweis von *Leisegang* s. v. ein χαρίζεσθαι Gottes nie mit dem Reflexivpronomen verbunden. Der Grund dafür liegt auch in der aktiven Eigenart des göttlichen Gebens: det 161: „Gott kenne ich zwar als Gebenden und Schenkenden, als Gegebenen aber kann ich ihn mir nicht denken". *Moffatt* 45 sollte aber mit dieser Stelle nicht „a dynamic conception of ‚grace'" bestreiten. Daß χάρις im Kontext der Begnadung des Einzelnen durchaus die Selbstmitteilung Gottes markieren kann, werden wir noch sehen.

[55] Vgl. conf 166; migr 181. Das Vorhergehende zeigt hier, daß sich Philons Unterscheidung gegen die stoische Vergöttlichung der Welt bzw. die Annahme einer in der Welt enthaltenen Seele des Ganzen richtet.

[56] Vgl. z. B. post 167ff und die Parallele spec I 41–50. Hier präzisiert Philon, daß auch die Kräfte ihrem Wesen nach unbegreiflich sind. Aber sie hinterlassen doch einen Abdruck ihrer Wirksamkeit in den Schöpfungswerken.

[57] Vgl. *Wolfson* 200–217; er versuchte, Unausgeglichenheiten bei Philon, der die Ideen einmal den Kräften gleichsetzt, ein andermal durch sie geschaffen sein läßt und die Kräfte sowohl als ungeworden wie als geschaffen bezeichnet, dadurch einzuebnen, daß er verschiedene Existenzweisen annahm. Dagegen *Bormann*, bes. 66.75f.

[58] Unmythischer spricht Platon, Sophistes 265BC von einer ποιητικὴ δύναμις, mit der Gott das vorher Nicht-Seiende verfertigt.

Menschen durch die ihn umgebenden Wesen bildete[59]. Die Engel werden aber wenigstens teilweise mit den Kräften zusammengebracht, die – über die platonischen Ideen hinaus – auch als Wirkursache fungieren.

Eine weitere Wurzel ist in Bestrebungen zu suchen, die Unerkennbarkeit des in seinen Schöpfungsgaben sichtbaren Gottes herauszustellen, indem man sein Wesen von seiner Existenz trennte[60]. Um die Zeit Philons herum sind sie greifbar im pseudoaristotelischen Traktat De mundo, nach dem in den Schöpfungswerken zwar nicht die οὐσία, wohl aber die δύναμις Gottes wahrgenommen werden kann. Wie die pluralischen δυνάμεις bei Philon wird diese mit den Speerträgern und Dienern am Hof des persischen Großkönigs verglichen[61]. Der Plural findet sich in stoischen Versuchen, die traditionellen vielen Götternamen mit dem einen göttlichen Wesen, das durch alles hindurchgeht, zu vereinbaren: sie bezeichnen es nach seinen δυνάμεις (Diog. L. VII 147). Philon hat wohl die vom λόγος σπερματικός ausgehenden Kräfte, die in der Stoa allerdings meist λόγοι heißen, ihres materiellen Charakters entkleidet, indem er sie den außerweltlichen Ideen Platons gleichstellte[62].

Durch den Einsatz der Kräfte gelingt Philon ein philosophischer Balanceakt: er kann alles vom Seinsprinzip abhängig sein lassen, ohne es in alles hineinzuziehen.

Von Gott „heißt es, er sei als derselbe ganz nahe und zugleich fern, indem er mit seinen schöpferischen und strafenden Kräften, die ganz nahekommen, alles berührt, aber das Geschaffene auch von seiner seinsmäßigen Natur sehr weit ferngehalten hat, so daß es ihn nicht einmal mit den reinen und unkörperlichen Anstrengungen des Denkens ertasten kann" (post 20).

---

[59] Vgl. *Runia* 207–213; *Pohlenz*, Philon 339f; Beispieltext op 72–75.

[60] Sie lassen sich zurückverfolgen bis auf Xenophon, apomn. IV 3,13f; vgl. *Festugière* IV 6–17. Übrigens spricht der xenophontische Sokrates da von ἀγαθά bzw. εὐεργεσίαι (15), wo die Stoiker u. a. auch χάριτες gebrauchen; die Götter „geben" sie; sie sind in dem, der den ganzen Kosmos ordnet und zusammenhält. – Zu einer „pythagoreischen" Tradition, die Gott über alle Attribute stellt und im Mittelplatonismus aufgenommen wird, vgl. *Dillon* in: *Winston-Dillon* 217–221. Auf den Neupythagoreer Onatas (bei Stobaeus I 1,39; vgl. die Textwiederherstellung von *Wachsmuth* 48) verweist *Goodenough*, Light 20f. Hier ist der eine Gott mit dem Geist zu schauen, während die vielen κατὰ δύναμιν differierenden Götter wohl mit den δυνάμεις gleichzusetzen sind, die seine Werke durchwalten.

[61] Vgl. dazu *Pohlenz*, Philon 376–383, bes. 379f; *Festugière II 469–518; Boyancé*, dieu 146–149; *Siegert*, Philon zu De Deo 3 und 6, bes. die Exkurse 62ff.71ff; auch Aristeas 132 sagt, daß Gottes δύναμις durch alles offenbar wird, ohne ihr freilich sein Wesen entgegenzustellen. Vgl. *Hegermann* in *Maier-Schreiner* 171f.

[62] So *E. Zeller* 408f; dazu paßt, daß Philon die kosmische Spannung auf die δυνάμεις zurückführt und die Engel gelegentlich als λόγος θεῖος identifiziert. Vgl. *Bormann* 52.69ff.

Während Gott nun in einem unerreichbaren An-Sich über den Kräften steht, treten vor allem zwei δυνάμεις in seiner Beziehung zur Welt in Erscheinung, die das Relationale schon in ihrem Namen enthalten[63]: seine schöpferische (ποιητική) Kraft, die nach Timaios mit seiner Güte identisch ist, und seine herrscherliche (βασιλική bzw. ἡγεμονική, auch τὸ δεσποτικόν, ἐξουσία, ἀρχή). Philon findet diese beiden Kräfte in den Gottesbezeichnungen der LXX θεός und κύριος unterschieden[64].

Schon lange fiel auf, daß die Rabbinen ihre Lehre von den zwei „Maßen" (*middot ha-tob* bzw. *ha-raḥamim* und *ha-puranut* bzw. *ha-din*) auch auf die zwei Gottesnamen *JHWH* bzw. *'elohim* beziehen, allerdings – im Vergleich mit Philon – in umgekehrter Zuordnung[65]. Doch geht es hier ursprünglich um Maße für das Gerichtshandeln Gottes, denen wir höchstens die dem obersten Kräftepaar nachfolgende ἵλεως bzw. κολαστήριος δύναμις an die Seite stellen können (dazu u. C 3). Bei Philon dagegen bestimmen die beiden Kräfte das kontinuierliche Schöpferhandeln Gottes und sein Weltregiment.
Möglicherweise ist er Traktaten über das Königtum und Herrscherinstruktionen verpflichtet, obwohl er die Kräfte nicht unter die königliche subsumiert. Hier wird Gott, der zugleich erhaben und furchtbar (σεμνός, δεινός wegen Bestrafung der Bösewichte und Allherrschaft) wie umgänglich (χρηστός wegen seiner Wohltätigkeit, so daß er „Vater der Menschen und Götter" heißt) ist, den Königen als Beispiel vor Augen gestellt[66]. Zeus wird so nach Dion Chrys. I 40 „König" nach seiner Herrschaft und Macht, aber „Vater" wegen seiner Fürsorge und Sanftmut genannt. Philon hält sich an dieses Ideal etwa bei der Schilderung der „Menschenfreundlichkeit" und „Güte" des Vizekönigs Joseph (Jos. 198.240.264) und gibt den König den sich der Niedrigen erbarmenden Gott zum Vorbild (decal 40–43; imm IV 176ff.184.187f). Praem 97 verwertet er Empfehlungen, wie man sich durch die Kombination von σεμνότης, δεινότης und εὐεργεσία an der Herrschaft halten kann. Auch Abr 144 zieht Philon eine Parallele zwischen der Art, wie Gott schenkt und bestraft, und dem Handeln

---

[63] Vgl. mut 28f. Bei den nicht ausdrücklich relationalen Kräften wird man etwa an Gottes Wissen, Weisheit und Einsicht (imm 79) denken müssen.

[64] Beispieltexte: plant 85–92; qGen II 16. Philon ist bei seiner Zuweisung von griechischer Etymologie (vgl. Herodot II 52) geleitet, die θεός zu τίθημι assoziiert. Das gleiche Vorgehen bei Theophilos I 4 könnte eine Auslegungstradition im griechischsprechenden Judentum bezeugen.

[65] Daß es auch eine Philon nahestehendere rabbinische Tradition gab, suchen *Dahl* – *Segal* mit einem neuen Text aus Mekh zu erweisen. Doch bezweifelt *Winston*, Logos 21f, daß in ihm die Gottesnamen die entscheidende Rolle spielen.

[66] Diotogenes bei Stobaeus IV 7,62 (*Wachsmuth* 267–270); vgl. Aristeas 188: Der König soll die Milde (τὸ ἐπιεικές) Gottes nachahmen, indem er in Langmut die Schuldigen milder bestraft. Zum Ganzen vgl. *Goodenough*, Light 39f (dort auch Fälle, wo Wohltätigkeit und Ordnungschaffen von Gott als König ausgesagt werden); *ders.*, Politics 91.94–97; *M. Hadas-Lebel*, in: *Arnaldez u.a., œuvres* XXXV 98ff.

von Königen. Allgemein wird man sagen können, daß Gott nicht nur als Vorbild für die Herrscher gilt, sondern daß sich die Anschauungen vom Königtum indirekt auch auf das Bild Gottes auswirken, der menschenfreundlich, σωτήρ und εὐεργέτης ist.

Philons Exegese sieht beide Kräfte in den Cheruben, über denen Gott unsichtbar thront (Ex 25,18ff), veranschaulicht:

„Die Enden des ganzen Himmels und der Erde sind befestigt durch die beiden höchsten Wachen; eine ist die (Kraft), mit der Gott alles erschuf, die andere die, durch die er die existierenden Dinge regiert. (Jede) sollte für (die Welt) als ihren ihr eigentümlichen und eng verwandten Besitz sorgen: die schöpferische, daß das ihr gemäß Gewordene nicht zerstört werde, die königliche, daß nichts überhand nimmt noch übervorteilt wird, da es durch das Gesetz der Gleichheit gelenkt ist, die den Dingen Bestand verleiht"[67].

Die Schöpferkraft ist älter als die herrscherliche, weil erst etwas aus ihr entstehen muß, bevor Gott darüber „Herr" sein kann[68]. Sie heißt auch εὐεργέτις bzw. εὐεργετική, δωρητική und χαριστική[69], denn aus ihr erfließen die einzelnen Wohltaten:

„Deshalb, wenn es auch in der Gesetzgebung heißt ‚Gott im Himmel oben und auf der Erde unten' (Dtn 4,39), so vermute niemand, das werde nach seinem Sein gesagt – denn dem Seienden kommt es zu, zu umfassen, nicht umfaßt zu werden –, vielmehr nach seiner Macht, mit der er das All gesetzt (τίθημι), geordnet und ausgestattet hat. Diese ist aber vorzüglich die Güte, die den die Tugend und das Schöne hassenden Neid von sich getrieben hat, aber die Grazien erzeugte, durch die sie das Nicht-Seiende ins Werden und ans Licht gebracht hat"[70].

Sie „erfüllt" das All[71]. „Die Gutheit Gottes erschöpft sich nicht darin, die Materie zu gestalten, sondern sie betätigt sich nach der Weltbildung weiter zum Segen der Geschöpfe"[72].
Anderswo kann Philon einander die „heilsame" (σωτήριος) und die „zer-

---

[67] qEx II 64; vgl. die Parallelen cher 27ff; Mos II 99; De Deo 5. Daß Philon cher 27 die Erklärung der Cheruben einer göttlichen Eingebung zuschreibt, dispensiert nicht von einer traditionsgeschichtlichen Rückfrage bei der Kräftelehre, da sich wohl nur die in der Tat kunstvolle Exegese solcher Inspiration verdankt.
[68] Vgl. qEx II 62.
[69] Vgl. her 166; somn I 163. Vgl. τὸ χαριστικόν all III 106; somn I 162.
[70] Migr 182f.
[71] Vgl. Mos II 238; dazu *Montes-Peral* 146.
[72] *Bormann* 49.

störerische" Kraft bei der Weltentstehung gegenüberstellen[73]. Wie bei Platon, Timaios 42D hat der Einschub von Mittelwesen den Sinn, den Schöpfer von der Verursachung des Übels freizusprechen[74]. Wie die stoische Theodizee[75] so verteidigt auch Philon die Vorsehung:

> „nicht als ob Gott die Ursache von allem wäre: denn er ist nicht die Ursache der (natürlichen) Übel noch des außerhalb der Natur geschehenden Schlechten … Das sind vielmehr die Ausgeburten einer Unregelmäßigkeit sei es der Materie sei es einer maßlosen Natur (d. h. des sündigen Menschen)"[76].

Das Zusammenspiel der beiden Kräfte soll also die Polarität im Geschick der Welt verständlich machen. Sie bilden keine Gegensätze, sondern sind aufeinander bezogen; wie die zwei Cheruben einander anblicken, so sorgen sie zusammen für den Nutzen des Geschaffenen[77]. Sie haben Gai 6 die προνοητική im Gefolge. Gottes χάριτες werden hier in eine wohldurchdachte, ziemlich geschlossene Konstruktion eingebaut, durch die Philon die ursprüngliche Güte Gottes in der Schöpfung gegenüber den Widersprüchen schon im Naturgeschehen absichert. Die göttlichen Kräfte zielen aber letztlich auf den Menschen. Wie wird Gott bzw. sein Apologet nun mit dem größten Widerspruch, der einschneidendsten Störung seiner Ordnung fertig, die die Sünde des Menschen heraufführt?

---

[73] Vgl. qEx I 23; qGen II 16; zu Dtn 4,24 „Der Herr, dein Gott, ist ein verzehrendes Feuer" erklärt De Deo 7 freilich: „verzehrend nicht im verderblichen, sondern im heilbringenden Sinn. Denn das Heilmachen, nicht das Verderben ist Gott eigen". Dazu *Siegert*, Philon 111 f; vgl. noch all III 73: „Dieselbe Macht der Güte mußte auch Schlechteres zugrunde legen, damit Besseres zum Vorschein komme". Stoische Parallelen zu dieser ganzheitlichen Verrechnung des Übels SVF II 1181; ferner *Siegert* 132 f. Vgl. schon Platon, Gesetze 903/4.

[74] Vgl. fug 79 f.84; auch nach Platon, Staat 379B ist Gott nur die Ursache des Guten. Theaitetos 176C „Gott ist keineswegs ungerecht" wird fug 82 zitiert. Zum Ganzen etwa *Montes-Peral* 108 ff.

[75] Vgl. *Pohlenz, Stoa* 100 f.

[76] Prov II 82; vgl. noch qGen I 78; *Cohn* u. a., Philo I 53 Anm. 1 verweist auf GenR zu 1,5; vgl. auch *Runia*, Philo 112.

[77] Vgl. qEx II 66; aus dem λαλήσω Ex 25,21 entnimmt Philon, daß der Logos die beiden Kräfte auseinanderhält (her 166, wo es um das Prinzip der Gleichheit geht); cher 27 führt er aber beide zusammen und vermittelt zwischen ihnen, so daß sie eine innige Verbindung eingehen: „da wo Gott gut ist, offenbart sich die Würde seiner Herrschaft, da wo er herrscht, seine Güte" (ebd. 29). Merkwürdigerweise ist gerade an dieser Stelle das flammende Schwert das Symbol des Logos. Vgl. auch qEx II 68. Zur Korrelation der beiden *middot* bei den Rabbinen s. *Dahl – Segal* 10 f.

C) Gottes Erbarmen mit den Sündern

Nicht nur bei der Schöpfung und Erhaltung der Welt, sondern auch gegenüber der menschlichen Freiheit setzt Gott seine Kräfte ein. Sie erhalten hier aber meist andere Namen, die biblischer klingen. Die Verhaltensweisen Gottes gegenüber dem sündigen Menschen „erwachsen" aus den beiden Grundkräften[78]; diese übernehmen nur eine neue Funktion. In seiner Erörterung der sechs Zufluchtsstädte für die Seelen (Num 35,12ff) nennt Philon so fug 94–102 nach dem Logos, der schöpferischen und königlichen Kraft

> „die gnädige, durch die der Meister Mitleid hat mit seinem eigenen Werk und sich seiner erbarmt (ἡ ἵλεως, δι' ἧς ὁ τεχνίτης οἰκτείρει καὶ ἐλεεῖ τὸ ἴδιον ἔργον) und die gesetzgebende (νομοθετική)[79]."

Gesetzgebung ist nach damaliger Auffassung Sache des Königs ebenso wie die strafende Gewalt (κολαστήριος), die nach qEx II 68 ein Name der gesetzgeberischen ist. Gott setzt aber nicht nur herrscherlich sein Recht durch, sondern hält in der ἵλεως[80] δύναμις sein Erbarmen gegenüber der sich verfehlenden Kreatur bereit. Ihre „Quelle" ist die schöpferische Kraft; denn Gott will nicht, daß sein Werk zugrunde geht[81]. Dennoch ist sich Philon bewußt, daß diese Kräfte nur in der menschlichen Freiheitsgeschichte zur Entfaltung kommen. Fug 103ff fragt er sich, warum ein Teil der Zufluchtsstädte jenseits des Jordans liegt:

> „... drei liegen jenseits, die weit von unserem Geschlecht weg sind. Welche sind es? Des Führers Logos und seine schöpferische und königliche Gewalt; denn

---

[78] Vgl. qEx II 68 ἐκπεφύκασιν, später πηγή t.c. und ῥίζα.

[79] Fug 95. Die gesetzgebende Gewalt wird, um die Zahl Sechs vollzumachen, noch einmal nach stoischer Definition aufgespalten in die vorschreibende und verbietende. So jedenfalls ist der Text nach 98 zu ergänzen.

[80] Das Wort wird in LXX von Gott ausgesagt, ist aber auch seit Homer Götterattribut und durch Platon, Gesetze 792D in die philosophische Rede von Gott eingeführt. Auch die Stoa der Kaiserzeit kennt die versöhnlichen Götter: Vgl. Seneca, ben. VII 31,4; errorem labentium animarum placidi ac propitii ferunt. *Neumark* 52f nimmt LXX-Einfluß an. In der Tat zitiert Philon migr 122 Num 14,20 ἵλεως αὐτοῖς εἰμί und Jos 198 Gen 43,23 ἵλεως εἴη.

[81] Vgl. her 206: „Bei dem Geschöpf zur frohen Zuversicht, daß der gnädige Gott (τὸν ἵλεω θεόν) niemals sein Werk übersehen wird". Mos II 238: ὁ εὐμενὴς καὶ ἵλεως, ὁ πάντα διὰ πάντων πεπληρωκὼς τῆς εὐεργέτιδος ἑαυτοῦ δυνάμεως (der wohlwollende und gnädige, der alles überallhin mit seiner wohltätigen Macht erfüllt hat). Auch qEx II 68 ist εὐεργέτις eine Benennung der ἵλεως.

daran hat der Himmel und die gesamte Welt teil. Die uns nahe sind und das todverfallene menschliche Geschlecht, dem allein das Sündigen widerfährt, betreffen, dagegen sind die drei diesseitigen: die gnädige, die das zu Tuende vorschreibende, die das nicht zu Tuende verbietende; denn diese betreffen uns je schon ... (denn) unser Geschlecht braucht sie, weil es von Natur aus zu den freiwilligen und unfreiwilligen Verfehlungen hingeneigt ist"[82].

Wie steht es aber mit dieser Geneigtheit zur Sünde? Wie radikal denkt Philon die Erlösungsbedürftigkeit des Menschen?

1. Die Allgemeinheit der Sünde

Wir sahen schon, wie die durch Engel erschaffene Körperlichkeit des Menschen seinen Hang zur Sünde bedingt (vgl. conf 178f). So kann Mos II 147 sagen, daß jedem Geborenen, auch wenn er eifrig ist, dadurch, daß er zur Geburt kommt, das Sündigen mitgegeben ist[83]. Das erweist gleich die Urgeschichte: Die Menschen sind den Wohltaten des Schöpfers gegenüber undankbar, wie an der Sintflutgeneration deutlich wird – ausgenommen Noah, der „Gnade fand"[84]. Philon deutet aber auch die Sintflut allegorisch auf die Situation des Menschen:

> „Denn es heißt: ,da der Herr, Gott, sah, daß sich die Laster der Menschen auf Erden mehrten und ein jeder in seinem Herzen geflissentlich das Böse sinnt' (Gen 6,5), beschloß er, den Menschen, ich meine den Geist ... für seine unheilbaren Unrechttaten zu bestrafen. Die Strafe war aber die Flut. Denn diese bestand im Loslassen der Verfehlungen und im heftigen Drang, Unrecht zu tun, wobei niemand wehren kann ... vielmehr blieb nichts Heiles und Unverdorbenes (in der Seele)"[85].

---

[82] Bemerkenswert ist, daß die Seelen hier nicht nur – wie vorher unter dem Zwang der biblischen Vorlage – bei unfreiwilligen Verfehlungen zu den Kräften ihre Zuflucht nehmen.

[83] Nach *Pohlenz*, Philon 361 nimmt dieser Chrysipps Lehre von der διαστροφή, von den schlechten Einflüssen der Umwelt, auf, hält aber nicht an der Veranlagung des Menschen zum Guten fest. Doch vgl. immerhin all I 34 und *Nikiprowetzky*, doctrine 259 Anm. 3.

[84] Vgl. qGen I 96. Zum Sinn von „Gnade finden" als der göttlichen Güte eingedenk sein s. o. B. – II 54 stellt Philon mit Gen 8,21 fest, daß sich die Lage nach der Sintflut nicht gebessert hat. Eher kann man „einen Backstein waschen" oder „mit einem Netz Wasser schöpfen" als die Bosheit aus der menschlichen Seele vertreiben, die ihr eingeprägt ist und „von den Windeln an" unlöslich anhängt.

[85] Conf 24f. Das bei Philon beliebte Bild von der Überschwemmung hat platonische Anhaltspunkte: Phaidros 248A; Tim. 43AD; Phaidon 109C. Vgl. *Méasson* 176–192; *Runia*, Philo 223f.

In dieser Konstitution, die den Geist hilflos den Leidenschaften aussetzt, ist denn auch die Erfahrung begründet, daß die Gerechten und Weisen nur eine kleine Minderheit bilden[86] – ein stoischer Topos, den bei Philon Henoch illustriert[87].

> „Sucht einer einen Gerechten oder Verständigen oder Beherrschten oder überhaupt einen vollkommen Guten in (diesem) durcheinandergemischten Leben[88]? Sei zufrieden, wenn du einen findest, der nicht ungerecht, töricht, unbeherrscht, feige oder nicht ganz und gar schlecht ist. Denn die Beseitigung der Laster mag zwar wünschenswert sein, der vollständige Erwerb der Tugenden ist aber dem Menschen unseres Schlages unmöglich" (mut 50).

Selbst der Vollkommene kann als geschaffenes Wesen der Sünde nicht entgehen (spec I 252); überhaupt nicht zu sündigen kommt nur Gott zu, vielleicht auch einem θεῖος ἀνήρ[89].

Fazit: Philon klagt sicher nicht mit der Pauschalität eines Paulus (Röm 3,9–20) die ganze Menschheit an, daß sie unter der Sünde ist; aber die Sündigkeit des Menschen ist eine empirische Tatsache, die ihre Wurzel in seiner Verfassung hat. Freilich unterscheidet Philon Grade der Sünde und läßt hie und da eine löbliche Ausnahme zu, jedoch eher, um ein Ideal zu zeichnen[90]. Im Endergebnis kommt imm 75 mit Röm 3 überein:

> „Denn wenn Gott das sterbliche Geschlecht erbarmungslos richten wollte, würde er das verdammende Urteil fällen, da keiner von den Menschen das Leben

---

[86] Vgl. all I 102; migr 59f; spec II 47; virt 10; prob 63.72 (im Anschluß daran werden aber Ausnahmen aufgezählt). Vgl. *Völker* 318 mit Anm. 1.

[87] Vgl. post 43; mut 34ff; Abr 19.24. In fug 153.157f knüpft Philon an andere Schriftstellen (Gen 38,23; Lev 10,16) an, die ein „Nicht-Finden" besagen.

[88] Philon spricht in diesem Zusammenhang gern vom πεφυρμένος βίος, d. h. von einem Leben, das durch Zumischung (der Körperlichkeit?) verdorben ist: vgl. noch migr 59; fug 47.153; somn II 66. Die Mischung kann sich aber auch auf das Miteinander von Gut und Böse beziehen, das den Durchschnittsmenschen charakterisiert, so daß es keinen vollkommen Schlechten, aber auch keinen ganz Unschuldigen gibt; so qGen IV (VI) 203 mit Zitaten von Epicharm und Euripides.

[89] Virt 177. Ob Philon mit dem „göttlichen Menschen" Mose im Auge hat, ist umstritten.

[90] *Völker* 73–79 behandelt die Stellen, die anscheinend eine Notwendigkeit der Sünde nahelegen, kommt aber zu der Ansicht, daß Philon hier „Seitenwege" einschlägt, während er als religiöse Natur die Willensfreiheit betone. Das ist aber eine falsche Alternative. Denn auch die Konstatierung der faktischen Sündigkeit, die im übrigen ebensowenig wie bei Paulus die Verantwortlichkeit aufhebt, kommt aus religiösem Empfinden.

von der Geburt bis zum Tod von sich aus ohne Fehltritt durchläuft, sondern sich bald freiwillige, bald unfreiwillige Ausrutscher leistet".

Aber vollstreckt Gott diese Strafe auch?

2. Der Zorn Gottes

Die Bibel nötigt Philon auch, gelegentlich recht „unhellenisch" vom Zorn Gottes zu reden[91]. So erzählen die ersten Kapitel von des Menschen Sünde.

> „Der Vater (Gott) habe das übel genommen (χαλεπαίνειν), denn die Handlung verdiente Zorn, … er habe die geziemenden Strafen über sie verhängt" (op 156).

Zum erstenmal erwähnt Gen 6,6 ausdrücklich Gottes Zorn (ἐνεθυμήθη). Philon ist sich natürlich mit der Stoa (s. I B 4) im klaren, daß solches Reden Gott nicht angemessen ist, da das Sein überhaupt von keinem Affekt ergriffen werden kann[92]. Er wendet hier seine beiden grundlegenden hermeneutischen Prinzipien[93] an, die besagen: „Gott ist nicht wie ein Mensch" (Num 23,19); wo aber die Schrift doch menschlich von ihm spricht, tut sie das nach Dtn 8,5 in pädagogischer Absicht, „um der Erziehung und Zurechtweisung willen"[94]. Aus Angst vor den Wutausbrüchen und Drohungen ihres Herrn werden Sklaven durch Furcht erzogen; so lernen auch die unvernünftigen Menschen, die von Gottes Zorn hören, das Fürchten, während denen, die das Sein dem Gottesbegriff entsprechend nur an sich selbst verehren, das Lieben am angemessensten ist[95].

---

[91] Vgl. *Pohlenz*, Philon 318 f. Es fällt ihm offensichtlich in den nicht exegetischen Schriften leichter; so spricht Mos I 6 ungeschützt von Zorngerichten gegen die Ägypter. Vgl. auch somn I 89.91 nach Num 25,4.

[92] Vgl. imm 52. *Dillon* in *Winston-Dillon* 224 f meint, Philon hätte keine Probleme gehabt, Gott εὐπαθείαι wie Freude zuzuschreiben. Vgl. dafür noch somn II 175–179, wo εὐφροσύνη θεοῦ im Gegensatz zu seiner ὀργή steht.

[93] Dazu etwa *Montes-Peral* 11–35.

[94] Vgl. imm 54 innerhalb des Exkurses 53–69. 70 ff bringt dann noch eine gezwungene moralische Deutung. Ferner sacr 94–96; somn I 234–237; qGen II 54; I 95 gibt eine einfallsreiche Auskunft: Gen 6,6 bringe per excessum zum Ausdruck, daß die Menschen so böse geworden waren, daß sie sogar einen, der von Natur aus ohne Zorn ist, zum Zorn reizen könnten.

[95] Vgl. „Philons Erörterungen über Gottesfurcht und Gottesliebe in ihrem Verhältnis zum palästinischen Midrasch" in *Amir* 164–185. Hier auch ein Überblick

Die Furcht ist aber auch wieder die Haltung gegenüber der königlichen Gewalt Gottes; dagegen entspricht die Liebe dem Vater und Wohltäter[96]. Andererseits berechtigt Dtn 8,5LXX „wie ein Mensch wird er seinen *Sohn* erziehen" dazu, auch die Züchtigungen dem Vater zuzuschreiben:

> „in der Art eines Vaters, der seine Söhne unterweist, weiß er bald durch Furcht, bald durch ungeheure Geschenke jene Taten, die ungerecht sind und aus dem Rahmen fallen, zu verhindern" (prov I 36).

Insofern die Strafen helfen wollen, kommen sie aus der Güte und Gerechtigkeit Gottes, wie schon Platon, Staat 380BC erklärt. Ebensowenig wie es „zwei Fässer" von Gutem und Schlechtem bei Zeus gibt (ebd. 379D), stehen auch die strafenden Kräfte außerhalb der Schöpfergüte Gottes; sie gehören vielmehr zu den „helfenden und heilenden":

> „ist doch auch die Strafe nichts Schädliches, weil sie Verfehlungen verhindert und wieder gut macht"[97].

Um jedoch jeden Verdacht des Bösen von sich fernzuhalten, läßt Gott seine Strafen – zwar nicht ohne seinen Auftrag – durch andere, meist Engel, ausführen: So versteht Philon Gen 11,7 „Wohlan, wir wollen herabsteigen und verwirren" als Bereitschaftserklärung der wohltätigen Kräfte, die Gott aber ablehnt.

> „Obwohl er wußte, daß (die Strafen) dem Menschengeschlecht nützlich sein würden, verhängte er sie durch andere. Denn einerseits mußte es Wiedergutmachung erfahren, andererseits sollten die Quellen seiner immer fließenden Wohltaten unvermischt mit Schlechtem – nicht nur dem Sein, sondern auch dem Schein nach – bewahrt werden".[98]

über die Stellung der antiken Philosophie zu diesen Verhaltensweisen. Am nächsten kommt Seneca, ep. 47,18, der sich von den Sklaven eher Verehrung als Furcht wünscht und darauf verweist, daß das auch Gott genügt. „Qui colitur et amatur: non potest amor cum timore misceri". Diese Ausschließlichkeit lassen die Rabbinen vermissen. Vgl. dafür Röm 8,15!

[96] Vgl. *Dahl-Segal* 8f zu ähnlichen Äußerungen der Rabbinen. Doch gibt es nach *Amir* 174 in der gesamten Midraschliteratur nirgends eine Verquickung der Lehre von den beiden Attributen Gottes mit dem Problem der Furcht und der Liebe des Menschen gegenüber Gott.

[97] Conf 171; vgl. Seneca, ep. 95,50: Hi (die Götter) nec dant malum nec habent: ceterum castigant quosdam et coercent et inrogant poenas et aliquando specie boni puniunt.

[98] Conf 181f; vgl. fug 66; Abr 142ff – im Gegensatz zu den χάριτες, die er selber darreicht; decal 177f; qEx I 23.

Wie aber, wenn sich die Menschen auch diesen fürsorglichen Erziehungs-maßnahmen entziehen? Hier greift prov unverhüllt auf die biblischen Drohungen mit dem Weltuntergang, der sich mit der stoischen conflagratio universi verbindet, zurück:

> „sie werden jenen Zorn, der allen Elementen droht, selber über sich ergehen lassen müssen", „wenn dieses vollkommene Werk des Schöpfers aufhört, werden sie selber in dieselbe Katastrophe hineingezogen werden"[99].

Auch prov I 90 malt ein apokalyptisches Szenario:

> „mit welchem Recht kann die Welt eine längere Dauer verlangen, da die Vorsehung ihre Langmut schon durch viele Zeiten gezeigt hat? Wenn auch gegen ihren Willen wird sie demnächst (deinceps) von Schrecken befallen werden, die Herrlichkeit der Elemente wird erzittern beim Anblick des Zorns der Vorsehung; die über die Welt gestellten Wächter werden sie verlassen, wenn sie vom verdienten Gericht ergriffen wird".

Bei allem prophetischen Unterton ist das freilich keine vom Himmel her offenbare, bereits feststehende Wirklichkeit wie für Paulus (Röm 1,18). Der definitive Zorn erscheint als die ultima ratio der göttlichen Pädagogik, die es vorher noch mit allen Mitteln versucht. So stehen dem Menschen beide Möglichkeiten offen, Zorn und Gnade, wenn er nur umkehrt. Das Verhältnis dieser beiden Größen soll aber noch etwas genauer untersucht werden.

3. Gnade und Gericht

a) Einmal ist die Schärfe des Gerichts immer schon gemildert durch die Gnade. So hätte etwa das Menschengeschlecht nach dem Sündenfall

> „wenn es die ihm zukommende Strafe hätte erleiden sollen, wegen seiner Undankbarkeit gegen Gott, den Wohltäter und Retter, ausgelöscht werden müssen;

---

[99] Prov I 36; die Übersetzung von *Früchtel* in *Cohn u. a.*, Philo hat unerklärlicherweise „Menschen" statt „Elementen". Die Schrift Plutarchs „de sera numinis vindicta" beschäftigt sich mit einer ähnlichen Problematik, läßt aber apokalyptische Eschatologie vermissen. *K. Berger*, Streit um Gottes Vorsehung, in: *J. W. van Henten u. a.* (Hrsg.), Tradition and Re-interpretation in Jewish and Early Christian Literature (Fschr. J. C. H. Lebram, Studia Post-Biblica 36) Leiden 1986, 121–135, 124–128 führt die Gemeinsamkeiten mit prov auf anti-epikureische Traditionen zurück.

aber der, da er von Natur gnädig (ἵλεως) ist, hatte Mitleid (οἶκτος) und ermäßigte die Strafe", die nunmehr nur im mühseligen Broterwerb bestand (op 169).

Ebenso bei der Sintflut; hier wird Gen 6,8 in einem neuen Anlauf imm 73–76 so gedeutet:

„Gott erinnerte sich seiner vollkommenen Güte (ἀγαθότης) für alle Wesen: wenn auch die gesamte Menge der Menschen von sich aus durch das Übermaß (ὑπερβολή) der Verfehlungen verfallen sollte, streckte er die heilbringende Rechte aus, greift ihr unter die Arme und richtet sie wieder auf, indem er das Menschengeschlecht nicht ganz verderben und verschwinden ließ. Deshalb heißt es jetzt, Noah finde bei ihm Gnade, während die andern, die sich undankbar erwiesen, Strafe zahlen sollen, damit er das rettende Erbarmen (ἔλεος) mische mit dem Gericht über die Sünder, wie auch der Psalmist irgendwo sagt: ‚Von Erbarmen und Gericht will ich dir singen‘."

Ps 100,1 liefert hier einen biblischen Ersatz für χάρις: ἔλεος[100], das manchmal gepaart erscheint mit dem für stoische Begriffe Gott noch weniger gemäßen οἶκτος (Mitleid). Philon fährt fort:

„Damit nun das Menschengeschlecht bestehen bleibe, wenn auch viele seiner Species in die Tiefe verschwanden, mischt er das Erbarmen hinzu, von dem er zum Wohl auch der Unwürdigen Gebrauch macht, und erbarmt sich nicht nur nach dem Richten, sondern richtet auch mit Erbarmen; denn älter als das Gericht (δίκη) ist bei ihm das Erbarmen, da er den, der Strafe verdient, nicht erst nach dem Gericht, sondern schon vorher kennt" (imm 76).

Im Erbarmen gewinnt es also die ältere (vgl. qEx II 62) Schöpferkraft über die richterliche, so daß in der Sintflut nicht nur Vernichtung, sondern auch Neuschöpfung (παλιγγενεσία) geschieht[101]. Es gilt auch den „Un-

---

[100] Für ἐλεεῖν knüpft sacr 46 an Gen 33,11, her 38 an Gen 33,5 an. Ex 22,26 gibt ihm somn I 92 f ἐλεήμων vor. Die biblische Färbung erhellt auch daraus, daß Philon in seinen nicht-allegorischen Schriften Gottes Mitleid und Erbarmen in heilsgeschichtlichem Zusammenhang erwähnt: Mos I 72.86 in bezug auf die Erhörung der flehenden Israeliten und die Herausführung aus Ägypten (vgl. 198 Mannagabe als ἐλεεῖν); spec IV 179 f auf die Annahme des auserwählten Volkes. – Sonst wird das Wort hauptsächlich für Gottes Umgang mit dem sündigen, aber auch zur Tugend fortschreitenden Einzelnen gebraucht. – Da die Stoiker ἔλεος als den Weisen von außen ergreifenden Schmerz für eine Krankheit der Seele halten (vgl. SVF I 213 f.434; III 394. 412–416; 451 f; 641), ist anzunehmen, daß sie das Wort auch für Gott vermeiden. Zu Aristoteles vgl. I B 3.
[101] Vgl. qGen II 51; Mos II 61 läßt die ἵλεως φύσις Gottes die Arten erhalten.

würdigen", insofern das Menschengeschlecht, das seine Existenz durch die Sünde je schon verwirkt hat[102], generell weiterbesteht.

Für diese „Mischung" von Erbarmen und Gericht im Verfahren Gottes gegenüber dem Sünder bieten sich zunächst wieder die rabbinischen *middot* als Analogien an, die schon bei Sir 5,6; 16,11 Vorfahren haben. *Bréhier* 147ff erinnerte an die Abstraktgottheiten der Stoiker Δίκη und die Χάριτες, die ja auch Philon gelegentlich personifiziert[103]. Konkreter liegt vielleicht die Allegorese eines berühmten Götterbildes, der Apollonstatue auf Delos, zugrunde[104]. Sie trug in der Linken den Bogen, in der Rechten die Chariten, wie auch Philon weiß (Gai 95; vgl. 105). Das deutete schon der auch Philon bekannte Kallimachos auf die ständige Bereitschaft, den Guten Erfreuliches auszuteilen, während der Gott langsamer ist, die Sterblichen mit seinem Bogen für ihren Frevel zu züchtigen. Damit räumt er ihnen die Chance zur Umkehr ein[105]. Möglicherweise fällt von daher Licht auf eine Einzelheit unseres Textes imm 73: Philon spricht von der „rechten und heilsamen (σωτήριος) Hand" Gottes, während er sonst beide Hände als Sinnbilder der Schöpferkraft Gottes faßt[106].

b) Gottes Gebefreude und sein χαριστικόν bewähren sich aber auch in der Schonung des Sünders, die – wie in der apollinischen Ethik, die das Bild aus Delos veranschaulicht – seine Umkehr bezweckt. So all III 106 in der Auslegung der „Schatzkammern des Guten und des Bösen", die es nach Dtn 28,12; 32,34f bei Gott gibt.

„Aber auch darin achte auf die Güte (ἀγαθότης) des Seienden: den Schatz der guten Dinge öffnet er, die Schätze der bösen aber verschließt er; denn Gott ist es eigen, die guten Dinge darzureichen und dem Beschenkten zuvorzukommen, die bösen aber nicht leichthin heraufzuführen" (ebd. 105). „Am Tag der Vergel-

---

[102] Vgl. den hier ausgelassenen § 75 o. 1 Ende.

[103] Cornutus, theol. Gr. 9 nennt Zeus u. a. Vater der Dike und der Chariten und gibt ihnen eine symbolische Deutung. Vgl. dazu o. I B 3 und *Winston*, Logos 19f. Zu Dike als Hypostase vgl. *Boyancé*, Écho 173–178. In der Stoa fehlt aber die paarweise Anordnung.

[104] Vgl. den Art. von *Pfeiffer* und schon *Goodenough*, Light 40; ferner *Boyancé*, Écho 182f, *Fernandes* 54ff.264ff.

[105] Frgm. 114,10–17, dazu *Pfeiffer* v. a. 30f; *Boyancé* stützt sich nur auf Apollodor (2. Jh. v. Chr.) bei Macrobius, Saturnalia I 17,13: „sed quia perpetuam praestat salubritatem, et pestilens ab ipso casus rarior est, ideo Apollinis simulacra manu dextera Gratias gestant, arcum cum sagittis sinistra, quod ad noxam sit pigrior, et salutem manus promptior largiatur".

[106] Z. B. plant 50; dagegen somn II 265: ἡ ἵλεως τοῦ θεοῦ χεὶρ καὶ δύναμις. Auch die Rabbinen kennen das Bild von den beiden Händen Gottes, vgl. *Dahl-Segal* 5.

tung nämlich, heißt es, sind die Schatzkammern der Übel versiegelt[107]; so zeigt das heilige Wort, daß Gott nicht einmal die Sünder sofort verfolgt, sondern ihnen Zeit zur Umkehr, zur Heilung und Wiedergutmachung ihres Fehltritts gibt" (ebd. 106).

Auch nachdem Noah mit den zu Rettenden in die Arche eingezogen ist, läßt Gott 7 Tage verstreichen, bevor er die Flut schickt. So beweist die Schrift den Überschwang der Güte (ὑπερβολὴ τῆς ἐπιεικείας) des Retters und Wohltäters, der bei Menschen, die innerhalb weniger Tage Buße tun, die Sünden vieler Jahre vergibt.

> „Denn die Gottheit gedenkt nicht des Bösen, liebt aber die Tugend; wenn sie also echte Tugend in einer Seele sieht, schenkt er ihr in wunderbarem Maß Ehre, so daß er alle von früheren Vergehen her drohenden Schäden tilgt."

Die 7 Tage sollen die Undankbaren natürlich auch an die Schöpfung erinnern,

> „damit sie flehend zum Schöpfer des Alls ihre Zuflucht nehmen und Bestand seiner Werke erbitten" (qGen II 13).

c) Wenn Gott auch mit seiner Gnadenfrist dem Sünder zuvorkommt, erwartet er doch von ihm Reue, die sich im Flehen ausdrückt; dann gewährt er Verzeihung. Anders als im Kontext a) und b) ist hier die Gnade an ein menschliches Verhalten gebunden (dazu u. 4). So hat Gott zwar die kultischen Einrichtungen Israels „aus Erbarmen mit unserem Geschlecht" zur Reinigung unseres mühseligen und unrühmlichen Lebenswandels gestiftet (vgl. her 112f), aber innerhalb dieser heilvollen Gegebenheiten gilt der überlieferte Grundsatz, „daß es notwendig ist, das Göttliche mit Gebeten und Opfern wohlgesonnen zu machen, damit es nicht erregt Strafen auferlege" (Mos II 147).

Der Versöhnungstag[108] etwa steht Philon dafür, daß Gott den Reuigen Verzeihung ihrer Sünden schenkt „durch die Gnaden (χάριτες) des versöhnlichen (ἵλεως) Gottes, der die Reue gleich hochschätzt wie das

---

[107] Hier hat Philon V. 34 und 35 gegen ihren Sinn gewaltsam zusammengezogen. Das biblische Bild ist übrigens dem von den zwei Fässern des Zeus (Platon, Staat 379D) – s. o. 2 – verwandt.

[108] Zum Verständnis der Sühne als „consécration libératrice de la ‚bonne part‘ à Dieu, rejet de la part mauvaise" vgl. *Harl* 137–141.

Nicht-Sündigen" (spec I 187[109]). Dieser Tag ist ganz Gebet und Flehen gewidmet, mit denen die Menschen vom frühen Morgen bis zum Abend Gott wohlgesonnen machen wollen (ἐξευμενίζεσθαι), „indem sie Vergebung ihrer freiwilligen und unfreiwilligen Verfehlungen erbitten und Gutes erhoffen, nicht ihres eigenen Verdienstes wegen (οὐ δι' ἑαυτούς), sondern wegen der gnädigen Natur (ἵλεως φύσις) dessen, der Verzeihung anstelle der Strafe bestimmt" (spec II 196). Indem Philon die gnädige „Natur" Gottes unterstreicht, räumt er zugleich ein Mißverständnis des „Umstimmens" aus. Wer zu der gnädigen Kraft flüchtet, macht ja damit implizit einen Fortschritt in der Gotteserkenntnis:

> „Denn wer von vornherein erfaßt hat, daß das Göttliche nicht unerbittlich, sondern wegen der Sanftheit (ἡμερότης) seiner Natur wohlgesonnen (εὐμενής) ist, der kehrt, auch wenn er vorher gesündigt hat, wieder um in der Hoffnung auf Straferlaß" (fug 99).

Freilich gibt es auch unvergebbare (ἀνίατος) Sünden; dazu rechnet Philon etwa durch den Wortlaut der Schrift gezwungen Meineid und absichtlichen Mord[110]. Wo er die Ebene der Literalexegese verläßt, charakterisiert er Laster wie Torheit und Selbstüberhebung als unheilbar[111]. Hierbei ist aber zu berücksichtigen, daß er in essentieller Darstellung ihre Unvereinbarkeit mit der Tugend hervorheben möchte; wir haben es höchstens mit Typen von Sündern zu tun. Das letzte Wort über das Schicksal des einzelnen Sünders ist damit noch nicht gesprochen.

Neben den 6 Zufluchtsstädten findet Philon in der Bundeslade eine sprechende Allegorie der göttlichen Kräfte[112]. Hier stellt der Deckel der Lade, das ἱλαστήριον, die ἵλεως δύναμις dar[113]. Als Ziel menschlicher Zuflucht rangiert sie erst nach der schöpferischen und der königlichen Gewalt; andererseits hat aber der Schöpfer bei seinem Werk von vornherein die menschliche Schwäche berücksichtigt. Deshalb blicken die beiden Cherube nicht nur aufeinander, sondern auch auf den Sühnedeckel.

---

[109] Vgl. die weniger ausgewogene Formulierung Lk 15,7! prov II 15 nähert sich allerdings dem Gleichnis vom barmherzigen Vater: die Eltern, die ihren Sorgenkindern verschwenderisch mehr schenken (χαρίζεσθαι) als den vernünftigen, machen das Handeln Gottes verständlich.

[110] Vgl. spec II 23.27.253; III 88; fug 54–64. 83f (Gotteslästerung).

[111] Vgl. z. B. cher 10; sacr 48; det 148.

[112] Vgl. die Darstellung bei *Goodenough*, Light 23–30.

[113] Vgl. fug 100; Mos II 96; qEx II 60.68.

„Denn wenn Gott nicht gnädig wäre den jetzt existierenden Wesen[114], hätte er nichts durch seine Schöpferkraft geschaffen noch Gesetze gegeben durch seine königliche" (qEx II 66).

Die Gnade ist also nicht nur ein nachträgliches Pflaster auf die verkorkste Schöpfung. Einen ähnlichen Gedanken bringen neutestamentliche Stellen zum Ausdruck, die von der Vorherbestimmung der Sühne in Christus reden, z. B. Röm 3,25[115].

Philons Bild von Gott als Vater, das unter dem Einfluß des Timaios unbiblisch den Erzeuger der Welt meint, schließt auch die Fürsorge des Schöpfers für sein Werk ein, der dessen Schwäche von vornherein berücksichtigt hat. Dies macht prov II 15 – das hellenistische Königsideal auf Gott anwendend – am ausdrücklichsten:

(wie Eltern sich gerade ihrer ungeratenen Söhne annehmen) „so kümmert sich auch Gott, da er der Vater des geistigen Verstehens ist, um alle mit Verstand Begabten, sorgt aber auch für die schuldig Lebenden, indem er ihnen zugleich Zeit zur Besserung gibt und auch seine gnädige Natur (ἵλεως φύσις) nicht übergeht, deren Gefolge Tugend und Menschenfreundlichkeit bilden..."

Gottes gnädige Kraft ist demnach dreifach ausgeprägt: einmal ist sie mit der richterlichen Gewalt gemischt und mäßigt sie, zum anderen ist sie auch schon vor dem Gericht als Langmut am Werk, schließlich macht sie als Sündenvergebung das Gericht überflüssig. Hier ist aber die Umkehr, auf die die Langmut hinzielt, Vorbedingung.

4. Das der Gnade entsprechende menschliche Verhalten

Neben der gratia communis, der sich die ganze Schöpfung erfreut, neben dem Erbarmen, das den Bestand des Menschengeschlechtes garantiert, gibt es also auch eine Zuwendung Gottes, die den Menschen beteiligt. Philon hebt je nach seinem Anliegen dieses der Gnade gemäße Verhalten einmal mehr, ein andermal weniger hervor. Dabei werden heilsgeschichtliche Themen allegorisch auf die Ebene des Einzelnen transponiert.

---

[114] t.c. mit dem griech. Frgm. (*Harris* 65).
[115] Wenn das προέθετο ἱλαστήριον hier zu übersetzen ist: „er hat von vornherein eingesetzt zum Sühnemittel bzw. -opfer". Vgl. dazu die Begründung in meinem Aufsatz „Sühne und Langmut": ThPh 43 (1968) 51–75, bes. 57f.

a) Die ἱκέται

Der ἱκέτης ist der Mensch bzw. die Seele oder die Vernunft, die zu Gott ihre Zuflucht nimmt[116]. Sein Urbild ist der Levit[117], seine aktuelle Konkretion der Proselyt. Philon hängt den im Pentateuch fehlenden Begriff an das Zu-Gott-Rufen der Israeliten Ex 2,23 an (vgl. spec. II 217 im Rückblick auf die Väter in Ägypten). Mos I 72 bewegt sich zunächst noch auf der heilsgeschichtlichen Ebene; hier wird die Gottesrede Ex 3,7ff paraphrasiert: Die Israeliten in Ägypten haben sein Erbarmen erregt,

„denn (ich weiß), daß jeder für sich und alle gemeinsam sich auf Flehen (ἱκετεῖαι) und Gebete verlegten und so von mir Hilfe erhoffen".

Dann folgt der verallgemeinernde Zusatz:

„ich bin aber von Natur freundlich (ἤπιος) und echten Schutzflehenden (ἱκέται) gnädig (ἵλεως)".

Meist spiritualisiert Philon das Exodusgeschehen auf die Herausführung aus dem Land der Gottlosigkeit und der Lust (vgl. all III 213 f; her 273 im Zusammenhang von 267–274). Der gut und gnädig ist, weist die Flehenden nicht ab, zumal wenn sie unter „ägyptischen Werken und Leiden(schaften)" stöhnen und so unverfälscht zu ihm rufen (det 93). Die Auslegung (95) erhellt, daß darunter die Last der Sinnlichkeit zu verstehen ist, von der der zu Gott Flehende loskommen möchte.

So scheint also eine beginnende Abwendung von der sündigen Existenz und eine flehentliche Hinwendung zu Gott unabdingbar für seine Gnade zu sein. Mose wußte

„daß seine (Gottes) Gnadenquellen zwar immer fließen, aber daß er sie nicht für alle lossprudeln läßt, sondern nur für die Schutzflehenden: Schutzflehende aber sind, die nach Rechtschaffenheit verlangen..." (virt 79).

Doch ist das Bild nicht so eindeutig. Her 186 redet davon, daß der „ungelogen freie und freimachende Gott" die Seele von der Despotie der Leidenschaften und Unrechttaten erlöst, wenn er angefleht wurde, „manchmal aber auch ohne Flehen". Das kann man zur Not noch vom äußerlichen Gebet verstehen wie wohl an der parallelen Stelle congr 107 f; dort

---

[116] Vgl. imm 160; zum Abschnitt *Harl* 142–150.
[117] Vgl. sacr 119; det 62 f; her 124.

handelt Philon wieder vom Versöhnungstag, zu dem ja das Flehen und das Geständnis der eigenen Nichtigkeit gehört:

„Er wird nun gnädig, und zwar sofort gnädig ohne Flehen für die, die sich herabsetzen und erniedrigen..."

Diese Grundhaltung ist also immerhin erfordert. Aber an anderer Stelle kann Philon das Geschenk der Tugend dadurch ausdrücklich machen, daß Gott sie ohne vorausgehendes Flehen und Beten gewährt[118]. Darauf müssen wir zurückkommen.

b) Die Reue (μετάνοια, μεταμέλεια)[119]

Diese Kehre wird auch als Reue bezeichnet. Ihr Beispiel ist Henoch, der – nach LXX von einem gewissen Zeitpunkt an – „gottgefällig zu leben begann" und „versetzt wurde", nämlich in eine bessere Sinnesart[120] (Gen 5,22 ff LXX). Wenn Reue auch schwierig und selten zu finden ist[121], so ist sie doch unumgänglich, wenn dem sündigen Menschen Gnade zuteil werden soll. Viele Passagen unterstreichen diese Zuordnung von Umkehr und ἵλεως-Sein Gottes[122]. Virt 175 ff beschreibt die Reue, ohne die kaum jemand auskommt (177). Sie besteht zunächst darin, daß man Gott seinen Platz über den geschaffenen Dingen wieder gibt (179 f), dann ist erst der Erwerb der Tugenden möglich. So erreicht man Übereinstimmung von Wort, Gedanke, Entschluß und Handlung.

„Wenn einer diese Harmonie nicht vergißt, wird er Gott gefallen und zugleich Gott lieb und liebend (θεοφιλὴς καὶ φιλόθεος) sein" (184).

---

[118] Vgl. cher 47: Im Unterschied zu Isaak findet Mose – ein argumentum e silentio in Ex 2,22 – seine Frau ohne Flehen und Bitten schwanger; das hängt mit der symbolischen Bedeutung der Frauen zusammen: während Rebekka die Geduld repräsentiert, die sehr wohl dem Menschen abverlangt wird, ist Zippora – abgeleitet von hebr. „Vogel" – die geflügelte und hoch schwebende Tugend; allein Gott kann sie verleihen.

[119] Vgl. zu den Vorgängen im Innern und zu ihren Wirkungen *Bréhier* 302–307; *Völker* 105–115; *Thyen*, Studien 118 ff.

[120] Vgl. qGen I 82.84; Abr 17 ff.24.

[121] Philon spinnt das aus „er wurde nicht gefunden" (Gen 5,24) heraus: s. o. Anm. 87; vgl. auch die Auslegung des Taubenflugs Gen 8,11 qGen II 42.

[122] Vgl. z. B. somn I 90 f; spec I 242; praem 116 steht statt Umkehr αἰδεῖσθαι (sich schämen). *Cohn* übersetzt die objektlose Wendung zu Unrecht mit „die ihn ehrfürchten", vgl. dagegen die Parallele somn II 292. Zu praem 115 ff s. IV D 3 b.

Philon bringt mit diesem Wortspiel noch öfter ein Wechselverhältnis zum Ausdruck[123], und es scheint zunächst klar, daß die Liebe zu Gott voraufgehen muß. Dies ergibt sich auch aus dem angefügten verkürzten Zitat aus Dtn 26,17f, mit dem Philon den Bundesgedanken von Israel auf den Einzelnen umlegt (s. 184 Ende):

> „Erwähle dir heute Gott, daß er dir zum Gott sei, und der Herr hat dich heute erwählt (εἵλατο), daß du ihm zum Volk werdest."

Doch Philon kann den Aorist in der 2. Hälfte nicht übersehen haben, denn er kommentiert (185):

> „Sehr schön ist die gegenseitige Wahl[124], wobei der Mensch sich beeilt, das Seiende zu verehren, Gott aber auf der Stelle sich den Schutzflehenden vertraut macht und dem Wollen dessen, der echt und ehrlich sich zu seiner Verehrung naht, zuvorkommt (προαπαντᾶν)".

Handelt es sich also doch nicht um ein Nacheinander? Geht Philon über Platon hinaus, der Symp. 212A feststellt:

> „Wer wahre Tugend gebiert und aufzieht, dem steht es zu, ein Gottgeliebter zu werden, und – wenn je einem Menschen – auch unsterblich"[125]?

---

[123] Vgl. her 87; Mos II 67; Abr 50 erläutert bei den Patriarchen: „sie liebten (ἀγαπᾶν) den wahren Gott und wurden wiederum von ihm geliebt (ἀνταγαπᾶσθαι)". Klarer ist die Abfolge prob 42, wo es von den Freunden der olympischen Götter heißt, sie seien wegen ihrer Gottesliebe sofort Gottgeliebte geworden, wobei ihnen mit dem gleichen Wohlwollen vergolten wurde (οἳ διὰ τὸ φιλόθεον εὐθὺς γενόμενοι θεοφιλεῖς, ἴσῃ ἀντιτιμηθέντες εὐνοίᾳ). Doch fällt auch hier das „sofort" auf. – Zur Gottesfreundschaft vgl. *Neumark* 4–11, *ders.* unter dem Namen *Amir* 207–210.

[124] Παγκάλη γε τῆς αἱρέσεως ἡ ἀντίδοσις. Die dt. Übersetzung „Gegengabe für die Wahl, wenn der Mensch zur Verehrung des Seienden hineilt..." führt hier in die Irre. Richtig *Colson* und die frz. Übersetzung: „réciprocité de ce choix". Philon hat sicher auch das zweimalige σήμερον (heute) beachtet. – Statt αἱρεῖσθαι verwendet Philon sonst das ebenfalls ursprünglich heilsgeschichtlich geladene προσκληροῦν, das auch reziprok von Gott und Mensch ausgesagt wird. Vgl. *Harl* 148f.

[125] θεοφιλής besagt Staat 501BC; 612E/613A; Gesetze 716CD so viel wie „gottgefällig", weniger eine Bewegung von Gott auf den Menschen zu als die wesensmäßige Angleichung an das Göttliche. Den Gegensatz zur christlichen Auffassung arbeitet scharf heraus *Verdenius*, Platon 17: „Der Eros geht primär vom Menschen und nicht von Gott aus. Erst nachdem der Mensch zum Ziel gekommen ist, wird er von Gott geliebt und belohnt... Gut werden kann ein Mensch nur aus eigener Kraft". Stärkere Gegengewichte legt *ders.*, Gottesbegriff 258ff auf.

Daß das Erbarmen und die Gnade Gottes dem Sünder nur bei entsprechendem Verhalten gewährt werden, ist biblisch begründet und auch den Rabbinen nicht fremd[126]. Man wird sich dieses menschliche Verhalten aber nicht als Ursache denken dürfen, die die göttliche Reaktion erst auslöst. Nicht umsonst hatte spec II 196 unterstrichen, daß die Bittflehenden „nicht um ihretwillen, sondern wegen der gnädigen Natur" Gottes Verzeihung erhoffen dürfen. Das Motiv der Vergebung ist also allein das ἵλεως-Sein Gottes, mag die Öffnung des Menschen auf Gott hin auch die nötige Disposition bilden, daß ihn das Angebot Gottes überhaupt erreicht. Doch können wir das Verhältnis von Gnade und menschlichem Zutun erst auf einer breiteren Basis genauer untersuchen (s. D 1). Vorerst müssen wir noch eine andere Aussagenreihe würdigen, in der die Bekehrung als das Werk Gottes erscheint.

5. Umkehr als Gnade

Zur „Versetzung" Henochs sagt Abr 18, es sei ein Umschlag zum Besseren gewesen,

> „denn er geschieht durch die Fürsorge (προμήθεια) Gottes; alles nämlich, was mit Gott geschieht, ist gut und in jeder Hinsicht nützlich, da ja auch, was ohne göttliche Achtsamkeit (ἐπιφροσύνη) geschieht, nutzlos ist".

Das „Mit" Gottes scheint hier zugleich ein „Voraus" zu bedeuten. Dieses „Zuvorkommen" Gottes, von dem auch schon virt 185 sprach, wird an einigen Stellen verdeutlicht. Schon die Erkenntnis der Schuld ist nur dadurch möglich, daß das Gewissen, d. h. aber der göttliche Logos in uns Einzug hält[127]. Zum „Stöhnen" der Israeliten in Ägypten (Ex 2,23) be-

---

[126] Merkwürdigerweise zitiert Philon die absolute Proklamation der Barmherzigkeit Gottes Ex 34,6ff in den erhaltenen Schriften nirgends. Dagegen klingt Ex 20,6 zuweilen an, wo ἔλεος und ἀγαπᾶν verbunden sind. Daß Gott seine Gnade den Demütigen schenkt, kann die in der jüdischen und christlichen Tradition öfter berufene Stelle Spr 3,34 belegen. Bei den Rabbinen wird Ex 34,6ff manchmal durch Ps 103,8–13 erklärt, wo Gott sich derer erbarmt, die ihn fürchten. Vgl. *E. E. Urbach*, The Sages, Jerusalem 1975, 448ff, nach dem sich das „Maß der Barmherzigkeit" ursprünglich innerhalb der göttlichen Gerechtigkeit hielt.

[127] Vgl. imm 134f.138. Zum Gewissen etwa *Bréhier* 299–303; *Völker 95–105; Nikiprowetzky*, doctrine; *Ménard* 59–65. *R. T. Wallis*, The Idea of Conscience in Philo of Alexandria, in: StPh 3 (1974/5) 27–40, mit neuem Schluß wieder in:

merkt all III 211 ff, daß viele Seelen von der Umkehr Gebrauch machen wollten, aber Gott es ihnen nicht erlaubte, weil sie sich wie Lots Frau rückwärts wandten.

> „Jetzt aber heißt es ‚ihr Rufen stieg zu Gott auf‘ – ein Zeugnis für die χάρις des Seienden; denn wenn er nicht mit Macht den flehenden Logos zu sich gerufen hätte, wäre er nicht emporgestiegen" (214).

Auch das wird freilich gleich wieder moralisch-allegorisch ausgelegt auf die Flucht vor der Niedrigkeit des Irdischen. Das hindert Philon aber nicht – wie vorher vom „Erlauben Gottes" – jetzt von seiner Gnade zu sprechen. Mit anderen Worten 215:

> „Ganz schön ist es, wenn das Flehen bis zu Gott dringt (φθάνειν); es wäre aber nicht hingelangt, wenn nicht der Rufende (Gott nach 214) gütig (χρηστός) gewesen wäre".

Das ἥκειν an der eben zitierten Stelle Ex 3,9, das in 215 zu φθάνειν abgewandelt worden war, veranlaßt Philon sogar, noch eins draufzusetzen. Nicht nur das Gebet kommt zu Gott, sondern

> „einigen Seelen kommt er zuvor (προαπαντᾶν): ‚Ich werde zu dir kommen und dich segnen‘ (Ex 20,24). Siehst du, wie groß die χάρις des Urgrunds ist, der unserem Wollen zuvorkommt (φθάνειν) und entgegeneilt (προαπαντᾶν) zu vollkommener Wohltat für die Seele" (215).

Daß Philon hier in das verallgemeinernde „Wir" fällt, läßt doch vielleicht erkennen, daß er nicht nur eine Ausnahmesituation im Auge hat, wie es „einige Seelen" zunächst suggeriert[128]. Wie die „vielen Seelen", denen die

---

Winston – Dillon 197–216 sieht die Originalität Philons in dieser transzendenten Auffassung des Gewissens. Sie spricht sich noch imm 182 f; fug 5 f; qGen III 27; IV 62; qEx II 13 aus; Parallelen lassen sich zum persönlichen Schutzdämon der kaiserzeitlichen Philosophie ziehen. Det 146 und fug 117 f wird um die Einkehr des Logos gebetet. Winston in: ANRW II 21,1 389–391 meint allerdings, daß er nur vom menschlichen Standpunkt aus „enters man and departs; from the eternal perspective of God, however, the Logos is ever present to man, but its consummation in any particular case is conditioned by the fitness of the recipient" (391). Das ändert wohl nichts daran, daß das Gewissen gerade aus göttlicher Sicht den Menschen transzendierende Gabe ist.

[128] Völker 117 weigert sich, in dieser Stelle einen Hauptbeleg für die gratia praeveniens zu sehen; sie sei vielmehr als eine „Ausnahme zu betrachten, deren Erwähnung durch exegetische Rücksichtnahme bedingt ist". Aber der Bibeltext zwingt Philon keineswegs dazu, die Richtung des ἥκειν umzukehren!

Umkehr nicht erlaubt ist, soll jedenfalls die letzte Steigerung ihren Gnadencharakter zum Ausdruck bringen.

Spec I 282 vergleicht die Seele mit Hetären, die durch das Alter zur Aufgabe ihres Gewerbes genötigt werden. Kann sie, die der Buhlerei verfallen ist, schon die Zeit zur Sittsamkeit umwandeln?

> „Nicht die Zeit, aber Gott allein, dem möglich ist, was bei uns unmöglich ist".

Das erinnert an Mk 10,26f.

Somn II 25 erklärt den Doppelausdruck „die Reinheit reinigen" (Num 6,2), d. h.

> „die Reinigung der Seele selbst reinigen, indem man Gott das Reinwaschen überläßt und niemals glaubt, man sei selbst ohne göttliche Fürsorge (ἐπιφροσύνη) fähig, das von Flecken übervolle Leben auszuwaschen und rein zu baden".

Ähnlich interpretiert migr 2 den Auszugsbefehl Gen 12,1–3:

> „Da Gott die Seele des Menschen reinigen wollte, gibt er ihr den Anstoß (ἀφορμή) zu vollkommener Rettung, nämlich den Aufbruch aus drei Ländern: Leib, Sinnlichkeit und hervorgebrachtem Wort".

Ist es nur der Bibeltext, der Philon dazu zwingt, ein Geschehen der Selbstvervollkommnung hier auf den Anstoß Gottes zurückzuführen? Wie gehen die unter Nr. 4 und 5 gemachten Beobachtungen zusammen?

D) Gnade auf dem Weg des Einzelnen zur Vollkommenheit

1. Gnade nur für die Würdigen?

Die anscheinend widersprüchlichen Aussagen Philons haben in der Forschung eine unterschiedliche Darstellung gefunden.

a) In seinem für unser Thema bedeutsamen Buch stellt *H. Windisch*[129] zwei paradoxe Anschauungen nebeneinander, die „Selbsterlösung" und die „Gnadenerlösung". Nach der ersten fordert Philon „einen Selbstaufschwung des Menschen", nach der zweiten konstatiert er die völlige Unfähigkeit des Menschen,

---

[129] S. 10–23. Dagegen *Völker* 116–121.

sich selbst zu reinigen, und versichert auch die Unwürdigen der Gnade Gottes. Den Übergang von der einen zur anderen Anschauung meint der junge protestantische Theologe in imm 116 beobachten zu können. 115 hatte Philon der unter der Gefangenschaft der Leidenschaften seufzenden Seele das Erbarmen Gottes verheißen. Jetzt ruft er sie auf, die Gefälligkeiten gegenüber dem „Gefängnisaufseher", der Gesamtheit der Laster, abzulegen und mit allem Eifer und Auszeichnung nach der Gunst des Urgrunds zu streben.

„Wenn du es aber nicht kannst – denn überschwenglich ist die Größe der Forderung –, geh unverwandt zu seinen Kräften und werde deren Schutzflehender…"

Bei dieser Auswertung ist Windisch offenbar von dem protestantischen Dilemma geleitet, nach dem die Forderung des Gesetzes den ohnmächtigen Menschen der Gnade Gottes in die Arme treibt. Die Stelle, die das Thema „Gnade finden" mit verschiedenen Bibelzitaten variiert, gibt das aber nicht her. Sie bezieht sich auf 109f, wo das „Gnade finden" des Mose dem des Noah gegenübergestellt ist. Die übergroße Forderung ist demnach alles andere als Selbsterlösung; sie betrifft den Versuch, bei Gott selbst Gnade zu finden. Das ist nur wenigen Privilegierten wie Mose möglich[130]. Noah aber wurde von den beiden Hauptkräften Gottes an den Platz der ihnen Wohlgefälligen versetzt. Das enthebt den Bittsteller jedoch keineswegs der Pflicht, die Verbindlichkeiten gegenüber den Lastern abzustreifen. Der 1. Imperativ bleibt in Geltung; „wenn du es nicht kannst" geht nur auf den 2.

b) W. *Völker* gewichtet umgekehrt. Er beurteilt Philon mit Kategorien der christlichen Gnadenlehre. Die Ausführungen über die μετάνοια zeigten, daß der Alexandriner ein Vertreter des Synergismus sei. Es gelte der Grundsatz, „daß erst der Mensch das Seine getan haben muß, ehe er der göttlichen Gnade teilhaftig werden kann"[131]. Philon sei „ein naiver Synergist, der sich keine Ge-

---

[130] S. u. 3 d. Sicher steht hier εὐαρεστήσεις für χάρις, aber das ἔλεος von 115 schwingt auch noch mit.

[131] 115; vgl. 203f. Anspielung auf das frühscholastische Axiom „facienti quod in se est Deus non denegat gratiam", gegen das Luther gekämpft hatte. Tatsächlich kann Philon manchmal auf das reflektieren, was der Mensch „von sich aus" (ἐξ ἑαυτοῦ) tun kann (qEx II 51) bzw. – viel öfter – nicht tun kann (all II 46; det 61.86; post 16; imm 73.75; congr 130; mut 56). In somn I 91, das *Völker* Anm. 2 anführt, bezeichnet εἴτ᾽ ἐξ ἑαυτῆς εἴτε καὶ ὑφηγησαμένου τινός aber nicht die Alternative zwischen Seele und Gott, sondern die Selbstbesinnung gegenüber der Führung durch einen anderen Menschen. – Statt ἐξ ἑαυτοῦ kann auch – wieder verneint – δι᾽αὐτοῦ stehen; so Abr 80 und in dem unter c) zit. Frgm. zu Dtn 30,15.19. In mut 270 jedoch meint ἐνεργεῖν δι᾽ἑαυτοῦ, daß der Vollkommene freiwillig handelt, deshalb aber nicht aus eigener Kraft: gegen *Segalla* 25.29, der 15 unbedenklich von „collaborazione della volontà divina" spricht. – Auch *Wetter* 45 findet bei Philon „das Schwanken zwischen Gnade und Selbstwirken, das später in der katholischen Kirche eine so große Rolle spielt". Wie hier spürt man bei *Völker* die Tendenz, ein Kontrastbild zu einer lutherischen Erlösungslehre zu entwerfen; so 120 im Text und Anm. 1: bei Philons Auffassung von Gnade werde die Willensfreiheit nicht ausgeschaltet. Vgl. auch o. Anm. 90.

danken über das Ineinander von Gnade und Freiheit machte"[132]. Die gelegentlich anzutreffende entgegengesetzte Anschauung sei nur unter dem Eindruck von Schriftworten zustande gekommen und dem „festen Kern" des Synergismus nicht gleichwertig[133].

Völker kann sich auf Texte berufen, in denen Philon paränetisch seine Stimme erhebt und die Seele direkt anspricht, z. B. qEx II 51:

> „Denn, o Geist, wenn du dich nicht von dir aus bereitest, das Begehren, Vergnügungen, Trauer, Furcht, Torheit, Unrecht und verwandte Laster ausrottest, dich änderst und der Schau der Heiligkeit anpassest, wirst du dein Leben in Blindheit enden ...".

Ihr ist Gen 19,22 „Eile dich zu retten" gesagt:

> „Das süße, beste und menschenfreundliche Gotteswort gibt Anteil am Heil dem, der sich retten kann[134], und es nimmt seinen festen und unerbittlichen Entschluß an, der soweit er kann, fortzuschreiten verspricht ...".

Das geht auf Lots Vorschlag Gen 19,20. Lot ist hier der Typ des Fortschreitenden (προκόπτων), der nicht imstande ist, den Weg in die Berge und zum Himmel einzuschlagen, sondern einen Kompromiß eingeht. Die Gnade liegt hier im göttlichen Wort, das zur Vollendung einlädt[135]. Lot kann ihm nur teilweise folgen. In diesem Bereich des noch Unvollendeten sind offenbar Imperative wie „Eile, mach dich auf" angebracht. Hier muß der Mensch die in ihm schlummernden guten Kräfte zusammennehmen. Solche Appelle haben zunächst pragmatische Bedeutung; sie machen keine absolute Aussage über den Anteil Gottes bzw. des Menschen.

---

[132] 121. Dagegen *Laporte* 245. *Thyen,* Studien 106 wendet dagegen ein, daß erst die Erfahrung der im Kreuz Christi erschienenen Gnade so etwas wie Synergismus in der vorchristlichen Welt offenbar mache. – Nach *Völker* 116 lehrt qGen I 84 „ein Zusammenwirken von Gnade und menschlicher Freiheit: simul studentium virtutibus delet vetera delicta". Aber die Stelle will sagen, daß Gott Henoch nach seiner Buße noch die Vollzahl von 365 Jahren leben läßt, da er in seiner Güte reichlich die größten Wohltaten schenkt und die zu züchtigenden Vergehen derer tilgt, die nach den Tugenden trachten. Das „Zugleich" bezieht sich also auf das Handeln Gottes, wie *Colson* und *Ch. Mercier* in *Arnaldez* u. a., œuvres richtig übersetzen.

[133] Vgl. 116f.121. Dagegen *Thyen,* Studien 105 Anm. 2; 109 Anm. 3.

[134] Übersetzung nach *Colson* und *Mercier. Aucher* hat dagegen „qui salvari studet".

[135] qGen IV 49. Vgl. ebd. 47: Divinum verbum abundantem largiens gratiam, sursum invitat animam proficientis ad perfectionem. – Auch *Hegermann,* Vorstellung 17 Anm. 1 wünscht sich, daß *Völker* den „Einfluß der paränetischen Tendenz" – etwa praem 115ff – beachtet hätte.

Weiter ist nicht zu verkennen, daß Philon öfter auf die *Würdigkeit* des Subjekts abhebt, dem Gott Gnade zuteilt. Auch hier ist der Zusammenhang zu beachten.

Migr 53–69 legt Philon die Verheißung Gen 12,2 aus, Abraham zu einem „großen Volk" zu machen. Daß diese Größe im Andenken an Gott und seiner Bundesgenossenschaft besteht, sagt ihm das nach der Methode *gezera šawa* beigezogene Zitat Dtn 4,6f. Hier wird ein an sich dem Volk geltender Text wieder auf Einzelne umgebogen, wie wir das ähnlich virt 185 bei der Bundesformel Dtn 26,17f gesehen haben.

„‚Siehe, ein weises und verständiges Volk ist dieses große Volk; denn welches große Volk gibt es, dem Gott sich naht wie der Herr, unser Gott, in allen Belangen, in denen wir ihn anrufen?' Ist damit nicht klar, daß bei Gott die helfende Kraft zu unserem Beistand abrufbar bereitsteht und daß der Führer[136] näher herankommt zum Nutzen derer, die der Hilfe würdig sind? Wer aber sind die, die würdig sind, solches zu erlangen? Ist es nicht klar, daß damit alle Liebhaber der Weisheit und des Wissens gemeint sind?" (56f).

Aus den rühmenden Attributen Israels erschließt Philon also die Qualifikation, die für die Nähe Gottes nötig ist. Es ist ein liebender Aufbruch von seiten des Menschen, so daß 59 die Nähe Gottes uminterpretieren kann: ᾧ θεὸς συνεγγίζει ist hier gleichbedeutend mit Sich-Gott-Nahen. Man hat den Eindruck, daß Philon eine Bewegung Gottes auf diese Weise ausschließen möchte. Zugleich bekommt der auf Israel eingeengte Text eine universale Tragweite: das Streben nach Weisheit macht der Nähe Gottes würdig[137].

Keine Frage: Philon wendet eine Einsicht der Wohltätigkeitsethik, wonach man auf die Würdigkeit des Empfängers achten muß, auf die Gaben Gottes an[138]. Gott will vermeiden, daß sie auf unfruchtbaren Boden fallen[139], „freut sich aber, wenn bei seinem Geben die Empfangenden der Wohltat (χάρις) würdig sind" (somn II 177)[140].

---

[136] ἡγεμών nimmt natürlich κύριος auf, die helfende Kraft das ὁ θεός.

[137] Auch das 60 folgende Zitat aus Dtn 7,7f, das die Erwählung aus Liebe herausstellt, ändert nichts an dem Befund, weil die Pointe hier die geringe Zahl der Guten ist. – Daß nicht allen die Gottesschau gebührt (ἄξιον), sagt auch De Deo 1.

[138] Vgl. o. I B 3. Wie verbreitet die Anschauung gerade beim alexandrinischen Judentum ist, belegt Weish 6,16: die Weisheit sucht die, die ihrer würdig sind. Nach Aristeas 264 wird die Hilfe (ἐπιφάνεια) Gottes auch nur den Würdigen zuteil.

[139] Op 168 zum Fluch über den Ackerboden: „jetzt aber wurden die immerfließenden Quellen der göttlichen Wohltaten (χάριτες) zurückgehalten, als die Schlechtigkeit begann, gegenüber den Tugenden Erfolg zu haben, damit sie nicht gleichsam Unwürdigen verabfolgt würden". Unter dem Druck der Schrift weicht Philon hier von dem stoischen Gemeinplatz ab, wonach die Schöpfungsgaben auch Unwürdigen zugute kommen. Dazu s. gleich.

[140] Das Verbum ἀξιοῦσθαι kann auch die Disposition des Empfängers mitbesagen, so wohl all III 14 von Mose als Streiter gegen die Laster. Anderswo hat es aber

Rebekka, die Tugend, verweist den Menschen geradezu auf seine Fähigkeiten, wenn sie nicht – sich selbst anpreisend – sagt „Ich werde tränken", sondern „trink!" Damit weist sie gehörig auf den göttlichen Reichtum hin, „der für alle, die würdig sind und davon Gebrauch machen können, ausgeschüttet ist" (post 139). In einem Atemzug kann also Philon die neidlose Fülle der göttlichen χάριτες und die Würdigkeit ihrer Adressaten nennen (auch all III 164). Die Zufluchtsstädte, darunter ja auch die gnädige Kraft Gottes, stehen für die Seelen offen, „die würdig sind, gerettet zu werden" (fug 96).
Beschränkter ist der Kontext von spec I 284; hier geht es um die Gesinnung des Opfernden. Beim Dankopfer soll er nicht schlecht werden, „denn als Eifrigem (σπουδαῖος) wurden ihm die Wohltaten (χάριτες) erwiesen". Wenn er aber mit seinem Opfer die gegenwärtigen Güter für die Zukunft sichern will, „so zeige er sich mit Edelmut (ἀστεῖος) des Wohlergehens würdig". Hier handelt es sich nicht um den Erwerb von Tugend.

Man kann gegen den Grundsatz „Gnade nur für die Würdigen" nicht die Stelle ins Feld führen, daß „Gott von seinem Erbarmen auch zum Wohl der Unwürdigen Gebrauch macht"[141]. Denn sie geht auf die Erhaltung des Menschengeschlechts bei der Sintflut, nicht auf das Erbarmen mit dem einzelnen Menschen. So parieren ja auch die Stoiker den Einwand, daß die Götter auch Undankbaren Wohltaten erweisen[142]: Dies sind Gaben für die Allgemeinheit, die der Unwürdige nicht um seiner selbst willen erhält. In den Dingen aber, die separatim tamquam digno gegeben werden, ist Einschätzung der Person erforderlich[143].
In eine ähnliche Richtung zielt die Bemerkung *Völkers* gegen *Windisch*, daß Philon da, wo er von der unbedingten Gnade spricht, sich „fast stets auf die Schöpfungsordnung bezieht"[144]. Weil das im Prinzip zutrifft, haben wir dieser χάρις ein eigenes Kap. (o. B) gewidmet. Freilich läßt sich bei Philon, wie noch deutlicher werden soll, nicht eine „Schöpfungsordnung" säuberlich von einer „Erlösungsordnung" o. ä. trennen.
Zunächst bleibt aber fraglich, ob die das menschliche Tun provozierenden Aussagen theologisch gleichberechtigt neben den Spitzensätzen stehen,

---

eine abgeschwächte Bedeutung: imm 104 wird ja gerade die Würdigkeit bestritten (vgl. *A. Mosès* in *Arnaldez*, œuvres Anm. 3 z. St.); bei der Verleihung des Erstgeburtsrechts an Jakob sacr 17; 42 wechselt es mit χαρίζεσθαι. Der Text schließt aus Gen 33,11, „daß alles im Erbarmen (ἔλεος) Gottes verankert ist".

[141] Imm 76; dazu s. o. C 3 a; *Windisch* 17 sieht darin eine „Erweichung dieser Grundsätze".

[142] Seneca, ben. IV 26,1 (s. Anm. 17).

[143] Ebd. 28.

[144] Vgl. *Völker* 119f; er scheint allerdings von seinem Blickpunkt her *Windischs* Auslegung zu unterstellen, „daß jede Willensfreiheit gestrichen werde". Auf der Anm. 5 genannten S. 33 sagt *Windisch* das jedenfalls nicht.

die alles der Gnade Gottes zuschreiben. Sind sie im selben Sinn wahr?

c) Hier hilft ein von *Völker* nicht berücksichtigtes Fragment einer Homilie zu Dtn 30,15.19 weiter[145].

Wolfson hat es verarbeitet, allerdings unter der unglücklichen Thematik „Free Will"[146]. Die Entscheidungsfreiheit des Menschen steht aber hier nicht in Frage; es geht nicht um die Bestimmung, sondern um die Ermöglichung seines Tuns. Diese Kritik gilt auch *Winston*, der sich verschiedentlich unter dieser Fragestellung auf den Text eingelassen hat[147].

Nach der Rede des Mose ist das Volk vor die Wahl zwischen Leben und Tod gestellt. Philon kommentiert den Aufruf ἔκλεξαι:

„Es ist erfreulich für die Seele, daß sie die Fähigkeit hat, die bessere von den zwei Möglichkeiten zu wählen, die ihr der Schöpfer vorgelegt hat, aber noch erfreulicher ist es, daß nicht sie[148] wählt, sondern daß der Schöpfer sie zu sich bringt und sie bessert".

---

[145] Vgl. *Harris* 8. Ich lehne mich an die englische Übersetzung von *Winston* an.

[146] I 442 ff, geleitet von *Drummond* I 347. Das hängt mit seiner Auffassung von Philons Werk als philosophischem System zusammen. 425–432 legt *Wolfson* dar, wie der biblische Gott Philons im Unterschied zum platonischen Demiurgen wunderbar in das Weltgeschehen eingreifen kann. Er bleibe auch nicht gleichgültig gegenüber dem Kampf, der sich im Menschen zwischen Geist und Körper abspielt. Für uns ist wichtig, daß dies nach Philon (s. o. C 3 c) nicht ein nachträgliches Hineinfunken in die Schöpfung ist, sondern in der Verlängerung der Schöpfermacht geschieht. – *Segalla* baut den Entwurf *Wolfsons* in fast scholastischer Kasuistik aus. Er grenzt unter den verschiedenen Arten von Freiheit aber eine „libertà morale" aus, die uns hier interessiert (18 ff).

[147] Vgl. *Winston* in: StPh 3 (1974/5) 47–70, leicht gekürzt abgedruckt in *Winston-Dillon* 181–195; *ders.* in ANRW II 21,1 377–381; *ders.*, Logos 50 f. Er zeigt gegen *Wolfson*, daß die Freiheit des Menschen bei Philon wie bei Platon nur relativ ist (somn II 253 ist aber nicht schlechthin „our own existence" – so StPh 56 – von der ἀνάγκη regiert, sondern nur die Materie als φθαρτὴ οὐσία). Ebenso *Carson* 157 f. Mit Recht unterstreicht *Winston*, daß das Thema der menschlichen Nichtigkeit den Großteil der philonischen Werke durchzieht, verweist dazu aber auf stoische Parallelen. Doch den Stoikern liegt an der Übereinstimmung mit dem Schicksal (εἱμαρμένη), die Philon in den exegetischen Schriften bekanntlich nicht Gott gleichstellen will (vgl. migr 179; her 300 f). Ihm kommt es auf den Preis des Schöpfers an.

[148] Nicht die Möglichkeit zu wählen wird dem Menschen abgesprochen, wie die Wiedergabe *Wolfsons* suggeriert, sondern daß er es in Wirklichkeit selbst leistet (τὸ μὴ αὐτὴν ἐλέσθαι).

Die Bestätigung für diese überraschende Umkehrung findet Philon in Num 16,5, wo auch ἐκλέγεσθαι, diesmal aber mit Gott als Subjekt, vorkommt. Er zitiert diese Fortsetzung allerdings nicht, sondern spielt nur mit προσάγεσθαι darauf an. Vorher aber erklärt er:

„Denn streng genommen wählt der menschliche Geist das Gute nicht aus eigenen Kräften (δι᾿ἑαυτοῦ), sondern entsprechend der Achtsamkeit (ἐπιφροσύνη) Gottes, da er die besten Dinge den Würdigen schenkt".

Die Achtsamkeit Gottes schließt die Würdigkeit dessen, der Leben empfängt, nicht aus, sondern ein[149]. Das Würdigsein bedeutet aber keinerlei Aktivität, keine Wahl, da diese eigentlich Gott zukommt. Wenn die Bibel den Menschen trotzdem zum Wählen ermuntert, so sagt sie das nach dem bekannten Prinzip Dtn 8,5 (s. o. C 2) denen, „die noch nicht in die großen Mysterien über die Souveränität und Autorität (ἀρχὴ καὶ ἐξουσία) des Ungeschaffenen und die überaus große Nichtigkeit des Geschaffenen eingeweiht sind". Danach stellt Mose „das, was in unserer Macht ist, dar als die Fähigkeit, etwas zu wissen, zu wollen, zu wählen oder zu vermeiden".

„Aber wenn er das erste und bessere Prinzip bejaht – nämlich, daß Gott nicht wie ein Mensch (die Welt regiert) (Num 23,19) –, heftet er die Kräfte und Ursachen für alle Dinge an Gott und läßt kein Werk für ein geschaffenes Wesen zu, sondern zeigt es als untätig und passiv".

Das trifft sich mit cher 77; gegen die Hochnäsigkeit (μεγαλαυχία), die sich zuschanzt, was Gott zu eigen ist, wird hier allgemein festgestellt:

„Das Eigentümliche Gottes ist das Tun, das einem Gewordenen zuzuschreiben kein Recht besteht, das Eigentümliche aber des Gewordenen ist das Erleiden"[150].

---

[149] *Winston* in: StPh 3 (1974/5) 55 möchte das gegen den sonstigen Sprachgebrauch Philons abschwächen: „The ‚worthy' may simply be those whom God in his infinite wisdom has predetermined to be his chosen ones." Umgekehrt gibt *Wolfson* I 446 dem „Würdig" eine übertrieben aktive Bedeutung als „trying by his own power of free will ... to avoid evil and to choose good". Das kommt davon, daß er dem Text – wider den Strich – den freien Willen entlocken möchte.

[150] Vgl. die Parallelen all I 5f.49; det 161; gig 42; ebr 107 und cher 128 können das Geschaffene höchstens als Instrumente in der Hand des allein Tätigen verstehen. Das menschliche Tun ist nur δόξα (vgl. fug 173; her 121 und die Anm. dazu von *Harl*).

Der gegenteilige Eindruck ist nur Schein. Das ist die Konsequenz der Allwirksamkeit des Schöpfers, daß jede anscheinende Tätigkeit des Menschen zum Guten in Wahrheit Tat Gottes in creatione continua ist[151]. Wenn das Mit-*wirken* des Menschen wörtlich genommen wird, kann von einem Synergismus keine Rede sein. So sehr diese schöpferische Tätigkeit, insofern sie achtsam vorausschaut, auch die Würdigkeit dessen mit einbeziehen mag, in dem sie wirksam wird, die Rede von der „Würdigkeit" eines geschaffenen Wesens gerät angesichts der allumfassenden und exklusiven Aktivität Gottes ins Zwielicht. Das sahen wir schon bei Philons Exegese von Gen 6,8: Daß Noah der Gnade für würdig befunden wurde, ist „vielleicht doch nicht wahr"[152]. Jede geschaffene Vollkommenheit schwindet dahin vor der unendlichen Vollkommenheit des Schöpfers. Mögen auch die moralisierenden Ausführungen Philons quantitativ überwiegen, so haben sie doch nicht das sachliche Gewicht dieser Erkenntnis. Sie steht allerdings am Ende des Weges zur Vollkommenheit. Erlösung besteht letztlich, könnte man sagen, in der dankbaren Anerkennung des alles bewirkenden Schöpfers. Daß diese Aussagen oft ihren Ort in der Polemik gegen menschliche Einbildung haben, mindert ihre Bedeutung nicht[153]. Diesmal argumentiert die Paränese nicht mit pädagogischen Vorspiegelungen, sondern mit der Gott allein gemäßen Rede. Es kommt auf die rechte Perspektive an, den Durchblick auf den Schöpfungsgrund.

2. Die Tugenden als das Erzeugnis Gottes

a) Grundlegung in der Schöpfung

Wir kamen zur Erkenntnis, daß bei Philon Ontologie und Soteriologie ineinander übergehen, auch wenn er manchmal das Geschenk der Welt von den speziellen Gaben der Tugenden abhebt[154]. Deshalb müssen wir wenigstens andeuten, wie er in seiner Auslegung der Schöpfungsgeschichte die Fähigkeit des Menschen zum Guten überhaupt auf Gott zurück-

---

[151] *Wolfson* I 445f will allzu fein Gott als die letzte Ursache des freien Willens überhaupt und als „auxiliary cause" des einzelnen guten Willensaktes unterscheiden. Damit wird er dem Text nicht gerecht.

[152] S. den Text zu Beginn von B. Das „zögernde" (*Völkers* Rettungsanker 115) ἴσως macht nur offenbar, wie wenig selbstverständlich die wahre Sicht ist.

[153] Gegen *Völker* 119f.

[154] Vgl. ebr 119 am Ende von A.

führt. Eine Kardinalstelle dafür ist Gen 2,7. Wo er sie allegorisch deutet, blickt Philon nicht bloß auf die Konstitution des Menschen, sondern auf alternative Existenzweisen: dem „himmlischen", nach Gottes Bild geformten Menschen von Gen 1,27 steht der erdgebundene νοῦς gegenüber[155]. Zu Gen 2,7 fragt sich nun Philon, warum Gott gerade diesem, d. h. dem real vorkommenden Durchschnittsmenschen mit seinen ambivalenten Möglichkeiten, das belebende πνεῦμα einhauchte. Die Antwort wandelt Tim. 29E (s. o. B 1) ab:

> „In seiner Gebefreudigkeit schenkt Gott die guten Dinge allen, auch den nicht Vollkommenen, indem er sie zur Teilhabe an der Tugend und zum Eifer für sie aufruft und zugleich seinen überströmenden Reichtum zeigt, darin daß er selbst denen genügt, die nicht allzu großen Nutzen daraus ziehen... Das ist der Grund, weshalb er keine Seele ohne den Keim des Guten geschaffen hat, auch wenn einige davon keinen Gebrauch machen können" (all I 34).

Schon die Vernunft (νοῦς) selber mit ihrer Wahlfreiheit ist aus göttlichem Wesen gebildet[156]; damit sie aber nicht im Leiblichen untergeht, macht ihr das inspiratorisch vorgestellte Pneuma diese Prägung bewußt. Die von ihm Angehauchten sind zum Göttlichen hinaufgerufen[157]. Da für die Verwirklichung der Tugend die Erkenntnis Gottes fundamental ist, schreibt all I 38 den Gottesbegriff (ἔννοια) dem Anhauch Gottes zu. Das Hinauflaufen des menschlichen Geistes bis zur Natur Gottes wäre nicht möglich, wenn dieser sie nicht zu sich hinaufzöge. So aber umspannt die von der Gottheit inspirierte Seele im νοῦς das All und verlangt nach der Schau des unbegreiflichen Gottes[158]. Die mit dem Einfluß des Pneuma eingestiftete Verwandtschaft mit Gott realisiert der Mensch in der praktischen Nach-

---

[155] Vgl. all I 31 f; dazu *Sellin* 101–114. In einer scharfsinnigen, aber auch stark hypothetischen Untersuchung möchte *Tobin* verschiedene Versionen der Schaffung des Menschen traditionsgeschichtlich orten. 32 f kommt er zu dem Schluß, daß die Unterscheidung zwischen einem himmlischen und einem irdischen Menschen schon vorphilonisch ist, während die Allegorese auf zwei νοῦς typisch für Philon sei. Beides ist aber an unserer Stelle miteinander verwoben. *Nikoprowetzky*, doctrine 257 f spricht in gnostischer Terminologie von einem psychischen und einem pneumatischen νοῦς. Jedenfalls widerrät all I 32.37, νοῦς und πνεῦμα einfach zu identifizieren, wie das praktisch bei *Völker* 159 ff geschieht. Das geht nur in Texten wie op 135, wo die aktualisierende Allegorese zurücktritt.

[156] Vgl. imm 45–50; dazu etwa *Wolfson* I 435–442. Vgl. auch das Frgm. bei *Harris* 9.

[157] Vgl. plant 23 im Kontext von 18–27; zum καταπνευσθῆναι vgl. *Harl* 109 f: „don initial et don constant". Ferner *Sellin* 145 f mit weiteren Texten.

folge Gottes (vgl. op 144); damit erwirkt er sich die ihm so poten-
tiell zukommende Unsterblichkeit, d. h. er wird zu einer „lebendigen
Seele".

Das Paradies stellt also eine auch heute noch bestehende Möglichkeit dar.
Der Garten, den Gott für den Menschen anlegt (Gen 2,8), steht für die
irdische Tugend; Gott sät und pflanzt sie voll Erbarmen (ἔλεος) für das
Menschengeschlecht, und niemand anders kommt es zu, in der Seele die
Tugenden zu pflanzen und aufzubauen[159]. Dem Menschen bleibt nur, sie
zu warten und zu pflegen (all I 47). Auch andere Bilder aus diesem Text
illustrieren die Herkunft der Tugenden: Die Quelle, die nach Gen 2,6 aus
der Erde emporstieg und das ganze Antlitz der Erde tränkte, ist Gottes
Logos, der die Tugenden tränkt: „er ist Ursprung und Quelle der guten
Taten" (post 127). Philon setzt sie gleich mit dem Fluß Gen 2,10, der sich
in vier Ströme teilt, den Kardinaltugenden; sie wachsen wie aus einer
einzigen Wurzel aus dem göttlichen Logos hervor[160]. Natürlich ist Logos
ein vielseitiger Begriff: er umfaßt nicht nur das göttliche Denken, das
seinen Reflex in der menschlichen Vernunft hat, den Archetyp platonischer Ideen in Gott, das stoische Weltprinzip, sondern auch die Offenbarung durch Mose – wie gerade an unserer Stelle[161]. Auf jeden Fall leistet er
den Zusammenhang des menschlichen Tugendstrebens mit dem Schöpfergott.

b) Die Notwendigkeit der göttlichen Hilfe

Schon bei der Besprechung der ἱκέται (o. C 4 a) wurde das Exodusthema
angeschlagen. Für Philon ist das Paradies zwar in Reichweite, aber vorerst
wohnt der Weise in einem fremden Land; der Mensch ist der Macht der

---

[158] Vgl. det 79–90, dazu *Runia*, Philo 282–286. Er weist 286 darauf hin, daß Gen
2,7 nicht wie 1,27 eine paradigmatische Relation, sondern eine „part-whole
relation" impliziert; ausführlicher *ders.*, God 66ff. *Tobin* erklärt das mit platonischen und stoischen Traditionselementen. Det 86 verbindet beides so, daß
durch die Einhauchung göttlicher Substanz der Seele deren τύποι eingeprägt
werden.

[159] Vgl. all I 43–48 und plant 37–42.

[160] Vgl. post 128f; somn II 241–249, bes. 241ff.

[161] Der Logos führt λόγοι und δόγματα mit sich. Zum Logos s. zuletzt *Winston*,
Logos 15–25; *Williamson* 103–119. Zu seiner ethischen Bedeutung *Völker*
208–11.

Sinnlichkeit versklavt wie einst Israel in Ägypten[162]. Mag es theoretisch einen Menschenschlag geben, der vom göttlichen Pneuma, der Vernunft, lebt (her 57 nach Gen 2,7), unsere Situation ist anders:

> „Nicht in geringem Maß bedarf unser kunstvoll gebildeter und mit Blut vermengter Erdenstaub der Hilfe von Gott".

Der Name des 2. Mosesohnes, Elieser = „Gott ist mein Helfer", verdeutlicht die ständige Angewiesenheit des vergänglichen Menschengeschlechts auf die Fürsorge Gottes (her 58). Sie verbürgt aber nicht nur das physische Überleben. Denn Ex 18,4 erklärt den Namen mit der Errettung aus der Hand des Pharao:

> „Dazu noch ergreift die Gefährten des blutvollen und sinnlichen Lebens der Charakter, der die Frömmigkeit zu zerstreuen mächtig ist, genannt Pharao; seiner Herrschaft voller Gesetzwidrigkeit und Roheit kann man nicht entfliehen, ohne daß ‚Elieser' in der Seele erzeugt wird und man auf die Hilfe des alleinigen Retters, Gott, hofft" (her 59f.).

So singen denn Mose und Mirjam am Meer den Lobgesang Gottes, der den Sieg über das tugendfeindliche, leidenschaftliche Denken gab[163]. Philon gibt der Exodustat eine allgemein-menschliche Bedeutung: Die Vernünftigkeit (διάνοια) des Weisen ist das auserwählte Volk,

> „es war bis vor kurzem vielen Lüsten, vielen Begierden, tausenden Zwängen von Lastern und Begierden unterjocht; die Übel seiner Knechtschaft hat Gott ‚zerrieben' (Lev 26,13), indem er es in die Freiheit auserwählte..." (praem 124).

c) Der himmlische Eros

Philon weiß, daß ein Ziel nur erreicht werden kann, wenn schon vorher die Sehnsucht danach im Herzen brennt. Dies exemplifiziert wieder das

---

[162] Vgl. qGen III 10 u. ö. Zur Deutung von Ägypten vgl. die Anm. 2 von *Leisegang* in *Cohn u. a.*, Philo IV 44, zur Allegorese des Pharao etwa all III 12f; somn II 211. *Arnaldez*, dialectique 301 markiert den Gegensatz zur logischen Dialektik der platonischen Ontologie bei Platon als existentiellen Konflikt. Für Philon „la vie mixte n'est pas une vie équilibrée, mais une vie qui contient des mélanges détonants... C'est dans cette situation inconfortable, où l'homme ne saurait se définir ni se posséder, que la grâce divine vient le chercher pour le conforter d'abord, pour le sauver totalement ensuite".

[163] Vgl. all II 102; agr 78–83; ebr 111.

Volk Israel auf seinem Zug durch die Wüste, dem Pfad, auf dem es keine Sinnenlust gibt. Noch locken es die ägyptischen Genüsse zurück, so daß es die Mühe (πόνος) scheut. So wären auch wir wieder nach Ägypten, der Zuflucht des ausschweifenden und zügellosen Lebens, zurückgekehrt,

> „wenn nicht schneller der Retter Mitleid (οἶκτος) empfunden und gleichsam wie ein Gewürz versüßendes Holz (vgl. Ex 15,25) in die Seele geworfen hätte, indem er den Haß gegen die Mühe in Liebe (φιλοπονία) zu ihr wandelte. Denn er wußte als der Demiurg, daß man nichts von dem Seienden überwinden[164] kann, wenn nicht heftige Liebe (ἔρως, im folgenden φιλία und „Verschmelzen mit dem Ersehnten") hinzutritt..." (post 154–157).

Die Liebe aber ist schon vom Angestrebten selber entzündet, wie kurz danach an der Gestalt des Mose (Ex 32,20) deutlich wird:

> „Der die Tugend nämlich liebt (φιλάρετος), verbrennt die körperlichen Gelüste, nachdem er von der strahlenden Erscheinung des Schönen entflammt ist..." (post 159).

Hier ist Philon offenkundig Platon verpflichtet. Im Phaidros erklärt dieser das Außer-sich-Sein der Liebe mythisch als Erinnerung der Seele an die Schau des Schönen in ihrer Präexistenz bei Zeus (249D–252C). Die Anziehungskraft des sinnlich Schönen weckt Verlangen und Sehnsucht (ἵμερος, πόθος), in denen sich das Heimweh nach dem überhimmlischen Ort äußert (vgl. 250C). Philon reduziert zwar den Mythos von der Präexistenz der Seele, vertritt aber auch die göttliche Herkunft des geistigen Prinzips im Menschen, das in der Liebe wieder nach seiner Heimat gezogen wird[165]. Das Verlangen wird durch die Vision der Tugend in ihrer Schönheit ausgelöst (gig 44).

---

[164] *Leisegang* übersetzt περιγίνεσθαι fälschlich mit „weiter bestehen"; aber dann müßte es οὐδενί heißen. Richtig *Colson, Arnaldez* z. St. Gemeint ist das Standhalten gegenüber den physischen Entbehrungen, wie die Parallele congr 163–166 lehrt.

[165] Zur Herkunft des philonischen ἔρως aus Symposion und Phaidros vgl. *Méasson* 226f; zu ἵμερος und πόθος nach Phdr. 250C.251C.253E *Méasson* 382ff; das bei Philon häufige γλίχεσθαι (anhangen) kommt aus Phdr. 248A; vgl. die Anm. 1 bei *E. Starobinski-Safran* in: *Arnaldez u. a.*, œuvres zu fug 141; *Méasson* 197f. Zum „Ziehen" (ἕλκειν, ὁλκή) etwa her 70; Abr 59; praem 58 nach Ion 536A – vgl. aber auch Staat 515E – vgl. *Harl* 132 Anm. 1 und *Méasson* 225.
Vgl. überhaupt ihren ganzen 2. Teil zum Aufstieg der Seele; sie versucht zwischen Mythos und Allegorie zu unterscheiden, muß aber zugeben, daß sich bei Philon beides überschneidet. Wie *Theiler*, Philo 484f nimmt sie an, daß Philon

Aus dieser Sicht darf die Seele die „Mühe" für die Tugend, die bei den ersten Schritten auf Gott zu nötig ist (s. o. das Bitterwasser),

> „nicht auf sich selbst zurückführen, sondern sie muß sie von sich wegnehmen und zu Gott hinauftragen[166], indem sie bekennt, daß nicht ihre Kraft noch ihre Macht das Gute erworben hat, sondern der, der ihr auch die Liebe dazu schenkte (ὁ καὶ τὸν ἔρωτα χαρισάμενος)" (all III 136f).

Der anscheinend auf sich selbst gestellte „Fortschreitende" erkennt, wenn er zur Vollendung kommt, sein Mühen immer schon als von Gott getragen. Die gottgeschenkte Liebe wirkt als gratia praeveniens. So heißt es qGen IV 4 von dem Volk, das Mose Gott entgegenführen soll:

> „nequit enim fieri ut alii homines satisfacere huic possint, nisi animae Dei amantissimae, quas caeleste desiderium praeveniens occupavit" (*Aucher*). (Volk, nicht einfach Menschen, denn die könnten es – das Geführtwerden – nicht, sondern nur die gottliebenden Seelen, die himmlisches Verlangen im vorhinein überkam und ergriff).

Praem 84 beschreibt platonisch das Volk, das nicht weit von Gott angesiedelt ist:

> „es schaut immer die ätherische Schönheit und ist geleitet (ποδηγετέω) von himmlischer Liebe".

Statt des Eros kann sich auch Gott bzw. sein Logos als Führer beim Aufstieg der Seele zum Land der Tugend betätigen[167]. Philon transponiert damit die Führung des Zeus, der sich die Seelen nach Phdr. 246E in ihrem vorweltlichen Dasein erfreuen, auf die irdische, nach Tugend strebende Existenz und nimmt dabei das biblische Motiv vom Geleit auf dem Wü-

---

in seiner Phaidrosauslegung in einer bestimmten Tradition steht. Vgl. auch *Sellin* 142f.

[166] ἀναφέρειν ist im Zusammenhang ein Opferterminus. Dazu s. u. E 3.

[167] Vgl. det 114; migr 171.174f; her 70. Post 31 interpretiert das „Ich werde hinabsteigen" von Gen 46,4: „Das tue ich aus Mitleid mit der vernünftigen Natur, damit sie aus dem Hades der Leidenschaften zum olympischen Ort der Tugend hinaufgebracht werde, unter meiner Führung (ποδηγετοῦντος ἐμοῦ), der ich den zum Himmel führenden Weg eröffnet und als breite Straße den schutzflehenden Seelen gezeigt habe, damit sie nicht ermüden, wenn sie ihn beschreiten", d. h. wieder: Gott versüßt die Mühe (vgl. 154). Zum ποδηγετεῖν *Harl* 132 Anm. 3.

stenzug auf[168]. Er steckt dabei das Ziel des Strebens höher als Platon. So sagt ein berühmter Text zu Gen 1,27:

„Mit ‚Bild‘ ist der Führer der Seele, der Geist, gemeint..." Er erforscht Erde und Meer und „geflügelt erhebt er sich, um die Luft und ihre Veränderungen zu beobachten; noch weiter hinauf wird er getragen zum Äther und den Umläufen des Himmels...; indem er dem Eros zur Weisheit als Führer folgt, beugt er sich über die wahrnehmbare Substanz hinweg und strebt nach der geistigen".

Soweit – bis zur Schau der Schönheit der Ideen – gelangt auch der Philosoph nach Platon. Doch die Verzückung, als die Platon diese Liebe bestimmt, intensiviert sich nach Philon in der Betrachtung der Ideen so, daß der Geist „von einem anderen Verlangen und besserem Sehnen erfüllt... bis zum Großkönig selbst vorzudringen meint"[169]. Dagegen verweilt nach Platon der νοῦς bei der Schau der Ideen in seliger Ruhe.

Da Philon die Liebe zu Gott platonisch als μανία konzipiert, ist sie ipso facto von Gott gegeben[170]. Deshalb weiß der Mensch auch nicht, wie ihm geschieht[171].

Nicht nur für die Anfänger, sondern auch für weit Fortgeschrittene wie Mose ist die Liebe Wegführer. Von letzterem heißt es Mos II 67:

„So wurde er also mit wenigen anderen Gott liebend und von Gott geliebt, inspiriert von himmlischem Eros ehrte er auf besondere Weise den Führer des Alls und wurde wieder von ihm geehrt" (mit der Priesterwürde).

Das Schema, nach dem göttliche Liebe gleichsam als Belohnung auf menschliche folgt[172], ist hier wie schon bei Platon, Symposion durch den

---

[168] Zugrunde liegt Phaidon 108C und Phaidros 247E. Zu Zeus als μέγας ἡγεμών vgl. *Boyancé*, exégèse und *Méasson* 220f.246–249. Dem entspricht das ἕπεσθαι der Seelen Phdr. 248A, bzw. ihre Bezeichnung als (συν)οπαδοί 248C.252C. Vgl. als Beispiel aus Philon spec I 207. Gott als Führer zu den besten Dingen auch Aristeas 238.

[169] Op 69ff; vgl. die ausführliche Besprechung bei *Méasson* 209–216. Als Paralleltext vgl. plant 18–27 (s. o. Anm. 157), bes. 25: der echte Philosoph wird nach oben getragen, in unersättlicher Liebe entzündet (ἐρασθείς) nach den hohen, heiligen und seligen Naturen; cont 11f von den Therapeuten.

[170] Vgl. Phdr. 244A.245B.

[171] Vgl. Phdr. 250A mit fug 138. – Vgl. die allgemeine Feststellung sacr 10: Gott pflegt seine Wohltaten darzureichen, ohne daß der Empfänger eine Ahnung davon hat (μὴ προλαβόντι).

[172] S. C 4 b.

Eros durchbrochen[173]. Er heißt nicht nur deshalb „himmlisch" oder „olympisch", weil er – im Gegensatz zum gemeinen Eros (Symp. 180E Πάνδημος) – auf Himmlisches ausgerichtet ist, sondern auch deshalb, weil er – mythologisch gesprochen – selbst Gott ist bzw. von Gott selbst „herabgehaucht" wird. Was also wie ein „Selbstaufschwung des Menschen"[174] aussieht, ist immer schon von der Attraktivität des Göttlichen „beflügelt"[175].

d) Befruchtung der Seele durch Gott

Die Deutung der Patriarchenfrauen auf die Tugenden, ihrer Geburten auf die Entstehung des Guten in der Seele scheint Philon schon vorgegeben gewesen zu sein. Er referiert nämlich mut 141f drei traditionelle Auslegungen des Gotteswortes Gen 17,16. Davon interessieren uns die erste und die dritte.

> Gott verheißt Abraham, er werde ihm aus Sara ein Kind geben. Die einen verstehen nun ἐξ αὐτῆς als ἔξω: „die Seele kann nichts Gutes, das ihr zueigen ist, aufweisen, wenn es ihr nicht von außen zukommt (gemäß der Großzügigkeit Gottes, der Wohltaten – χάριτες – regnet)"[176].
> „Die dritte Gruppe sind die, welche behaupten, daß die Tugend Mutter des geschaffenen Guten ist, wobei sie die Keime von keinem Sterblichen empfängt". Hier ist Gott als das Subjekt des Gebens ganz ernst genommen.

---

[173] Vgl. *Verdenius*, Gottesbegriff. Er faßt 270 zusammen: „Der unpersönliche Gott steht vor uns; er ist das Ziel all unserer Bemühungen. Der persönliche Gott steht hinter uns; er weist uns den Weg und hilft uns durch seine Inspiration". Lassen wir es dahingestellt, ob man bei Platon so scheiden kann; bei Philon fallen beide Gottesbegriffe zusammen.

[174] *Windisch* 10.

[175] Nach Phaidros wachsen der in ihrer Präexistenz ein geflügeltes Gespann fahrenden Seele (246ACD) in der Liebe wieder die Flügel, so daß sie in der Höhe in der Gemeinschaft der Götter wandeln kann (249CD.251BC). Für Philon verkörpert Zippora das gefiederte, von Gott getragene und prophetische Geschlecht (mut 120). Wie Phdr. 252B nennt er cher 20; ebr 136 den Eros „geflügelt". Zum Ganzen vgl. *Harl* 132f. – *Mack* 132 sieht eine Korrektur der philosophischen Tradition vom Seelenaufstieg durch die Gedanken von der Transzendenz und dem Gnadenakt Gottes.

[176] Das Eingeklammerte ist typisch philonische Tonart; deshalb ist die Stelle – gegen *Sellin* 169 – kein sicherer Beleg dafür, „daß man bereits vor Philo die Erkenntnis als χάρις, die Tugend als Gabe und Inspiration verstand".

Diesen Auslegern schließt sich Philon an, wenn er die Wendung „Gott öffnete ihren Mutterschoß" (Gen 29,31) so preßt, daß ein Mann bzw. Mensch nicht beteiligt ist, wenn Tugend in der Seele entsteht: Rahel hatte Gen 30,1 zu Jakob gesagt: „Gib mir Kinder!"

> „weil sie glaubte, daß das Geschaffene etwas vermöge... Aber der Fersenhalter tadelt sie und wird sagen: Du bist gar sehr im Irrtum; denn ich bin nicht an der Stelle Gottes, der allein vermag, den Mutterschoß der Seelen zu öffnen und in ihm Tugenden zu säen; er kann machen, daß sie (die Seelen) schwanger werden und das Gute gebären".

Bestätigung bringt Gen 29,31[177].

Diese übertragene Redeweise kommt wieder aus dem Symposion[178]; Philon betont aber auch hier die Rolle Gottes als Erzeuger. Wie wenig selbstverständlich allerdings diese Sicht ist, macht cher 42.48 deutlich; hier werden diese Gedanken in Mysterienterminologie verpackt – nicht nur weil sie heidnischen Mythen ähneln und deshalb den „Abergläubischen" Anstoß geben können, sondern weil nur wenige dafür offene Ohren haben, daß es „allein Gottes eigenes Werk ist, das Gute zu säen und zu erzeugen" (mut 138). Ein Prophetenwort (Hos 14,9f) bestätigt das: Wenn es etwas Gutes gibt, dann ist es Gottes Frucht, mögen sich auch nur die Verständigen dazu „bekennen" (mut 139f).

Gott ist nicht nur Gatte der Seele – als wäre sie seine selbständige Partnerin – sondern auch ihr Vater. Zu Ex 22,22 löst das Stichwort „Witwe" folgende Allegorese aus:

> „Die, die frei von Selbstliebe (φιλαυτία) sind und zu Gott eilen, empfangen von oben seine Heimsuchungen und seine Sorge gleichsam wie von einem Vater, und wie von einem Gatten die Saat guter Gedanken und Absichten, Worte und Taten"[179].

Diese „Witwen" ehren nicht ihren eigenen Geist als „Gatte und Vater", dem sie all das verdanken. Eine menschliche Qualifikation bringen sie

---

[177] all III 180; ähnlich II 46f: „Töricht ist, wer glaubt, daß in Wahrheit überhaupt etwas aus dem Geist oder aus ihm selbst erzeugt wird". In post 179 macht Rachel auf Gen 30,2 hin einen Rückzieher mit Gen 30,24. Mut 134f schlachtet die Frage Tamars Gen 38,25 in diesem Sinn aus.

[178] Vgl. 206B τόκος ἐν καλῷ ... κατὰ τὴν ψυχήν; 212A τίκτειν ... ἀρετὴν ἀληθῆ; dazu *Festugière* II 549.

[179] qEx II 3; spec II 29 ist das Doppelbild auf die „Natur" angewandt.

aber mit: die Offenheit für Gott. Anders als unter menschlichen Verhältnissen, wo die Begegnung mit einem Mann die Jungfrau zur Frau macht, werden nun jedoch „die Seelen, wenn sie Gott anhängen[180], aus Frauen zu Jungfrauen":

> „Sie werfen die weibischen Verderbnisse in der Sinnlichkeit und der Leidenschaft ab und trachten nach der unberührten und unvermischten Jungfrau, d. h. dem Gott-Wohlgefällig-Sein"[181].

Meist deutet Philon die Jungfräulichkeit der Patriarchenfrauen so moralisch auf die Freiheit von Lastern und Leidenschaften; nur in dieser Verfassung kann die Seele die Tugend von Gott empfangen und gebären[182].

Das Gebet des kinderlosen Abraham, in das Philon die Klage Gen 15,2 umformt, kann noch einmal dartun, wie hier Gnade Gottes und menschliche Disposition zusammengehen:

> „Ich weiß, daß du eine kinderlose und unfruchtbare Seele hassest, der du das Nicht-Seiende herbeibrachtest und das All erzeugt hast. So hast du auch dem Sehergeschlecht (Israel) die ausgesuchte Gnade (χάρις) gegeben, nie unfruchtbar und kinderlos zu sein..."[183].

Daß diese Sprößlinge durch das Erbarmen Gottes erzeugt werden, läßt sich auch dem Zitat von Gen 33,5 in 38 und dem Wechsel zu χάριτες in 39 entnehmen. Dennoch deutet Abraham auch auf menschliche Voraussetzungen, wenn er 37 Gott anfleht, den heilsamen Schein der Tugend aus

---

[180] Mit dem griech. Frgm. lese ich προσκολληθῆναι; anders der arm. Text.

[181] Ebd; vgl. die Parallele cher 50, wo als Schriftgrund Gen 18,11 Ende erscheint. Ebenso det 28; post 134; ebr 59f; fug 128. Zu „Becoming a Virgin" s. R. A. Baer, Philos Use of the Categories Male and Female (ALGHJ 3) Leiden 1970, 51 ff. 55–64 eine Zusammenstellung der Texte zur „Divine Impregnation of the Soul".

[182] Vgl. mut 143; praem 159f; auch die langen und vielbesprochenen Ausführungen cher 40–52 sind von diesem Gedanken gerahmt. Philon kann auch aus Gen 20,12 die mutterlose Empfängnis der Tugend = Sara folgern, deren Vater Gott allein ist: her 62, vgl. ebr 61.

[183] Her 36; aus 35 und τὸ καλόν 36 Ende geht hervor, daß die Sterilität gegenüber der Tugend gemeint ist. – Auch mut 132f – wieder eine Auslegung von Gen 29,31 – gilt das Erbarmen und das Mitleid Gottes der tugendliebenden Seele (φιλάρετος ψυχή, φιλόκαλος φύσις); ihr schenkt (χαρίζεσθαι) er die Mutterschaft.

den „Samen und Gluten"[184] unter der Asche aufflammen zu lassen, und 38 als ihre Amme die Arglosigkeit bezeichnet. Die Tugendkinder kommen denen zu, deren Seelen „unbetreten, zart und wohlgebildet"[185] sind, „empfänglich für die sehr schönen und gottartigen Eindrücke der Tugend" (ebd.).

So sehr also das Bild von Gott als dem Erzeuger der Tugenden – zumal bei den damals gängigen Anschauungen von der Physiologie der Zeugung – seine exklusive Aktivität zum Ausdruck bringt, kann Philon es doch so wenden, daß es auch die nötige Empfangsbereitschaft auf seiten des Menschen einschärft.

Mit dem Bild von der himmlischen Befruchtung kombiniert Philon manchmal das vom Regen[186]: Gott läßt die Tugend regnen wie einst das Manna (Ex 16,4); es handelt sich hier meistens um die Weisheit, die himmlischen Ursprungs ist:

> „Was wunderst du dich noch, wenn Gott auch eine Tugend ohne Mühe und Qual regnen läßt, die keinerlei Beistand braucht, sondern von vornherein vollständig und vollkommen ist? ... Diese (Nahrung) schneit der alleinige Selbstwerker (αὐτουργός), Gott, vom Himmel ohne Mitwirkung von anderen".

Gerade bei dieser vollkommenen Gabe ist die Alleinursächlichkeit Gottes evident; dennoch versäumt Philon nicht, hinzuzufügen, daß Gott sie den Seelen schickt, die Verlangen nach Tugend haben[187]. Er kann aber in diesem Sinn die Erwählung Israels erstaunlich ausweiten:

---

[184] Vgl. dazu *Harl* 50 f Anm. 2: stoische Bilder für die natürliche Anlage. Migr 122 f ist so der biblische Restgedanke individualisiert; das Anfachen des Funkens ist dort Sache des ἵλεως – Seins Gottes bzw. seiner ἐπιφροσύνη. Diese ist auch für die Förderung der Tugend verantwortlich nach det 61; agr 169; sobr 18; somn II 25; zur letzten Stelle s. C 5.

[185] Nach Phaidros 245A ergreift dichterische Besessenheit die „zarte und unbetretene Seele". Die εὐφυΐα ... εὐπαράδεκτος σπερμάτων ἀρετῆς auch all III 249; *Harl* 184 Anm. 1 verweist noch auf fug 176 und zum Bild von der Prägsamkeit auf her 181.294.

[186] S. o. mut 141; vgl. 255 und den im folgenden zit. § 258. Zur Metapher *Dey* 76 f. *Sandelin* Kap 5 konzentriert sich auf den nahrhaften Aspekt des Bildes, hätte dabei aber auch auf Phaidros 248C u. ö. verweisen sollen.

[187] Mut 258–260. Eine ähnliche Entwicklung zu Ex 16,4.15 fug 137 ff. Hier ist das Manna das göttliche Wort, das aber „von Tugend süß" ist. Philon betont sowohl die Verfügung Gottes, die den rein erleidenden Menschen zunächst verborgen bleibt, wie deren Empfänglichkeit (εὐφυεῖς καὶ φιλοθεάμονες, διψῶντες καὶ πεινῶντες καλοκαγαθίας: d. h. sie sind wohlgewachsen und auf die Schau Gottes aus, sie dürsten und hungern nach Rechtschaffenheit). Eine etwas andere

„Und dennoch hat er auch aus jedem Geschlecht der Menschen die wahrhaften Menschen verdientermaßen ausgesucht und erwählt und jeglicher Fürsorge gewürdigt, indem er sie zu seinem Dienst berief, der immerfließenden Quelle des Guten, von der er auch die übrigen Tugenden herabregnen ließ und zu nützlichstem Genuß ausgoß, mehr als Nektar, und doch nicht weniger unsterblich machend" (spec I 303).

Die Auslegung von Gen 2,7 und der Paradiesesgeschichte ergab, daß Tugend immer schon durch das göttliche Element im Menschen ermöglicht ist. Es droht aber der Macht der Sinnlichkeit zu erliegen, wenn Gott nicht seine Hilfe leiht. Bei den anfänglichen Schritten auf dem Weg zur Tugend tut er dies, indem er durch den vom Himmel herabgehauchten Eros die notwendige Mühe erträglich macht, wie der Vollkommene wenigstens im Rückblick erkennt. Daß die vollendete Tugend aber das alleinige Werk Gottes ist, wird aus den Bildern von der Befruchtung der Seele und vom Herabregnen ersichtlich. Sie wird dem Menschen zwar ohne Mühe, aber nicht mechanisch zuteil, sondern kommt nur beim Aufgeschlossenen recht an.

3. Verschiedene Typen der Vervollkommnung

Wir sind immer wieder darauf gestoßen, daß Philon – wie es Grade der Sünde gibt – Stufen beim Aufstieg der Seele kennt. Je nach der Phase, in der der Mensch sich befindet, liegt der Ton einmal mehr auf seiner Tätigkeit, ein andermal mehr auf der Gottes. Deshalb soll hier im einzelnen untersucht werden, wie die Gnade Gottes in diesen unterschiedlichen Phasen wirkt.
Philon stellt nun in den drei Erzvätern idealtypisch die Möglichkeiten dar, wie der Mensch zur Tugend kommt.

Nachdem er in seiner expositio legis zunächst die Verankerung des Gesetzes im Universum beschrieben hatte (op), präsentiert er in den Patriarchen die Verkörperung der Tugenden, der beseelten und vernünftigen Gesetze[188]. Eine erste Dreiergruppe (Enosch – Hoffnung, Henoch – Reue, Noah – der Gerechte, der von Anfang an vollkommen war und an dem alle Tugenden aufscheinen) veranschaulicht die möglichen Besitzverhältnisse in bezug auf die Tugend: noch nicht

---

Pointe in all III 162 f. Auch mit Dtn 28,12 kann Philon die Fülle der von oben herniedertraufenden göttlichen Güter malen (imm 155–158; her 76).

[188] Vgl. Abr 1–6.276; als νόμος ἔμψυχος καὶ λογικός gilt auch Mose nach Mos I 162, II 4.

haben – (wieder) gewinnen – haben. Abraham, Isaak und Jakob stehen für τρόποι ψυχῆς[189], Weisen, zu Tugend zu gelangen: durch Belehrung (διδασκαλία), von Natur aus (φύσις) oder durch Übung (ἄσκησις). Freilich beeilt Philon sich, in Abr 53 hinzuzufügen, daß sich im konkreten Leben alle drei Weisen ergänzen, daß der jeweilige Patriarch nur nach der Fähigkeit benannt ist, die er in hervorragendem Maß besaß. Außer in Abr hat Philon sein Konzept in Schriften über Isaak und Jakob, die leider verloren gingen, durchgeführt. Für dessen Rekonstruktion können wir uns auf praem 24–51 stützen, wo er von den den drei Typen entsprechenden Kampfpreisen handelt. Er schließt einen Abschnitt über Mose an, der sich besonders durch die führende Tugend, die Frömmigkeit (εὐσέβεια), auszeichnete (52–56). Da er nach Philon in einzigartiger Weise Vollkommenheit erlangte, wollen wir ihn in unsere Betrachtung einbeziehen[190].

Aus der Besinnung über die Voraussetzungen des Lehrens und Lernens[191] erwuchs die Frage nach den Faktoren der Tugend, die dann Platon im Menon ausdrücklich stellte: Ist die Tugend lehrbar oder übbar oder wird sie von Natur aus den Menschen zuteil (70A)? Für Platon ist die Zuversicht bezeichnend, daß sie weithin auf dem sich erinnernden, richtigen Wissen beruht und daher lehrbar ist – wenn auch nicht im äußerlichen Sinn der Sophisten. Er macht aber eine Ausnahme: Die Staatsmänner müssen des Gottes voll und inspiriert sein, wenn sie durch Reden viele große Geschäfte glücklich vollbringen sollen (99D). Das wäre allerdings

---

[189] Abr 52, vgl. Jos 1 ἰδέαι, δι'ὧν τὸ ἄριστον τέλος (Arten, durch die man das beste Ziel erreicht), mut 12 φύσεις, Abr 54 ἀρεταί, δυνάμεις.
Philon wollte in erster Linie „Stadien der inneren Entwicklung" beschreiben (gegen *Völker* 154). Dazu nicht sich die Reihenfolge der Erzväter mit Isaak in der Mitte schlecht. *Goodenough*, Light 129ff kann in Abr nur deshalb aufeinanderfolgende „stages in the mystic's ascent" finden, weil er Abr 47 falsch bezieht: Noahs Gerechtigkeit sei nur eine teilweise Vollkommenheit gewesen verglichen mit den Patriarchen der zweiten Triade, die von Anfang an vollkommen gewesen seien. Das stimmt – wie *Goodenough* selbst sieht – nur für Isaak, gilt aber an dieser Stelle von Noah. Freilich ist Noahs Gerechtsein auf die Zeitgenossen relativiert: Abr 36ff; Mos II 58.
[190] Ohne behaupten zu wollen, daß Philon von vornherein eine Siebenerreihe im Auge hatte (so *Goodenough*, Light 129). Außer der Abfolge in praem spricht dafür nur die Möglichkeit, daß Mos eine Art Einführung in die expositio bildete (so *Goodenough*, Introduction 33ff); das Buch folgte wegen dec 1 aber nicht auf die Patriarchenviten. Die „Zunahme der Besserung nach dem Schönen dürstenden Seele" sieht Philon freilich in den auf Seth folgenden Generationen (post 173f); hier aber ein anderes Zählsystem.
[191] Vgl. Protagoras in: Diels-Kranz II Nr. 80 B 3. Dazu *W. Jaeger*, Paideia I, Berlin ⁴1959, 388–396; zum Menon *ders.* II, ³1959, 228–242. Spätere Meinungen: Aristoteles nach Diog. Laertius V 18; Plutarch, Mor. 2A–3B; weitere Stellen bei *Winston*, Philo 374 Anm. 494.

nicht natürliche Begabung, sondern göttliche Schickung (ϑεῖα μοῖρα 99E). Da Aristoteles die zum Glück führende Tugend wesentlich als ἐνέρ-γεια (Tätigkeit) bestimmt, gehört die φύσις nur zu ihren Vorbedingun-gen, nicht zu ihren Konstituenten; die Frage göttlicher Verursachung kann er offen lassen[192]. Auch die Stoiker legen das Schwergewicht auf die Entfaltung der natürlichen Anlage durch Theorie und Praxis; Vollkom-menheit hängt vom Menschen ab[193]. Die Kyniker konzentrieren sich da-gegen ganz auf die praktische Einübung[194].

Philon übernimmt die drei Begriffe aus einer Schultradition, die platoni-sche, aristotelische und stoische Momente enthält[195]. Das sieht man an der φύσις, die manchmal die vorgegebene Grundlage für Belehrung und Übung bedeutet, im Zusammenhang mit Isaak, dem Selbstbelehrten (αὐ-τομαϑής, αὐτοδίδακτος), aber so etwas wie der ἐνθουσιασμός (Gott-bessenheit) bei Platon ist. Philon liegt nicht daran, Schulstreitigkeiten zu entscheiden, er möchte vielmehr nachweisen, daß alle Weisen vorbildlich in den Stammvätern Israels (vgl. Abr 56) verwirklicht sind.

Wenn auch, wie wir noch sehen werden, am 2. Typ die göttliche Wirk-samkeit am meisten in Erscheinung tritt, so versteht Philon doch alle drei Fähigkeiten als Gabe Gottes. Das geht aus Abr 54 hervor, wo er (s. A) ihre traditionelle Bezeichnung als Chariten, die wohl ihre enge Zusam-mengehörigkeit (s. 53) meinte, so deutet:

„entweder weil Gott unserem Geschlecht die drei Kräfte zur Vollendung des Lebenswandels schenkte (χαρίζεσϑαι) – oder insoweit sie sich der vernünftigen Seele selber schenken (δωρεῖσϑαι) als vollkommenes und schönstes Geschenk."

---

[192] Vgl. vor allem Nik. Ethik 1099B (hier bildet nicht die Natur, sondern wie bei Platon die ϑεῖρα μοῖρα bzw. die τύχη die Alternative zu Lehre und Gewöh-nung; auch wenn das Glück nicht gottgegeben ist, so ist es als höchstes Gut doch göttlich); 1103A; 1179B (hier ist die Naturbegabung zur Tugend den wahrhaft Glücklichen durch gewisse göttliche Ursachen verliehen). Erst Aristo-teles scheint also Physis und göttliche Schickung gleichgestellt zu haben. – Pol. 1332A nennt alle drei Gründe. Die Eud. Ethik charakterisiert 1214A mit Platon eine 4. Gruppe als „von Nymphen oder einem Gott ergriffene Menschen, die unter dem Anhauch eines Dämons gleichsam von Gott besessen sind".
[193] Vgl. SVF III 214–217.219 f.223 ff. Nach 214 schließen sie die Gewöhnung nicht aus. Vgl. auch Musonius 2.5 f.17. Ein schiefes Bild vermittelt – wie auch von Aristoteles – *Wolfson* II 196 f.
[194] Vgl. Diog. Laertius VI 11 über Antisthenes.
[195] Vgl. *Bréhier* 272 f; *Völker* 154–158; *Dillon*, Middle Platonists 152 f. Ihr Weiter-wirken in der Diskussion über das Genie stellt *Lewy* 47.54–61 dar. Zu ihrer Anwendung auf die Erzväter vgl. auch *Winter* 98–112, *Dey* 46–58.

Daß dies auch mit Gott zu tun hat, zeigt der angehängte Finalsatz; er spielt auf den Ex 3,15 geoffenbarten Gottesnamen (vgl. 51; mut 12) „Gott Abrahams, Gott Isaaks und Gott Jakobs" an; dieser bedeutet nicht nur eine Anerkennung ihrer persönlichen Tugendhaftigkeit (vgl. 50f), sondern auch, daß Gott der Gott der genannten Kräfte ist. Eine sachliche Parallele haben wir agr 168: der wahre Tugendfreund soll damit rechnen,

> „daß es Tausende von Anwärtern gibt, denen die Natur[196] an seiner Stelle dies alles schenken (δωρεῖσθαι) wird, Lernbereitschaft, Fortschritt und Vollendung[197]. Es ist aber besser, daß er an ihrer Statt aufleuchtet, indem er die von Gott gegebenen Gaben (χάριτες) sicher[198] verwaltet..."

Ohne alle Züge des philonischen Midraschs wiedergeben zu wollen, wenden wir uns nun den Vätergestalten im einzelnen zu.

a) Abraham[199]

Gerade das alexandrinische Judentum hatte den Erzvater als Kulturbringer propagiert[200]. Aber nicht deshalb wählt ihn Philon aus als Beispiel für den aus Belehrung Tugendhaften. Abraham interessiert ihn nicht als Erfinder von Astrologie und Rechenkunst, sondern in seinem Prozeß der Gotteserkenntnis, durch den er erst zu einem Weisen wird. Schon die jüdische Tradition hatte seine Auswanderung aus dem Land der Chaldäer damit begründet, daß er den Irrtum seiner sternkundigen, aber auch die Gestirne vergötzenden Landsleute durchschaute und zum Glauben an den Schöpfergott kam[201]. Dies ist nun auch der erste, besonders für Proselyten nachahmenswerte Zug, den Philon an Abraham heraushebt.

---

[196] Steht hier für Gott.

[197] Die Geschenke entsprechen umgeordnet den durch die Erzväter repräsentierten Weisen des Tugenderwerbs. Deshalb trifft die Übersetzung von εὐμάθεια durch „Vernunftbegabung" bei *Heinemann* in *Cohn* daneben. Richtig *Colson* und *Pouilloux* in: *Arnaldez u. a.*, œuvres.

[198] *Pouilloux* (s. vorige Anm.) zieht ἀσφαλῶς zu δοθείσας, was wegen der Fortsetzung weniger wahrscheinlich ist.

[199] Vgl. *Goodenough*, Light 136–152; *Sandmel*, Place, Kap. 3.

[200] Vgl. *Sandmel*, Place 52–56; *G. Mayer*, Aspekte des Abrahambildes in der hellenistisch-jüdischen Literatur: EvTh 32 (1972) 118–127, 123ff. Der Durchgang durch die mit Hagar symbolisierte Allgemeinbildung spielt in Abr und migr keine Rolle: zu *Amir* 124.

[201] Vgl. z. B. Jubiläen 11f; Ps-Hekataios II bei Jos., ant. I 154–168, um zwei vorphilonische Quellen zu nennen.

Die für uns belangreichen Abrahamschriften sind verschieden aufgebaut: Abr orientiert sich an den Kardinaltugenden und stellt den Stammvater als Muster der Frömmigkeit (60–207), aber auch der Menschenfreundlichkeit (208–224), Tapferkeit (225–244 im Krieg) und Selbstbeherrschung (245–261 beim Tod seiner Frau) vor; er wird am Ende als „Gottvertrauender" und „Älterer" von Mose belobigt (262–274). Dabei greift Philon Episoden aus dem Leben Abrahams heraus, die er dann allegorisch deutet. Ein Fortschritt im Lebenswandel erscheint so manchmal als Gegengeschenk bzw. Lohn für vorausgehendes Verhalten, z. B. 90 (vgl. 98) die Reinerhaltung der Ehe, 110 die Sohnesverheißung. Migr exegesiert nur Gen 12,1–6. Hier ist Tugendhaftigkeit und Segen ein Geschenk auf die Abkehr vom Geschaffenen hin (53–126). Im Anschluß an Gen 12,4 wird dann 127–147 Abrahams gehorsamer Wandel nach der Natur (= Abr 60f) beschrieben, 148–175 die Gefahr, die ihm von seinem Begleiter Lot (= Ablenkung) droht; 176–197 deuten den Auszug aus Haran, 198–215 die Altersangabe, 216–225 die Wanderung nach Sichem.
In her kommentiert Philon Gen 15,1–18; im zurückblickenden Gotteswort V. 7 kommt die Herausführung aus Chaldäa zur Sprache (96–99), aber zuvor findet Philon in V. 4 noch ein weitreichenderes „Aus-sich-Herausgehen" (66–85). Mut ist Gen 17,1–6.15–22 gewidmet. Insofern die Änderung des Namens Abraham eine tiefgehende Änderung des Lebens bedeutet, werden wir auch diesen Traktat im Auge behalten müssen.

Migr 176–186, Abr 69–80 und virt 212–219 schildern den Erkenntnisweg, den der Sohn eines chaldäischen Astrologen hinter sich brachte. Die Astrologie war ihm also schon in die Wiege gelegt; sie bildet den materialistischen Monismus der Stoiker, aber auch jede sittlich unfruchtbare Naturphilosophie vor. Abraham indes achtete auf die Bewegung der Sterne und schloß aus der Analogie des vom Geist gelenkten Körpers auf einen Herrn, der über der Welt waltet[202]. So sehr Philon hier der Sinneswahrnehmung eine vermittelnde Rolle zuweist[203], vollzieht sich die Erkenntnis nur in der Lösung vom sinnenhaften Schein und seinem Totalitätsanspruch[204]. Aus der Perspektive der Bibel gibt Gott den Anstoß dazu[205].

---

[202] Das Argument stammt aus Platon, Gesetze 890B–899C, nur daß Philon nicht bloß zur Weltseele, sondern zum Schöpfer vordringt. – Den Wandel dokumentiert auch die Namensänderung Gen 17,5: Aus dem „hochstrebenden Vater", d. h. dem Astrologen, wird der „auserwählte Vater des Tones", d. h. die sittlich gute Vernunft; vgl. all III 83f; cher 4.7; gig 62ff; mut 66–76; Abr 81ff. Zum religiös-ethischen Sinn kosmologischer Erkenntnis Völker 179–192; 186f zu Tim. 47A–C als Vorbild.

[203] Vgl. migr 187ff; somn I 52–55 zu Haran = Erkenntnis der Funktion der Sinne als Zwischenstation.

[204] Vgl. migr 2–12 und zur Trennung von Haran migr 190–197, Mack 124–130.

[205] Vgl. o. C 5 Ende zu migr 2. Abr 70 schildert die Wahrnehmung Gottes als Lichtvision mit dem „Auge der Seele". Dazu Wlosok 81–84 und u. Anm. 224. Nach virt 214f bricht Abraham aufgrund eigener inspirierter (ἐπιθειάσας)

Nach Gen 15,7 war er es ja, der Abraham aus dem Land der Chaldäer herausführte. Her 96–99 besteht auf dem Verheißungscharakter dieses Wortes. Der Auszug ist ein von Gott geschenktes Gut wie das Erbe des Landes, die von der Sinnlichkeit ungetrübte Weisheit[206]. Das anscheinend rein rationale Schlußfolgern ist nicht möglich, ohne daß „himmlische Liebe den Sieg über das Verlangen nach dem Sterblichen davonträgt" (Abr 66).

Gotterserkenntnis ist aber immer zugleich auch Offenbarung Gottes. Diese steht gleichsam am Ende des Weges, was Philon an der Gotteserscheinung im Land Kanaan Gen 12,7 aufhängt. Philon interpretiert das ὤφθη als Tat Gottes[207]; der Abraham früher im Nebel der Sinnlichkeit verhüllte Gott

„wandte sich wegen seiner Menschenfreundlichkeit nicht von der zu ihm kommenden Seele ab, sondern zeigte ihr zuvor entgegenkommend (προυπαντήσας) seine eigene Natur, soweit es für den Sehenden möglich war, sie zu schauen[208]. Deswegen heißt es nicht: ‚Der Weise sah Gott', sondern ‚Gott zeigte sich dem Weisen'; denn es war unmöglich, daß einer aus eigenen Kräften (δι' ἑαυτοῦ) das wahrhaft Seiende zu erfassen, wenn sich jenes nicht offenbarte und zeigte (παραφῆναι, ἐπιδεῖξαι)" (Abr 79f).

In einem anderen Zusammenhang – der Zusage des Beistandes an Mose Ex 3,11f –, aber mit verallgemeinerndem Tenor stellt fug 141 fest:

„Das Suchen nach Gott … bleibt nicht erfolglos, da er in seiner gnädigen (ἵλεως) Natur mit seinen jungfräulichen Chariten zuvor entgegenkommt und sich zeigt denen, die ihn zu sehen verlangen[209]".

Die Bewegung auf Gott hin ist also immer schon überholt von einer Gegenbewegung von Gott her, und das ist – wie wir am Ende von 1c

---

Überlegung auf. „Zugleich schürten dazu noch Orakelworte" – gedacht ist an Gen 12,1ff – „seine Sehnsucht (πόθος), das Seiende zu erkennen, durch die geführt er mit nicht zögerndem Eifer auf die Suche nach dem Einen ging".

[206] Ebenso die Parallele qGen III 1.

[207] Vgl. *Montes-Peral* 157f. Die Parallelstelle det 158f verbindet Gen 12,1 mit 12,7, um das Abtun des Sterblichen als Voraussetzung für die Offenbarung Gottes zu unterstreichen.

[208] D. h.: nur seine Existenz, nicht aber sein Wesen.

[209] Zum platonischen Ausdruck γλίχεσθαι s. Anm. 165. Hier wäre aber gerade ein Unterschied zum Göttlichen bei Platon, von dem *Verdenius*, Gottesbegriff 260 sagt: „Dieser Gott kommt uns nicht entgegen, sondern er wartet ab, bis wir ihn finden. Wir sind dazu imstande, weil die menschliche Seele eine Verwandtschaft mit dem Göttlichen besitzt".

erkannten – die Gott eigentlich gemäße Betrachtungsweise. Die Χάριτες signalisieren dieses Entgegenkommen Gottes.

Die feste Überzeugung[210], daß es eine oberste Ursache gibt, die über allem fürsorglich waltet, bezeichnet virt 216 nun mit Gen 15,6 als *Glaube*[211]. Er ist nicht nur eine intellektuelle Angelegenheit, sondern auch ein Akt des Vertrauens, das auf die wahren Güter setzt[212]. Obwohl es eigentlich der Natur der Dinge entspricht und deshalb Gen 15,6 das Prädikat gerecht bekommt, ist es vom Menschen her gesehen alles andere als selbstverständlich, sondern verlangt eine „große und olympische Gesinnung"[213]. Die brachte Abraham auf, wobei Philon die Indizien des Zweifels herunterspielt[214]. Der Stammvater Israels weiß, daß bei Gott alles möglich ist[215]. Insofern die Güter noch nicht vorhanden, sondern erst verheißen sind, impliziert der Glaube auch ein Verhältnis zur Zukunft. Gott sagte ja: „Geh in ein Land…, das ich dir zeigen *werde*" (Gen 12,1). So erwies sich der Glaube Abrahams nicht dankbar wegen schon Erfülltem, sondern erst aus der Erwartung der künftigen Dinge (migr 43).

---

[210] Die Begrifflichkeit (ἀκλινὴς καὶ βεβαία ὑπόληψις) erinnert an Aristoteles und die Stoa, wo sie aber nicht speziell auf Göttliches geht. Vgl. *Wolfson* I 152; II 216.

[211] Dazu *Völker* 239–259. Sowohl *Thyen*, ThR 23 (1955) 238–242 wie *Moxnes* 164 stellen heraus, daß Philon den Glauben trotz seines aktiven Charakters als Geschenk Gottes auffaßt. *Völker* 243 meint wieder, daß er es synergistisch auf das Werk des Menschen bezieht.

[212] Vgl. Abr 262–269; 268 gebraucht „Sich-Stützen", „Bauen auf". Vgl. praem 28–30; all III 228.

[213] Vgl. her 93ff.

[214] Vgl. *Moxnes* 156–163 mit Hinweis auf parallele Erscheinungen in der jüdischen Tradition. So wird die Frage nach einem Zeichen Gen 15,8 her 100f uminterpretiert. Das Lachen Abrahams Gen 17,17 ist nur all III 85 ein Zeichen fehlender Hoffnung, wo Philon die menschliche Unmöglichkeit der Empfängnis Isaaks veranschaulichen möchte. Mut 154–165, bes. 161; qGen III 55 deuten es als Vorfreude auf das Erhoffte um: „weil er Gott für die alleinige Ursache von Wohltaten (χάριτες) und guten Dingen hielt" (mut 155); qGen III 56: „sola Dei virtus ac gratia simul appareat evidenter". All III 85ff.218 nimmt das Lachen als Hinweis auf das Erzeugnis Isaak = Freude. Mut 176–187 bestreiten den Zweifel mit dem Hinweis auf den Gen 15,6 attestierten Glauben, der freilich nur menschliches Format hat (186). – Ähnlich läßt Philon Sara das Lachen Gen 18,12 ableugnen (Abr 112.206; vgl. all III 218; mut 166; qGen IV 16f; spec II 54f).

[215] Vgl. *Moxnes* 146–155; von Abraham qGen III 2.56; Abr 175 vor der Opferung des Isaak; 268; von Sara 112 (nach Gen 18,14aLXX); im Mund Josefs Jos 244; des Mose Mos I 174; allgemein op 46; spec IV 127; virt 26; qGen II 47; IV 17.

„Denn (die Seele), die sich festgemacht hat und abhängig von einer guten Hoffnung und ohne Zögern das noch nicht Gegenwärtige für gegenwärtig hält im Glauben an die Zuverlässigkeit (βεβαιότης) des Versprechenden, hat für sich ein vollkommenes Gut[216], einen Kampfpreis gefunden; und wiederum heißt es nämlich ‚es glaubte Abraham Gott‘ (Gen 15,6)"[217].

Der Glaube an den Schöpfer ist so nicht nur rückwärtsgewandt, sondern hält die Existenz für Gottes Möglichkeiten offen.

Nach virt 216 ist der Glaube die zuverlässigste der Tugenden[218], mit ihm erwirbt sich Abraham auch alle anderen mit. Er bedeutet eine durchgreifende „Besserung der Seele" (Abr 268). Aus der Grundentscheidung für Gott als den Herrn (τὸ φιλοδέσποτον) entspringen Dienstleistungen, die Philon mit dem Judentum in Gen 26,3–5 anerkannt sieht[219].

In seiner Frömmigkeit strebt Abraham nach Verwandtschaft (συγγένεια) mit Gott[220]. Der Glaube, der an den Möglichkeiten Gottes teilhat, schafft eine gegenseitige Vertrautheit, so daß Abr 273 den biblischen Ehrentitel Abrahams „Freund"[221] so begründen kann:

„(Gott) der den Mann wegen seines Glaubens ihm gegenüber bewunderte, gibt ihm dafür wieder Treue (πίστις), die eidliche Bekräftigung seiner versprochenen Geschenke, indem er sich nicht mehr wie Gott mit einem Menschen, sondern wie ein Freund mit seinem Vertrauten unterhielt"[222].

---

[216] *Cazeaux* in: *Arnaldez* u. a., œuvres übersetzt „un Dieu parfait", doch ist hier – wie das folgende Gen-Zitat beweist – der Glaube als ein vollkommenes Gut angesehen (vgl. Abr 268).

[217] Migr 44; vgl. das Glauben an die βεβαιότης auch imm 4; Abr 275, Glaube als Vorwegnahme Frgm. qGn III 58; vgl. dann Hebr 11,1. – Die Ausrichtung auf die Zukunft – aufgrund schon erfahrener Wohltaten – geht auch aus Mos II 288; virt 77 hervor, Stellen, die auf das Volk Israel gehen.

[218] Ihre Königin Abr 270, die vollkommenste her 91.

[219] Vgl. her 7 ff; migr 127–131 stellt klar, daß mit dem Befolgen der Gebote hier das Wandeln nach dem Logos, die Übereinstimmung mit dem Naturgesetz gemeint ist; vgl. Abr 5 f.204.

[220] Virt 218; vgl. migr 132: Das von Dtn 10,20 geforderte Gott-Anhangen (κολλᾶσθαι) besteht in Frömmigkeit und Glaube; „denn diese Tugenden passen an und vereinigen den Verstand der unvergänglichen Natur. Deshalb wird auch von Abraham, der zum Glauben kam, gesagt, er habe sich ‚Gott genähert‘ (Gen 18,23)".

[221] Jes 41,8 und öfter im Judentum.

[222] Zur Schwurformel Gen 22,16; vgl. φιλόθεος cher 7; sobr 56 ersetzt Philon das παῖς der LXX, das er anderswo liest, durch φίλος, vgl. *Sandmel*, Place 44.140.177 Anm. 347. Bei Philon sei „Gottesfreund" ein Äquivalent zu „Prophet".

Der Grad von Abrahams Vollkommenheit ist daran abzulesen, daß er Gott um seiner selbst willen dient und ihn über seinen Kräften als *einen* wahrnimmt. Das verdeutlicht seine Schau Gottes bei Mamre (Gen 18), die Philon Abr 119–132 allegorisch auslegt. Hier sind alle Umstände wichtig; z. B. daß Gott zur Mittagszeit erscheint, weist auf die Erleuchtung durch das geistige Licht, ohne die der Mensch Gott nicht sehen kann[223]. In den drei Männern erkennt Abraham „mit seinen Augen aufschauend" den einen Gott[224]. Abr 124–130 gibt dem eine mehr moralische Wendung: Abraham dient Gott nicht nur, weil er Wohltaten von ihm erwartet noch weil er von seiner herrscherlichen Kraft eingeschüchtert ist. Denen, die ihn um seiner selbst willen ehren, sind Freundschaftspreise ausgesetzt. Die Darstellung in Abr läuft immer wieder nach dem Schema menschlicher Tugend – göttlicher Lohn (s. o.). Daß aber alles im Grunde Gnadengeschehen ist, könnte man aus V. 3: „Herr, wenn ich nun Gnade bei dir gefunden habe..." erschließen. Der Vers liefert nicht nur die exegetische Begründung für die Einheit Gottes gegenüber der anfänglichen Erscheinung in drei Personen, sondern zeigt auch das Ziel allen menschlichen Strebens, die Nähe Gottes:

„Jetzt, dank den geöffneteren Augen und der klareren Sicht, hat der Geist eine deutlichere Erscheinung, läßt sich nicht mehr durch die Dreizahl beirren..., im Gegenteil, er läuft auf den Einen zu, und dieser zeigt sich ihm ohne die Kräfte, die unter ihm sind... Im übrigen bittet er um etwas Großes, daß Gott nicht vorüber- oder weggehe und seine Seele einsam und leer zurücklasse. Denn der Inbegriff[225] des Glücks ist die nahe Anwesenheit Gottes, der die ganze Seele mit all seinem unkörperlichen und ewigen Licht voll erfüllt" (qGen IV 4).

Der Vorgang des Lernens, den Abraham personifiziert, beginnt also gewiß mit der Abkehr vom Sterblichen; er gipfelt aber in der Gotteserkenntnis, wobei sich Gott in seiner ihm eigenen Helle der Seele selbst mitteilt. Diese Selbstmitteilung fanden wir in fug 141 ausdrücklich mit den χάρι-

---

[223] Vgl. qGen IV 1, dazu *Klein* 53f Anm. 1.

[224] Abr 121 ff; qGen IV 2 streicht heraus, daß die „Augen der Seele" gemeint sind. Der Ausdruck geht auf Platon zurück; vgl. Staat 533D u. ö.; *Leisegang* 215–226; *Wlosok* 85 Anm. 67; *Beierwaltes* 66 ff; *Festugière* 543; *Siegert*, Philon 40f, der allerdings zu Unrecht Abr 70 entnimmt, daß Gott selbst dem Menschen das Seelenauge öffnet. Im ἀναβλέπειν von Gen 18,2 findet Philon wohl βλέπειν ἄνω aus Phaidros 249D wieder. Nach De Deo 1 kommt die nur mit den Augen der Seele sichtbare Lichterscheinung des Seienden nur denen zu, die ihre Blicke nach oben richten (ἀνατείνειν).

[225] Das nach *Marcus* zu vermutende ὅρος könnte man vielleicht so wiedergeben.

τες assoziiert, an unserer Stelle legt es der Bibeltext nahe. Ihre Gnadenhaftigkeit ist sachlich darin begründet, daß es vom Menschen her gesehen schwer ist, Gottes Schöpfergüte und sein strenges Weltregiment auf einen Nenner zu bringen; menschenunmöglich ist es gar, ihn unvermittelt, „ohne seine Kräfte" zu schauen.

b) Isaak

Seit Platon und Aristoteles wird bei den Philosophen immer wieder der Grenzfall erwogen, daß die Götter ihrem Günstling die Tugend schon von Geburt an mitgeben[226]. Er ist glücklich zu preisen; wohl deshalb sieht ihn Philon in Isaak präfiguriert, dessen Name er von „Freude" herleitet. Geistige Freude – nicht irdisches Lachen – ist auch der Teil dessen, dem Tugend ohne Mühe zufällt[227]. An diesem Beispiel kann Philon klarmachen, daß Tugend nicht bloß freudlose Pflichterfüllung bedeuten muß, sondern daß sie – dem griechischen Ideal entsprechend – zur εὐδαιμονία führt[228]. Dieses Glück kann man sich aber nach Philon nicht selbst bereiten, es wird wie Isaak von Gott erzeugt: daß „die Tugend mit überschwenglicher Freude schwanger geht", findet der Schriftdeuter in Gen 17 f. Indem er das „Ich werde dir geben" Gen 17,16 wörtlich nimmt, geht ihm auf, daß der Weise „ohne Schmerzen", ja nach Gen 17,17 sogar lachend zur Glückseligkeit kommt[229]. Sie wird im Zusammensein mit der göttlichen Vernunft erzeugt, deren Verheißung man glauben muß[230]. Gen

---

[226] Vgl. die Einleitung zu diesem Abschnitt 3), bes. Anm. 192. Plutarch, Mor. 2C: εὔδαιμον μὲν οὖν καὶ θεοφιλὲς εἴ τῳ ταῦτα πάντα θεῶν τις ἀπέδωκεν (Glücklich und gottgeliebt, wenn einem all dies einer der Götter zuteil werden ließ). Fronto, Ad M. Caes. IV 1 schmeichelt dem Kaiser: ad omnes virtutes natus es prius quam institutus.

[227] Vgl. praem 31–35 mit der Seligpreisung am Schluß. *Jaubert* 420 ist mit *Daniélou* 194 der Ansicht, daß das ἐκ φύσεως keinen konkreten Ausgangspunkt, sondern den göttlichen Ursprung bedeutet. Sachlich gilt, was Philon an der Gestalt Isaaks erkennt, jedenfalls auch für die Tugend und das Glück, die am Ende einer Entwicklung stehen.

[228] Diese definiert Aristoteles, Eud. Ethik 1219A als ζωῆς τελείας ἐνέργεια κατ' ἀρετὴν τελείαν (Tätigsein vollendeten Lebens im Sinn vollendeter Tugend). Dem schließt sich Philon det 60 an. Vgl. *Goodenough,* Light 154. Zur Freude bei Philon *Lewy* 34–37.

[229] Vgl. all III 217 und o. 2 d.

[230] All III 218 aus Gen 18,12 erschlossen. Der Logos = κύριος steht an der Parallele qGen IV 15 f den sinnlichen Leidenschaften gegenüber. Daß er πρεσβύτερος (eigentlich „älter") ist, bezeichnet hier seinen Vorrang. In Gen 21,6 erkennt Philon denselben κύριος am Werk.

21,6 „ein Lachen hat mir der Herr geschaffen" aber bestätigt, daß Gott „der Vater der vollkommenen Natur ist, der in den Seelen das Glücklichsein sät und erzeugt"[231].

Die tugendhafte Seele hat keine Ahnung von dem göttlichen Sproß in ihrer Seele[232]; sie gebiert noch in ihrem Greisenalter, d. h. zu einer Zeit, in der alles Sinnliche und Sterbliche ausgelöscht, das Geistige und Unsterbliche aber aufgeblüht ist. Dabei bedarf sie nicht der Hebammenkunst – eine Spitze gegen die sokratische Maieutik –

> „denn wir gebären auch bevor irgendwelche Erfindungen und Wissenschaften der Menschen zu uns kommen, ohne die übliche Mitwirkung, da Gott die edlen Erzeugnisse sät und zeugt…"[233].

Im Unterschied zu dem sich allmählich Bessernden verdankt der von Natur aus Gute sein Gutsein nicht den beiden Hauptkräften Gottes, sondern nur dem χαριστικόν.

> „wegen der von oben herabströmenden Geschenke war er gut und vollkommen von Anfang an"[234].

Fug 166–176 erörtert das Selbstgelehrtsein als ein Finden, dem kein Suchen voranging. Die Seele gebiert schon, indem sie empfängt, gleichsam ohne Zeit zu brauchen[235]. Die von oben herabgeregnete Weisheit bewirkt einen nüchternen Rausch[236]; wer sie empfängt, gehört zu dem der Vernunft überlegenen göttlichen Geschlecht, das nicht durch menschliche Erfindungen, sondern durch gottbesessene Verzückung (ἔνθεος μανία)

---

[231] Vgl. all III 219. Vgl. die Parallelen mut 137f „allein Gott eigen", det 123f. Deshalb heißt Isaak auch „Sohn Gottes" mut 131; somn I 173; qGen IV 17.19 erklärt, daß Freude eigentlich das Privileg Gottes ist und deshalb von ihm geschenkt werden muß. In der vergleichbaren Stelle Abr 202ff kommt noch der Gedanke der menschlichen Aufnahmefähigkeit bzw. Würdigkeit hinzu. Dadurch wird aber nur verständlich gemacht, daß es auf Erden keine ungemischte Freude gibt (205ff; vgl. den entsprechenden Abschnitt spec II 54f).

[232] Vgl. migr 140 unter Verwertung von Gen 21,7. Die Unbewußtheit ist ein Charakteristikum der Besessenheit; vgl. o. Anm. 171.

[233] Vgl. migr 141f; wie fug 168 wird auf Ex 1,19 angespielt; die ägyptischen, der Sinnenwelt verhafteten Frauen bilden den Gegensatz.

[234] Vgl. die Gegenüberstellung von Abraham und Isaak somn I 160–163, daraus 162.

[235] ὡς ἂν ἀχρόνως 167 mit Gen 21,2 als Beleg.

[236] Vgl. 166; dazu *Lewy* bes. 8ff; gegen philonische Prägung *Winston*, Philo 358 Anm. 341 mit neuen Belegen; zum Mannaregen s. o. 2d.

zustande kommt (168). Sein Kennzeichen ist das Plötzliche[237] und die göttliche Herkunft. Beides drückt die Frage Isaaks „was ist dies, das du so schnell fandest, mein Kind" und die Antwort Jakobs „was Gott, der Herr, gegeben hat" (Gen 27,20) aus[238]. Das Modell der Ekstase, das Platon im Menon für das inspirierte Reden und Handeln der Staatsmänner gelten ließ, wird also auf die Entstehung vollendeter Tugend überhaupt angewandt.

Während Lea die verhaßte Mühe um Tugend symbolisiert, Hagar die mittlere Bildung, stellt Sara die Tugend dar, deren Kind keiner Belehrung bedarf. Wenn schon unsere Sinne und unser Geist nicht lernen müssen, ihre Funktion auszuüben, braucht man sich nicht zu wundern, daß die vollkommene Tugend himmlische Gottesgabe ist[239]. Die Monogamie Isaaks bildet einen Kontrast zu den verschiedenen Frauen Abrahams und Jakobs:

> „Doch das von selbst lernende Geschlecht, zu dem Isaak, die Freude (die beste der guten Leidenschaften) gehörte, ist einer einfachen, unvermischten und unvermengten Natur teilhaftig geworden. Es hat weder Askese noch Bildung nötig… Denn da Gott das von selbst lernende und selbstbelehrte Gute vom Himmel herabregnen läßt, so war es unmöglich, noch mit sklavischen und nebenfrauenartigen Fertigkeiten zusammenzuleben"[240].

Isaak genügt Rebekka, die beständige (ὑπομονή) Tugend,

---

[237] Vgl. her 279 und die Fußnote von *Harl* mit weiteren Stellen, wobei allerdings praem 165 nicht stimmen kann. Zum ἐξαίφνης vgl. Platon, Symposion 210E; 7. Brief 341CD; dazu *Beierwaltes* 95; Seneca, ep. 121,20: „et tardum est et varium, quod usus docet, quicquid natura tradit, et aequale omnibus est et statim est". Dem tradere entspricht bei Philon das παραδιδόναι im Bibelvers.

[238] Vgl. 168f; vgl. die Parallelen sacr 64; imm 92 – hier unterscheidet Philon im Kontext (86–93) künstlich zwischen εὑρίσκειν und ἀνευρίσκειν; vgl. dazu den Kommentar von *Nikiprowetzky* in: *Winston-Dillon* 71f.320f –; ebr 119 διὰ τὸ ὑπερβάλλον τοῦ χαριζομένου τάχος; qGen IV 208. Mit Dtn 6,10f kann er die Landnahme als unverhofften Gewinn der allgemeinen und speziellen Tugenden deuten: vgl. imm 94–96; fug 175f.

[239] Vgl. mut 253–260 und das Zitat daraus o. 2 d gegen Ende. Zu diesem Text *Borgen*, Bread 100–109.118–121. Vgl. plant 93: Etwas Vollendetes kommt nur durch die χάριτες τοῦ αἰτίου zum Vorschein. *Hegermann*, Vorstellung 16f schließt aus mut 256 „wundere dich nicht, wenn der alles Vortreffliche (σπουδαῖα) hervorbringende Gott auch dieses Geschlecht hervorgebracht hat…", daß es sich hier um die Schöpfung selbst handelt. Zumindest wird eine Analogie hergestellt.

[240] Vgl. congr 34–38, der Auszug aus 36.

„Denn ihm stehen die vollkommenen Geschenke Gottes, die ihm durch die älteren Chariten eingehaucht wurden, ständig zur Verfügung. Er wünscht nur und betet darum, daß sie Bestand haben. Deshalb scheint mir, daß der Wohltäter, damit seine Gnadengaben für immer beim Empfänger verblieben, ihm die Beständigkeit als Frau antraute"[241].

Philon verbindet hier die χάριτες mit der Inspirationsterminologie. Da die naturgegebene Tugend oft als himmlische Weisheit erscheint und Weish 8,21; Sir 37,21 und WeishKairGen 11,3 diese als Gabe (χάρις) Gottes bezeichnete, erhärtet sich die These *Sellins*, daß Philon den Begriff im Zug einer Ausweitung von Weisheitsinspiration auf das Tugendleben überhaupt verwendet. Dies ist allerdings keine speziell jüdische Tradition, sondern findet sich sachlich auch in der Verlängerung platonischer Gedanken bei einzelnen Stoikern[242].

c) Jakob

Seine langjährige Arbeit in fremden Diensten, besonders aber sein Ringen mit dem Engel (Gen 32) prädestinierten Jakob zum Beispiel des ἀσκητής bzw. προκόπτων[243], des Sich-Mühenden und Fortschreitenden. Der Kampf mit den Leidenschaften, der Unvernunft, beginnt nach Philon schon im Mutterschoß[244]. Wie Herakles am Scheideweg (Xenophon, apomn. II 1,21–33 nach Prodikos) muß er sich zwischen Tugend und Lust entscheiden[245]. Dabei integriert Philon den kynisch-stoischen Lobpreis der Mühe (πόνος), die Gott den Menschen als Anfang jedes Guten und

---

[241] Congr 38; zur Wiedergabe von πρεσβύτερος s. A. In qGen IV 88 hat die Allegorese stärker moralischen Einschlag. Isaak sucht seine Braut nicht bei den Kanaanäerinnen. Zur weiteren Ausführung s. *Goodenough*, Light 157 ff: Rebekka schöpft am Brunnen der göttlichen Weisheit, ist selbst die Weisheit, mit der Isaak mystische Hochzeit hält.

[242] S. o. I Anm. 81. Die Zugehörigkeit von „Gnade" zur „pneumatischen" Sphäre hatte *Wetter* 125 f.151 nur mit christlichen Texten aufgewiesen. *Lewy* 7 f.65 bauscht das zu einem „zu Philons Zeit die ganze östliche und westliche Oikumene erfüllende(n) Pneumaglaube(n)" auf.

[243] Vgl. *Völker* 230.

[244] So wird das Halten der Ferse Esaus etwa all III 190f; qGen IV 163 gedeutet. Philon rechtfertigt das Ablisten der Erstgeburt damit, daß das Ältere selbstverständlich dem Jüngeren dienen soll, weil es um die Vorherrschaft der Vernunft geht (vgl. virt 208 ff).

[245] Vgl. all II 46 ff; sacr 20–44; dazu *Laporte* 209.231 f.

jeglicher Tugend zugewiesen hat[246]. Hier ist zunächst einmal der Mensch gefordert, wenn auch der vom Himmel herabgehauchte Eros das Bittere der Anstrengung in Süßigkeit verwandelt[247].

Deshalb ist hier von Gnade erst bei der Erreichung des Zieles die Rede. Recht überraschend erscheinen aber dann die Segensgüter nicht nur als Frucht der Mühe. So kommt Philon am Ende seiner langen Diatribe sacr 42 auf das Vorbild Jakobs zurück:

> „Wenn du dich aber ständig besserst und zum Ziel gelangst, wird dir der Vater nicht allein das Recht der Erstgeburt, sondern auch alle väterlichen Güter schenken (χαρίζεσθαι), wie auch dem Jakob, der die Leidenschaft an ihren Grundlagen und Fundamenten entwurzelte[248]; er bekannte, was ihm widerfuhr, indem er sagte: ‚Gott erbarmte sich meiner, und mir gehört alles‘ (Gen 33,11), zugleich in belehrender und erziehender Absicht; denn in der Barmherzigkeit Gottes ist alles verankert".

Beim Übergang vom Sich-Abmühen zur Mühelosigkeit kommt die Gnade ins Spiel. Dem durchhaltenden Kämpfer wurde folgendes Orakel zuteil:

> „‚Kehre heim in das Land deines Vaters und in dein Geschlecht, und ich werde mit dir sein‘ (Gen 31,3). Das ist gleich: Du bist zwar ein vollkommener Athlet geworden und hast Kampfpreise und Siegerkränze verdient (ἀξιοῦσθαι), wobei die Tugend Kampfrichter spielte und dir Siegespreise darreicht; laß nun aber die Liebe zum Kampf, damit du dich nicht allzeit mühst, sondern auch einen Nutzen von dem mit Mühe Erworbenen haben kannst" (migr 26 f.).

Jakob kann schließlich das Erbe Isaaks übernehmen und die Mühe ablegen:

> „Denn der Überfluß (ἀφθονίαι) bereiter, bei der Hand liegender Güter ist die Ursache von Mühelosigkeit; die Quelle aber, von der die Güter strömen, ist das Zusammensein mit dem gebefreudigen Gott; deswegen besiegelt er seine Wohltaten mit den Worten: ‚Ich werde mit dir sein‘. Was Schönes könnte nun fehlen,

---

[246] Vgl. sacr 35 nach Xenophon, apomn. II 1,20 (Epicharm). 28; zum Stellenwert der Mühe vgl. *Völker* 229–233.

[247] S. o. 2 c. Nach mut 24 hilft Gott dem Fortschreitenden mit seinen Wohltaten, die Vollkommenheit zu erreichen. Das ἐξ ἑαυτοῦ mut 86 charakterisiert ihn nur im Gegenüber zum von anderen Lernenden, nicht in seiner Gottesbeziehung. Vgl. auch det 64: Der Unvollkommene sucht τὴν δι᾽ ἔργων ἀρέσκειαν, dem Vollkommenen dagegen kommt nicht mehr das πονεῖν zu, sondern das mit Sorge und Mühe Erworbene zu bewahren.

[248] πτερνίζειν aus Gen 27,36 ist schwer zu übersetzen: bei den Fersen packend „overthrow" *(Colson)*. Vgl. die Erläuterung mut 81.

wenn der alles vollendende Gott da ist mit seinen jungfräulichen Töchtern, den Chariten, die der sie erzeugende Vater unverdorben und unbefleckt aufzieht? Dann ruhen Sorgen, Mühen und Übungen; vielmehr wird durch die Vorausschau der Natur alles Nützliche allen ohne Kunst dicht gedrängt gegeben" (migr 30 f)[249].

Mag der Segen auch der Preis für den Kampf sein, er besteht letztlich im Dasein Gottes, dessen Unerzwungenheit und wohltuende Zuwendung die Chariten verdeutlichen.

Derselbe qualitative Umschlag läßt sich an der Art der Gotteserkenntnis aufzeigen. Jakob gelangt ans Ende seiner Mühe, wo ihn Gott – nach seinem Kampf mit dem Engel – in Israel umbenennt (Gen 32,29). Philon versteht diesen Namen – wohl einer Tradition folgend[250] – als „Mann, der Gott sieht". Jakob wird also einer unmittelbaren Gottesschau gewürdigt, während er vorher Gott nur im Hören auf sein Wort kannte[251]. Freilich muß er zuvor das Haus der Sinneswahrnehmungen verlassen und im Geistigen Wohnung nehmen[252]. Die Trennung von der Sinnlichkeit – hier durch Laban dargestellt – ist wie bei Abraham die Voraussetzung für die Begegnung mit Gott[253]. So erscheint diese wieder als Ehrenpreis für die vorausgehende Mühe[254]. Aber sie unterscheidet sich qualitativ von dem Weg von unten nach oben, d. h. vom Schluß von der Schöpfung auf den Schöpfer.

„Aber wenn einige es vermochten, ihn aus ihm selbst zu erfassen (ἐξ ἑαυτοῦ καταλαβεῖν), wobei sie keinerlei Vernunftgrund als Mitarbeiter (σύνεργος) zur Schau brauchten, dann müssen sie wahrhaftig unter den heiligen und echten Dienern und Gottgeliebten verzeichnet werden. Zu diesen gehört der Mann, der auf Chaldäisch Israel genannt wird, auf Griechisch aber ‚der Gott Schauende' – freilich nicht wie er ist, denn das ist unmöglich, wie ich sagte, sondern daß er ist. Er lernte es nicht von einem anderen, weder von etwas auf der Erde noch von etwas am Himmel..., sondern von dem allein umberufen[255], der dem Schutzflehenden seine eigene Existenz offenbaren wollte (praem 43 f)."

---

[249] Zur Personifikation s. A. Eine ähnliche Konkretion des Mit-Seins (σύνοδος) Gottes (diesmal nach Ex 3,12) durch die Chariten hatten wir fug 140 f.

[250] Vgl. *Delling* 37 f; *Winston*, Philo 351 f Anm. 240.

[251] Vgl. ebr 82; conf 72; migr 38.200 f.

[252] Vgl. migr 214 mit Gen 30,30; Gen 25,27 dagegen in plant 44; congr 62; wird all III 2 auf das Haus der Tugend gedeutet.

[253] Vgl. all III 15–27.

[254] Vgl. praem 36.47; mut 81 f; somn I 130 ff.

[255] μετακληθείς ersetzt wohl absichtlich das sonst übliche μετονομάζειν; vgl. die Anm. bei *Colson* S. 452.

Als Erkenntnisorgan braucht es dazu wieder das „Auge der Seele", das Jakob in seinen Kämpfen mühsam zu öffnen begann (praem 37); aber Gott selber muß ihm Sehkraft schenken:

> „als der Vater und Retter das echte Verlangen und Sehnen sah, erbarmte er sich (ἠλέησε), gab Kraft der Annäherung seines Gesichtssinnes und neidete nicht die Schau seiner selbst..."[256].

Philon wendet dabei antike Theorien an, nach denen das Sehen des Lichtes nur durch lichthafte Elemente im Auge möglich ist[257]:

> „Wird nicht überhaupt das Licht erst durch das Licht gesehen? Auf dieselbe Weise kann auch Gott, der seine eigene Helligkeit ist, nur durch sich selbst geschaut werden, wobei nichts anderes mitwirkt noch mitwirken kann zur klaren Erfassung seiner Existenz" (praem 45).

Daß die Menschen Gott nicht nur in seinem Werk, der Welt, schauen sollen, kann qEx II 51 auch in dem uns vertrauten Vokabular der Wohltätigkeit zum Ausdruck bringen:

> „Denn der Retter ist wohltätig und gütig und möchte das vernünftige Geschlecht gegenüber allen lebenden Geschöpfen herausheben. Deshalb ehrt er es mit einem noch weitreichenderen Geschenk, einer großen Wohltat, in der alle Arten guter Dinge zu finden sind, und schenkt (χαρίζεσθαι) seine Erscheinung, wenn nur ein passender Ort da ist, gereinigt mit Heiligkeit und jeder Art von Reinheit... dann wird dir der offenbare Eine erscheinen, der unkörperliche Strahlen für dich scheinen läßt..."
> „Wer Gott schaut, wird von seiner herausragenden Schönheit geführt und dem Gesehenen zugelost und zugeteilt" (post 92).

Die Erwählungsterminologie dieser Stelle macht uns darauf aufmerksam, daß Jakob-Israel als Identifikationsfigur für das konkrete jüdische Volk fungiert[258]. Das göttliche Licht ist deshalb nichts anderes als die Offenba-

---

[256] praem 39; vgl. ebr 82: Der gebefreudige Gott wollte seine Vernunft mit Augen versehen. Zu dem offenbar von Philon geprägten Verbum ἐνομματοῦν vgl. *Delling* 33; mut 82 steht es im (theologischen?) Passiv. Somn I 129: Der Logos verwandelt seine Ohren (womit er bisher Gott erkannte) durch göttlichen Anhauch (ἐπιπνοίαι) in Augen. Sonst sind es das Wissen (migr 39) bzw. die Weisheit (sacr 78) oder die Worte des Mose (somn I 164), die das Seelenauge öffnen.

[257] Vgl. *Beierwaltes* 40–43; *Wlosok* 83–97; *Klein* 55 ff; *Sellin* 125 ff. Außer praem 45 f vgl. vor allem migr 39 f.

[258] Vgl. etwa *Borgen*, Bread 115–118 und *Delling*.

rung durch Mose, die freilich beim Einzelnen vom bloß Gehörten zu einleuchtender Evidenz werden soll[259]. Sie kann es werden, weil sie die Vernunft in ihrem Eigentlichen aktiviert. So kann das bisher Gesagte noch einmal an der Gestalt des Mose zusammengefaßt werden.

d) Mose[260]

Die auch für Nicht-Juden bestimmten Schriften zeichnen den Offenbarungsmittler der Juden als Muster an Frömmigkeit, durch die er auch die vier Ämter des königlichen Führers, des Gesetzgebers, des Propheten, des Priesters erlangte[261]. In seiner Person wird im Grunde das jüdische Gesetz als Weg zur Tugend empfohlen. In der allegorischen Erklärung hingegen sind Bruchstücke einer mystischen Deutung der Mosegestalt verstreut. Sie vereinigt gleichsam die besten Aspekte der Erzväter in sich: die induktive Gotteserkenntnis Abrahams und die Schau Jakob-Israels, das Forschen Abrahams[262], das Kämpfen Jakobs (praem 52), aber auch die Mühelosigkeit Isaaks[263]. So wird an ihr höchste Vollkommenheit (ebr 94) sichtbar.

Von den vielen Ausdeutungen seiner Geschichte wollen wir nur seine Gottesbegegnungen auf dem Sinai untersuchen, die Philon ad modum unius auszuwerten scheint. Merkwürdigerweise sind sie in der Vita (I 158; II 68–70) nur kurz erwähnt.

Auch Mose muß zunächst aus dem Irdischen ausziehen, damit er die

---

[259] Vgl. sacr 78 f. Vgl. *Sandelin* 132 f zu den „2 levels (Hörende vs. Sehende) in the Jewish community". Eine gute Darstellung der sich ergänzenden Weisen der Gotteserkenntnis gibt *A. Beckaert* in seiner Einleitung zu praem in: *Arnaldez* u. a., œuvres 27–38. *Runia* 366: „I envisage Philo thinking of a process analogous to the mind's enrolment in the noetic world, in which the sense-perceptibility and multiplicity of the cosmos are stripped away, discursive reasoning is bypassed and God's existence is intuitively apprehended as a unity at the level of the Logos. Also this knowledge, however, cannot and does not proceed *beyond* the relational". Obwohl Gott selbst das Medium der Erkenntnis ist, ist ihr Gegenstand nicht sein Wesen, sondern nur seine Existenz.

[260] Vgl. *Goodenough*, Light Kap. VII f; er streicht die soteriologische Rolle des Mose heraus; *Wlosok* 69–74.

[261] Vgl. virt 51–75; praem 52–56, jedesmal mit Verweis auf die Vita (Mos).

[262] Vgl. post 13; fug 161–164; mut 7 f.

[263] Vgl. die Parallelisierung post 75–78; all III 135 stellt ihn Aaron gegenüber, dem der Arm, das Symbol der Mühe und des Duldens, zugehört.

heiligsten Mysterien feiern kann[264]. Damit ist in Platon entlehnter Metaphorik[265] eine Gottesschau gemeint, die nicht aus den gewordenen Dingen auf die Ursache schließt, sondern – ähnlich wie bei Jakob-Israel – auf der Selbstoffenbarung Gottes beruht:

> „Es gibt aber eine vollkommenere und noch mehr gereinigte Vernunft, die in die Großen Mysterien eingeweiht ist, sie erkennt die Ursache nicht vom Gewordenen her, gleichsam wie vom Schatten aus das Bleibende, sondern überspringt[266] das Gewordene und empfängt einen klaren Eindruck des Ungewordenen, so daß sie ihn von ihm selbst her erfaßt und seinen Schatten, d. h. den Logos und diese Welt. Von solcher Art ist Mose, der sagt: ‚Offenbare dich mir, ich möchte dich erkennbar sehen‘ (Ex 33,13); d. h.: werde mir nicht offenbart durch Himmel, Erde, Wasser, Luft oder sonst etwas in der Schöpfung; noch möchte ich deine Idee in etwas anderem widergespiegelt sehen als in dir, Gott... Deshalb rief Gott Mose herauf und sprach mit ihm"[267].

Daß dieser Aufstieg Ereignis der Gnade ist, wird wieder am „heraufrufen" deutlich[268]. Vor allem aber ist Gott hier sein eigener Erklärer (vgl. post 16). Der Offenbarungsakt selber ist Gnade. Dies läßt sich eigentlich schon an der Bitte Ex 33,13 ablesen, die mit der bekannten Floskel eingeleitet wird „Wenn ich Gnade vor dir gefunden habe". Diesen Zusammenhang berücksichtigt Philon imm 109f, um Mose von Noah abzuheben[269]. Aus der Zusage „Du hast Gnade gefunden bei mir" (Ex 33,17) folgert er: also nicht bei den Gott untergeordneten Kräften. Vielmehr „würdigt der

---

[264] Vgl. gig 54f mit Ex 33,7. Die Stelle klärt, auf welcher Art von Menschen der Geist Gottes bleibt (vgl. Gen 6,3). Der Absage an die Sinnlichkeit entspricht die Reinigung, die vor der Einweihung erfordert ist. Vgl. Mos II 68f zu den Vorbedingungen des Priestertums des Mose. Ferner all III 140ff.

[265] Dazu zuletzt *Riedweg*, bes. 104f. Rückschlüsse auf den Kult der synagogalen Gemeinde Alexandriens werden heute nicht mehr gezogen – so noch *Goodenough*, Light 260f; vorsichtiger Introduction 154–158, wo er mehr auf die Interpretation der traditionellen Riten Gewicht legt.

[266] Das bei Philon häufige ὑπερκύψαι zieht ὑπεριδοῦσα und ἀνακύψασα aus Phaidros 249C zusammen; vgl. *Méasson* 233.381; *Riedweg* 38 Anm. 39.

[267] All III 100f; den Kontrast, die Erkenntnis aus den Werken, markiert Bezaleel (vgl. 95–99.102; plant 26f); während er Mose zum Führer hat, ist dessen ὑφηγήτης Gott. Vgl. migr 170f mit Ex 33,15. Zu den zwei Weisen der Erkenntnis vgl. *Sellin* 150.157.

[268] Plant 26 führt dafür Lev 1,1 an; vgl. 23. In qEx II 46 ist das Heraufrufen in Ex 24,16b als einer zweiten Geburt vergleichbare Umwandlung gedeutet. Vgl. *Sellin* 139ff.

[269] S. die Behandlung des Textes 1 a. QGen IV 8 setzt das χάριν εὑρίσκειν um in „Barmherzigkeit erlangen". Zu fug 140f vgl. schon oben a).

Seiende die höchste Weisheit wie bei Mose selbst durch sich selbst der Gnade".

Ist die Schau also durch Gott selbst vermittelt, so scheint es nicht immer eindeutig, ob sie auch ihn selbst zu Gesicht bekommt. In der Bitte Ex 33,13 drückt sich das Verlangen aus, Gottes Wesen zu sehen, aber auch zugleich das Eingeständnis, daß das der Mensch aus eigener Kraft nicht vermag:

> „damit gibt er klar zu verstehen, daß von den Gewordenen keiner von sich aus fähig ist, über Gott seinem Sein nach belehrt zu werden"[270].

An der Parallele spec I 41–50 wird offenkundig, daß nicht nur diese entzogene Möglichkeit, sondern auch eine der menschlichen Fassungskraft angepaßte Erkenntnis Gottes seine Gabe ist. 43f antwortet er auf die mit Ex 33,13 geäußerte Sehnsucht nach der Wesensschau grundsätzlich:

> „Ich pflege das dem Empfänger Angemessene zu schenken; ... von daher reiche ich dem der Gnade (χάρις) Würdigen alle Geschenke dar, die er aufzunehmen vermag. Die Erfassung meiner selbst vermag aber die menschliche Natur, aber auch nicht einmal der ganze Himmel und die Welt zu fassen ...“

Daraufhin läßt Philon Mose mit Ex 33,18 wenigstens um die Schau der Herrlichkeit Gottes, d. h. der dienstbaren Kräfte an der Seite Gottes, bitten[271]. Und auch diese sind vom menschlichen Geist nicht in ihrem Wesen zu begreifen; Gott gewährt (μεταδιδόναι) nur die Wahrnehmung ihres Abdruckes in der Welt.

An Mose wird so demonstriert, was Israel ersehnen soll, aber auch, was es mit der Gnade Gottes erreichen kann. Manchmal wird Mose freilich über Israel hinausgehoben. Eine Stelle, die erlaubt, beides zu veranschaulichen, ist Ex 24,1f.9–18. Dort steigt Mose mit Aaron, Nadab, Abihu und 70 der

---

[270] Post 16. Es besteht kein Grund, hier und in parallelen Stellen V. 18 – statt V. 13 – zitiert zu finden: gegen *Wolfson* II 87 Anm. 65, *S. Daniel*, in: *Arnaldez u. a.*, œuvres zu spec I 41. Mose möchte Gott tatsächlich ohne seine Kräfte schauen (vgl. qGen IV 8), aber schon die Formulierung seines Wunsches zeigt sein Unvermögen. – Irreführend ist die Übersetzung von ὁ κατὰ τὸ εἶναι θεός bei *Arnaldez* post 15f mit „Dieu, dans son acte d'exister". Es geht sehr wohl um die Erkenntnis seiner Natur.

[271] Vgl. zur δόξα qEx II 45.47; mit Ex 33,23 „was hinter mir ist" post 168f; fug 164f; mut 8f. Auch nach qEx II 67 empfängt der hellste und prophetischste Geist die Kenntnis des einen Seienden nicht von ihm selbst, sondern den ihm dienenden Kräften. Hier ist das Erkannte durch das Erkenntnismedium vom Menschen abgerückt. Zu diesen Antinomien *Jonas* 70–90.

Ältesten Israels auf den Gottesberg, wird aber selbst noch mit Josua zusammen zu Gott gerufen. Schon nach der LXX schauen die Repräsentanten Israels nicht Gott – (anders MT V. 10) –, sondern nur den Ort, an dem Gott stand. Das ist für Philon der Logos[272]. Sie beten den Herrn nur von fern an (V. 1b; vgl. qEx II 28). Dagegen soll Mose allein Gott „nahen". Dies ist nach qEx II 29 das Privileg des prophetischen Geistes:

> „Denn wenn der prophetische Geist von Gott besessen und getragen wird, wird er der Einheit ähnlich, ungemischt mit allem, was zur Zweiheit gehört. Aber der zur Einheit entschlossen ist, wird ,Gott nahend' genannt in einer Art verwandtschaftlicher Vertrautheit. Denn er hat alle sterblichen Arten aufgegeben und hinter sich gelassen und wird nun in die göttliche verwandelt, so daß solche Menschen Gott verwandt und wahrhaft göttlich werden"[273].

Die Stellung des Mose zwischen Mensch und Gott wird durch zwei Zitate aus dem Dtn verdeutlicht. Das eine ist die Aufforderung Gottes an Mose „Du aber stelle dich neben mich" (Dtn 5,31),

> „Woraus (das Gotteswort) zweierlei zu verstehen gibt: 1. daß das Seiende, das alles andere bewegt und verwandelt, unbeweglich und unwandelbar ist; 2. daß es von seinem eigenen Wesen, der Ruhe, dem Eifrigen mitteilt"[274].

Solche Teilhabe an der Beständigkeit Gottes kann aber – wie bei Abraham – wieder als Glaube gefaßt werden[275]. Die Seele erlangt Festigkeit durch den Anblick des Unvergleichlichen, aber auch durch das Angeblicktwerden; sie wird dem zwischen dem sterblichen und dem unsterblichen Geschlecht in der Mitte stehenden Wesen zugeteilt nach dem weiteren Wort des Dtn „Und ich stand zwischen dem Herrn und euch" (Dtn 5,5), d. h. höher als ein Mensch, geringer aber als Gott"[276].

---

[272] Vgl. conf 96f; qEx II 37.39. Philon knüpft wohl an den ὑπερουράνιος τόπος Phaidros 247BC an; vgl. *Sellin* 142. Zur Exegese von Ex 24 vgl. *Hegermann,* Vorstellung 26–37. Er eruiert ein vorphilonisches Sinaimysterium, dessen Ziel die Vergottung nicht nur des Mose, sondern auch der Israeliten sei.

[273] Dazu *Holladay* 155–160: Während sonst der νοῦς in der Ekstase durch das göttliche πνεῦμα ersetzt wird, wird er hier verwandelt.

[274] Post 28; vgl. die Parallelen in *Leisegangs* Anm. 2, in: *Cohn u. a.*, Werke; ferner qEx II 40 zu Ex 24,12a; von Noah bzw. dem Gerechten somn II 223 (dazu IV C 1). Zum Feststehen in Gott *Pascher* 228ff.

[275] Vgl. post 13; conf 31. Zur Aufrichtung zur Gottesschau am Beispiel Abrahams vgl. *Wlosok* 74ff.

[276] Vgl. somn II 227–230.234. Der Einschub 231ff macht klar, daß es hier um den vollkommenen νοῦς geht. Aber Mos I 27 sagt ähnliches vom Geist des Mose aus. Zu seiner Bezeichnung als „Gott" (mit Ex 7,1) vgl. *Runia,* God 53–63; er

Somn II 232 beschreibt die ähnliche Stellung des Hohenpriesters (vgl. Lev 16,17) als selbstvergessenes Hingerissensein:

> „Wenn der Geist von göttlicher Liebe ergriffen sich bis zum Adyton ausstreckt und mit allem Elan und Eifer voranschreitet, vergißt er – von Gott getragen – alles andere, vergißt gar auch sich selbst, gedenkt allein des von Leibwächtern Umgebenen und Verehrten und macht sich von ihm abhängig, dem er seine heiligen und unberührten Tugenden weiht und als Weihrauchopfer darbringt".

Kein Wunder, daß Mose am Ende seines Lebens Gott einen Dankeshymnus anstimmt „dafür, daß er ihm von der Geburt bis ins Alter mit (immer) neuen und ungewöhnlichen Gnadengaben (χάριτες) wohlgetan hatte" (virt 72). Ist er hier als Individuum gemeint, so in den allegorischen Schriften mehr als Ideal der Vollkommenheit, das dem von der biblischen Offenbarung geleiteten Geist vorgehalten wird. Ihre Gnadenhaftigkeit wird gerade in ihrer äußersten Steigerung offensichtlich.

Exkurs: Ekstase als Gnade

Die Gottesnähe überkam Isaak (s. o. nach fug 166–176) und den prophetischen Geist des Mose wie eine Verzückung. An anderer Stelle nimmt Philon Abraham (nach Gen 15,5), Isaak und Mose zusammen als Männer, die, um mit Gott zusammenzusein, aus sich herausgehen (all III 39–44). Von dem ἐξελεύσεται Gen 15,4 angeregt fordert er die Seele auf, nicht nur Körper, Sinne und Logos, sondern auch sich selbst zu verlassen in einer von himmlischer Liebe aufgescheuchten Raserei (her 69 ff). Dabei mischen sich Bilder bacchantischen Taumels[277] mit Ausdrücken prophetischer Gottbegeisterung[278].

---

stellt heraus, daß sie keine Vergöttlichung bedeutet, jedenfalls nicht in bezug auf Gott. Die oben angeführten Stellen zu Ex 24 werden allerdings 69 f etwas stiefmütterlich behandelt.

[277] Oft mit Anklang an Platon, Ion 536C. So auch an der schon 2 c zitierten Stelle op 71 allgemein vom νοῦς. – Das platonische, auf Schau des Wesens ausgehende Erkenntnismodell wird – wenigstens tendenziell – überboten durch den Weg der Vereinigung: so *Jonas* 100, der das moderne Subjekt-Objekt-Schema einträgt. Aber Philon hätte wohl kaum einen Unterschied zwischen diesen Weisen der Erkenntnis bemerkt; das Sehen wird ja als Erfüllung mit himmlischem Licht beschrieben.

[278] Nach her 259–262 bezeugt die Schrift jedem Edlen prophetischen Charakter. Vgl. z. St. *Brandenburger* 128–134. Zusammenstellung der Termini bei *Völker* 290 f.

Hier soll nicht das Konglomerat jüdischer und griechischer Vorstellungen untersucht werden, mit dem Philon diese höchste Erkenntnisstufe umschreibt[279], noch wollen wir der Frage nachgehen, ob er dabei auf eigene Erfahrungen zurückgreifen kann[280]. Uns interessiert nur, wie hier Gottes Gnade geradezu augenfällig wird. Ohne daß der Begriff auftaucht, impliziert schon der Impuls des himmlischen Eros, daß die Seele vom Seienden geführt und zu ihm hinaufgezogen wird[281]. Vor allem aber zeichnet ekstatische Erkenntnis aus, daß der νοῦς dabei im Menschen untergeht[282]. Nicht nur die Sinne vergehen, sondern das Unversehene, Göttlich-Andersartige der prophetischen Eingebung schließt die Eigentätigkeit des Geistes aus. Er muß seine Ohnmacht eingestehen[283].
Die alleinige Aktivität Gottes im Ekstatiker kommt nun an einer vielbe-

---

[279] Nach Phaidros 249D bewirkt die Erinnerung an das in der Präexistenz Gesehene ein ἐνθουσιάζειν bzw. μανία. Philon setzt für die ἀνάμνησις die Prophetie (vgl. *Wolfson* II 7 ff), die er als einzige Art von Verzückung anerkennt. Während *Leisegang* den rein griechischen Ursprung solcher Geistbegabung behauptete, gibt *Lewy* 57 f.63 ff zu bedenken, daß schon in der jüdischen Weisheitsliteratur das prophetische Pneuma auf das Weisheitspneuma übertragen wurde. *Brandenburger* 124 ergänzt: die Vorstellung eines charismatischen Weisheitspneumas ist schon alt. Wie *Leisegang* gezeigt hat, vermeidet Philon πνεῦμα aus sprachlichen Gründen; vgl. aber im Zusammenhang von Prophetie her 265; spec IV 49; qGen III 9. – Vgl. ferner *Sellin* 143 ff; *Wedderburn* 254 f.283.

[280] Er schildert bekanntlich exegetische Disclosure-Erlebnisse als göttliche Besessenheit und Geistanhauch (vgl. cher 27; migr 34 f; somn II 252), wofür die dem Sokrates gewohnheitsmäßig durch das Daimonion gewährte Sehergabe (vgl. Platon, Apologie 40A) Modell steht. Ein Exeget, dem nicht viel Neues einfällt, kann die existentielle Echtheit dieser Schreibtischekstasen nachfühlen. Sie gründen sachlich darin, daß Philon es als Gottes Gabe empfindet, wenn er mit der einzig diesem gemäßen, d. h. allegorischen Auslegung auf seine Spur kommt. Mit echten Erlebnissen rechnet z. B. *W. Bousset – H. Greßmann*, Die Religion des Judentums im späthellenistischen Zeitalter (HNT 21) Tübingen ⁴1966, 450 ff; kritisch jedoch *Pohlenz*, Philon 368 ff; *Völker* 279 ff (Modejargon, dagegen *Thyen*, ThR 23 [1955] 241); *Winston*, Logos 53 ff; *Siegert*, Philon 91 ff.

[281] Her 70; s. o. 2 c. Das Herausführen von Gen 15,5 (her 76–85) bedeutet auch die Befreiung von dem Schein, aus eigenen Kräften etwas denken und erfassen zu können (her 85). *Völker* 302 f: So notwendig menschliche Anstrengung zur Vorbereitung auf die Ekstase ist, sie ist niemals entscheidend.

[282] Philon geht her 263 ff von Gen 15,12 aus, wonach die Ekstase bei Sonnenuntergang über Abraham kam. Vgl. *Sellin* 151 ff; *Wedderburn* 259 ff; *Siegert*, Philon 88 ff. *Lewy* 48 ff hatte darauf hingewiesen, daß die antike Genielehre teilweise im Gegensatz dazu am ständigen Wachsein der menschlichen Ratio selbst im Zustand der göttlichen Inspiration festhält.

[283] Vgl. somn I 118 f mit einer anscheinend traditionellen Auslegung des Sonnenuntergangs Gen 28,11.

achteten Stelle[284] mit χάρις zum Ausdruck. Im Zusammenhang ebr 143–152 stellt Philon Samuel, den Gott zugeordneten Geist, als Sohn der Hanna vor, deren Name übersetzt χάρις laute:

> „denn ohne göttliche Gnade ist es unmöglich, die Reihen der sterblichen Dinge zu verlassen bzw. immer beim Unvergänglichen zu verbleiben. Die Seele aber, die von Gnade erfüllt ist, wird sofort froh, lächelt und tanzt; sie ist nämlich von bakchischem Taumel ergriffen..." (145 f)

Die Gnade wirkt hier also wie sonst das göttliche Pneuma bei den Geisterfüllten. Statt dessen heißt es 146.149 χάριτος bzw. χαρίτων τοῦ θεοῦ πληροῦσθαι[285].

Die Unbewußtheit des Enthusiasmus schließt aus, daß man diesen Zustand berechnend herbeiführen kann. In diesem Zusammenhang heißt es sacr 10

> „Gott braucht den, der Gutes erleidet, nicht als Ratgeber für das, was er schenken soll, sondern ist gewohnt, seine neidlosen Wohltaten dem Ahnungslosen darzureichen".
> „Die überströmenden göttlichen Gnadengaben[286], die in der Schöpfung schneller als alle Dinge sind, kommen jeglichem Wort und Gedanken zuvor" (qGen IV 96).

An dieser Stelle sind die χάριτες zugleich Kräfte der Schöpfung und der Inspiration.

Zusammenfassung

Gegenüber den tastenden Versuchen, Gott über die Welt zu erkennen, die oft beim Sichtbaren stehenbleiben (Stoa), zeigt Philon an den Gründergestalten Israels eine Gottesgewißheit auf, die auf der Selbsterschließung Gottes gründet. Das Modell vom Aufstieg liefert Platon, nur daß das Verlangen des Menschen noch über die Welt der Ideen hinausgeht. Nega-

---

[284] Vgl. etwa *Lewy* 3–8.

[285] Vgl. *Daniélou* 195–198; *Sellin* 149. Die Ausdrucksweise belegt für *Lewy* 7 (dagegen *Völker* 312 Anm. 2), daß die χάρις hier als „göttliches Fluidum" gedacht ist. Aber der Plural zeigt, daß der ursprüngliche Sinn „Wohltat" beibehalten ist. Vgl. das nächste Zitat. *Sandelin* 113 meint, eine „emanative" Linie habe durch allegorische Interpretation ein Korrektiv bekommen.

[286] *Marcus* setzt αἱ θεῖαι χάριτες αἱ ὑπερβάλλουσαι voraus.

tive Vorbedingung ist jedesmal eine Loslösung vom Irdisch-Sinnlichen; die eigentliche Schau aber ist von Gott selbst ermöglicht, was besonders in der Begrifflichkeit von Inspiration und Ekstase, manchmal auch mit χάρις ausdrücklich wird. Besonders an Mose kann man sehen, wie damit eine Verwandlung ins Geistige, Gottgemäße, eine Überwindung jeglicher Dualität verbunden ist[287].

Mit dem Bestreben, die Väter Israels zu verherrlichen und damit indirekt die Überlegenheit der jüdischen Offenbarungsreligion zu sichern, geht aber eine Tendenz Hand in Hand, das Geheimnis zu steigern, Gott sozusagen nicht zur Billigware verkommen zu lassen. Deshalb bleibt er in seinem Wesen auch den Gottschauenden vorenthalten. Die oft bemerkten Widersprüche und Schwankungen liegen jedoch nur an der Oberfläche. In Wahrheit greifen beide Bestrebungen ineinander und lassen ein attraktives Bild eines heilsamen Mysteriums entstehen, dessen Mystagoge Mose ist, d. h. das über die inspiriert ausgelegte Schrift der Juden zugänglich ist. Hier kann gerade rechte Philosophie als contemplatio mundi betrieben werden[288].

4. χάρις und Lohn[289]

Die Bibeltexte, besonders Lev 26 und Dtn 28, geben Philon Segen und Fluch, entsprechend dem menschlichen Handeln, vor. Aber auch in der philosophischen Tradition ist der Lohngedanke nicht verpönt. Nachdem Platon im Staat die Gerechtigkeit an sich als das beste für die Seele – unabhängig vom Ergehen – dargestellt hat, handelt er 612ff von den Belohnungen (μισθοί, νικητήρια, ἆθλα) in diesem Leben und nach dem Tod. Damit hält er für Philon einen großen Teil des einschlägigen Voka-

---

[287] Vgl. vor allem noch qEx II 46, wo Mose dem erdgeborenen ersten Menschen gegenübergestellt wird. Philon verarbeitet hier die biblische Überlieferung vom 40tägigen Fasten und von der Verklärung des Mose; vgl. all III 141f; somn I 36; Mos II 69f. Er nimmt gleichsam die jüdisch-hellenistische Tradition von der Entrückung des Mose am Ende vorweg (vgl. Mos II 288), die er sacr 10 als Gottbesessenheit interpretiert.

[288] Vgl. *Nikiprowetzky*, commentaire 121–132. Die Überlegenheit der Jünger des Mose läßt sich deshalb nicht einfach mit dem Gegensatz von Philosophie und Offenbarung umschreiben (gegen *Wolfson* II 88ff), weil Philon beides als harmonische Einheit sieht.

[289] Vgl. *Völker* 219.234.255f; *Wolfson* II 279–303, der die Theodizeefrage einschließt; der Aufsatz von *Sandmel*, virtue ist leider nicht so umfassend, wie der Titel verspricht.

bulars[290] bereit. Mit Platon und der Popularphilosophie pflegt dieser die agonale Metaphorik (z. B. agr 110–121), die natürlich vor allem auf Jakob, den Athleten, paßt.

Die Lohnverheißung hat auch zunächst auf der Ebene des προκόπτων ihren Sinn. Äußere Güter wie Nachkommenschaft[291], die Ämter des Mose, der Priester und Leviten[292] können als Belohnung für tugendhaftes Verhalten erscheinen. Der Fall des kriegerischen Pinḥas, dem Gott als Ehrengeschenk für seinen Tugendeifer Seelenfriede und die Priesterwürde vermacht[293], verdeutlicht, daß Philon eher an der inneren Adäquatheit liegt. So wird man auch eschatologische Verheißungen[294], die er in traditioneller Sprache als Lohn in Aussicht stellt, als Dimensionen des jetzigen Tuns verstehen müssen, zumal er sie zumindest in den allegorischen Schriften im „Leben der Seele" vergegenwärtigt. Die im sittlichen Handeln liegende Verwandtschaft mit Gott wird markiert.

In welcher Beziehung stehen Tugend und Lohn zueinander? Vertritt Philon eine Verdienstethik? Zunächst einmal bleibt auch der Lohn eine Gabe Gottes, was schon daraus hervorgeht, daß die genannten Begriffe mit δωρεά und χάρις wechseln können[295]. Sie wird nicht automatisch erwirkt, sondern praem 126 versteht die Segenszusagen von Lev und Dtn als „Gebetswünsche (εὐχαί) für die guten und die Gesetze mit Werken vollbringenden Menschen, die – wie die Schrift sagt – in Erfüllung gehen

---

[290] Neben den drei genannten Begriffen gebraucht Philon oft γέρας (Auszeichnung), das aber nicht immer voraufgehende Mühe mitbesagt. Zum Bildmaterial des Wettkampfes gehören noch στέφανοι (Kränze) und βραβεῖα (Trophäen), deren Verkörperung Tamar – als Siegespalme gedeutet (all III 74) – ist. Zu den Synonyma vgl. *Harl* 18 Anm. 1; 58 Anm. 2. Dazu kommt noch das biblische κλῆρος.

[291] S. o. 3 a zu Abr. Vgl. zu Sara Abr 254.

[292] Vgl. z. B. Mos I 148; II 67.142.160.173.274; spec I 79; II 183; praem 53.

[293] Vgl. all III 242; post 183; conf 57; ebr 74.76; Mos I 304; spec I 57. Daß hier regelmäßig die Idee des Kampfpreises begegnet, ist durch διαθήκη in Num 25,12 ausgelöst.

[294] Z. B. ewiges Leben fug 97, Unsterblichkeit congr 108; spec II 262; Platz im Himmel für den Proselyten praem 152. Der eschatologische Ausblick am Ende von praem 163–172 soll erst im Paulus-Teil zur Sprache kommen.

[295] Vgl. die Auslegung der Geschenke an Abraham migr 53–108, die 109 als ἆθλα bezeichnet werden. *Cazeaux*, in: *Arnaldez u. a.*, œuvres plädiert allerdings für die allgemein verbesserte Lesung ἐσθλά. Vgl. den Übergang von ἆθλα zu αἱ τῶν χαρίτων ὑπερβολαί Abr. 38f, von δωρεαί zu ἆθλα ebd. 46f. Nur her 26 scheint μισθός ein vollkommeneres Gut als χάρις und δωρεά zu sein. Vgl. auch Mos II 242; dazu I B 3. – Plant 85–93 bestimmt mit θεὸς αἰώνιος (Gen 21,33) die „Frucht" des Glaubens Abrahams als Verewigung der göttlichen χάριτες.

werden durch die Gnade des gebefreudigen Gottes, der das Schöne wegen der Ähnlichkeit mit ihm heraushebt und ehrt".

Ferner fällt gerade in dem thematisch relevanten Traktat de praemiis auf, daß die Kampfpreise, die bestimmten Menschentypen zugeordnet werden, eher deren Wesensgehalt charakterisieren[296]. Oft erscheint eine größere Tugend, z.B. die πίστις[297], als Lohn einer geringeren. Die sittliche Anstrengung erntet die mühelose Weisheit bzw. die Gottesschau als Siegespreis[298]. Oder das Gott-Wohlgefällig-Sein gilt selbst als ehrenhaftestes ἆθλον (mut 47f). Das alles deutet in die Richtung der stoischen Maxime „Der Lohn der Tugend ist sie selbst"[299], die Philon verschiedentlich selbst ausspricht[300].

Issachar, der das Symbol des gute Werke mit Mühe Vollbringenden, um Lohn Arbeitenden ist, wird gegenüber Juda, dem dankenden Bekennen, abgewertet; er bedarf der Körperlichkeit[301]. Jakob, der Streiter, erhält paradoxerweise als Kranz die Lähmung, was Philon auf den Verzicht des in Tugendkämpfen Vollendeten auf Sich-Rühmen (οἴησις) deutet, der den ersten Preis Gott überläßt[302]. Abraham schließlich verehrt Gott nicht, um Gutes zu erlangen oder gar aus Furcht, sondern um seiner selbst willen[303]. Er bekommt zwar auch Kampfpreise: die der Freundschaft.

---

[296] Vgl. 13f.15f.27.31.46ff.49ff; Analyse bei *Sandmel,* virtue 220ff.

[297] Vgl. conf 30f; migr 44 – 133ff ist die Einsicht in das Nicht-Wissen das der Siegeskränze würdige Ziel –; praem 27.49.

[298] Vgl. imm 92–96 mit Dtn 6,10f; congr 37f; mut 81f; praem 36.46f.

[299] Vgl. Cicero, fin. II 72 officii fructus ipsum officium; Seneca, ben. IV 1,3 Rerum honestarum pretium in ipsis est; Epiktet, diss. III 24,51f (ἔπαθλον); SVF III 45: ipsam virtutem esse pro praemio, etiamsi nulla sint praemia.

[300] Vgl. plant 136; somn II 34 „vielleicht waren die Werke selbst der vollkommene Lohn"; spec II 257–262 expliziert die ἆθλα der ersten fünf Gebote: Gott allein dienen ist schon in sich höchste Auszeichnung (258f; vgl. fug 40.47). Auch wer die Eltern aufnimmt, wird im Werk selbst den Kampfpreis finden. Der Wortlaut der Schrift führt allerdings noch auf einen zweiten außer dem Besitz der Tugend: die Unsterblichkeit (261f).

[301] Vgl. all I 80–84; plant 134ff; ebr 94; somn II 34.38. Ich sehe aber nicht – gegen *Laporte* 235ff –, daß Issachar sich die Verdienste seines Fortschritts selbst zurechnet, anstatt Gott Dank zu sagen.

[302] Vgl. somn I 130ff; praem 47f.

[303] Vgl. Abr. 124–130, vgl. o. 3a Ende. Zu „die Tugend um ihrer selbst willen ehren" verweist *Völker* 219 Anm. 3 auf all III 167; sobr 15 und die stoische Parallele Diog. Laertius VII 89 (vgl. 127). Weitere philosophische Gewährsmänner nennt *Wolfson* II 285. Die Formel sei aber ein „counsel of despair", erwachsen aus der Beobachtung, daß kein anderer Lohn mit Sicherheit zu erwarten ist (286) (?). Philon kombiniere die philosophische Tradition mit der jüdischen vom Dienst aus Liebe (288; vgl. 296f).

Aber dieser Lohn ist nicht das Motiv seines Dienstes. So sollte man in dieser Sache bei Philon nicht wieder die vielberufene Zweigleisigkeit konstatieren, wie das *Völker* und *Sandmel* tun. Die Aussagen haben ein deutliches Gefälle. Tugend um des Lohnes willen ist jedenfalls etwas Kindisches[304] im Vergleich zum Gottesdienst des Vollkommenen.

Wie Abraham zielt der Tugendhafte auf nichts außerhalb Gottes, er sucht nur seine Freundschaft (vgl. cont 90 von den Therapeuten) als γέρας, ihn selbst als Erbe[305].

Das zeigt noch einmal eine um Gen 17,1f kreisende Exegese mut 51ff, die das Parallelwort διαθήκη verwendet. Philon hört aus ihm τίθημι und die profane Bedeutung „Testament" heraus[306]. Auf die Forderung Gottes Abraham gegenüber „Sei wohlgefällig vor mir und sei ohne Tadel" folgt die Zusage „Und ich werde machen mein Vermächtnis zwischen mir und dir". Das ist der Anteil (κλῆρος) dessen, der dieses tadellose Leben gewählt hat. Zunächst betont Philon durchaus die Würdigkeit des Empfängers:

> „Testamente werden aber zum Nutzen derer geschrieben, die des Geschenkes (δωρεά) würdig sind, so daß die διαθήκη ein Sinnbild der χάρις ist, die Gott mitten zwischen sich, den Darreichenden, und den empfangenden Menschen gesetzt (τιθέναι) hat. Überschwang der Wohltätigkeit aber ist es, wenn nichts zwischen Gott und der Seele ist als seine jungfräuliche Wohltat".

Dieselbe Bedeutung findet Philon in der Wiederholung V. 4:

> „Es gibt vielerlei Arten von Vermächtnis, die Wohltaten und Geschenke den Würdigen zuteilen; die oberste Art von Vermächtnis aber bin ich selber ... Aller Wohltaten Anfang und Quelle bin ich selber" (58).

Während Gott seine Wohltaten den einen durch andere Dinge wie Elemente und Gestirne spendet, erweist er sie denen, denen er sich als Erbe

---

[304] Vgl. sobr 15; fug 40; ganz ähnlich übrigens Epiktet, diss. III 24,53.

[305] Das wird biblisch mit Num 18,20, Dtn 10,9 von den Leviten ausgesagt (vgl. plant 63f), die sich an Gott halten (ἔχεσθαι mit Dtn 30,20); vgl. *Harl* 145 Anm. 5 und 148 Anm. 3 mit weiteren Stellen. Auch hier betont Philon die Entsprechung: „Wenn du Gott als Los deines Denkens haben willst, werde selbst auf würdige Weise vorher sein Los" (mut 26).

[306] Dazu *Jaubert* 414–437. *Horbury* 43ff setzt sich für die weitere Bedeutung „disposition" bzw. „grant" ein. Die testamentarische Situation muß nicht immer mit bedacht sein, ist jedoch qGen II 10 unübersehbar (freilich von *Horbury* übersehen).

zusagt, durch sich selber[307]. Das δι'ἑαυτοῦ μόνου korrespondiert mit dem δι'ἐμὲ αὐτόν des uneigennützigen menschlichen Dienstes. Philon kennt zwar keinen blassen sittlichen Idealismus, der ohne menschliche Qualifikation und die daraus entspringende, von Gott geschenkte εὐδαιμονία auskommt, aber beides ist in seiner vollkommenen Verwirklichung personal überformt. Die unmittelbare Gottesgemeinschaft, die ungetrübt ist von Nebenabsichten – deshalb durch die „jungfräuliche" χάρις signifiziert –, ist das Ziel des ethischen Strebens.

Philons dialektische Position erhellt noch einmal aus seiner Auslegung von Gen 22,16f, des Segenswortes, mit dem Gott auf die Bereitschaft Abrahams, seinen Sohn zu opfern, antwortet. Die Wendung „weil du das getan hast" lädt geradezu dazu ein, diese als Verdienst einzustufen. Tatsächlich betrachtet sie Philon all III 209 als Symbol der Frömmigkeit. Diese wird aber sofort definiert als „alles um Gottes allein willen tun". Und dann ist doch auch die Glückseligkeit, die der εὐσέβεια zukommt, niemand anderes als Isaak, den Abraham darzubringen bereit war. D.h.:

> „Wir schonen des geliebten Kindes der Tugend, des Glücklichseins, nicht, indem wir es dem Schöpfer zugestehen und dafür halten, daß das Erzeugnis würdiger Besitz Gottes, aber nicht eines Geschaffenen, ist".

An Isaak wird klar, daß menschliche Erfüllung, auf die Tugend aus ist, nicht vom Menschen aus machbar ist.

Tugendhaftigkeit ist erfordert; dennoch bringt der Gerechte (Noah), dem Gott Gen 6,18 seine διαθήκη gibt, eigentlich nichts an Eigenbesitz mit:

> „Zunächst kündigt er (Gott) an, daß niemand Erbe des göttlichen Wesens[308] sein wird als der Tugendhafte ... Da er ewig ist, gibt er den Weisen Anteil an seinem Erbe und freut sich an ihrem Überfluß. Denn er, der alles besitzt, bedarf nichts; die aber alles entbehren, besitzen in Wahrheit nichts. Deshalb tut er, gnädig wie er ist, Gutes den Würdigen, indem er ihnen verleiht (χαρίζεσθαι), was sie entbehren" (qGen II 10).

Obwohl die Wohltat nur „Würdigen" zuteil wird, gibt es doch eine „wahre" Sicht der Verhältnisse, in der die Menschen arm und bedürftig erscheinen. Dies anzuerkennen, daß der Mensch nichts, Gott alles besitzt, macht gerade die Würdigkeit aus. Darauf richten wir nun zum Schluß noch unser Augenmerk.

---

[307] Ebd. 59. Vgl. die Parallele qGen III 42; dazu *Jaubert* 431ff.

[308] *Jaubert* 423–426 macht mit der Parallele somn II 222f einleuchtend, daß damit die Gabe der stabilité – wie bei Mose – gemeint ist.

E) Dankbares Bekenntnis zur Gnade als höchste Tugend

In diesem letzten Abschnitt soll die menschliche Reaktion gegenüber der χάρις Gottes, oder besser gesagt: das Selbstverständnis des Menschen aus der Gnade umrissen werden. Da dies bereits der Gegenstand des Buches von *Laporte* ist – er zäumt allerdings das Pferd vom Schwanz her auf, indem er erst im Kap. IV die Gnadentheologie behandelt –, können wir die Diskussion der Texte kürzer halten, obwohl Philon hier oft die schönsten exegetischen Fündchen bietet.

1. Das Geständnis der Nichtigkeit und Unwürdigkeit

Beim zuletzt besprochenen Text aus mut, in dem Gott sich selbst mit allen Wohltaten dem Würdigen versprach, haben wir einen Abschnitt (54 ff) ausgelassen. Zwischen den beiden Zusagen der διαθήκη fällt Abraham auf sein Angesicht (Gen 17,3).

> „Sollte er nicht durch die göttlichen Versprechungen sich selbst erkennen und die Nichtigkeit des sterblichen Geschlechts und vor dem Stehenden niederfallen, um so seine Überzeugung, die er von sich und Gott hatte, zu äußern..."

Er gleitet nicht unwillkürlich aus, sondern fällt freiwillig auf sein Angesicht. Damit bezeugt er, daß sowohl die Sinne wie die Rede und der Geist von sich aus unfähig sind, ihre Funktion zu erfüllen[309]. Die Verheißung der χάρις löst die Erkenntnis der eigenen Nichtigkeit aus; diese aber „bewundert" Gott wieder und teilt sich daraufhin mit Gen 17,4 mit (57).

Ähnlich formuliert her 24–30 die Gedanken Abrahams unter Anspielung auf Gen 18,27:

> „Denn ich habe gelernt, meine eigene Nichtigkeit zu ermessen und die überschwenglichen Extreme deiner Wohltaten (εὐεργεσίαι) voll in den Blick zu bekommen; und erst wenn ich mich als ‚Staub und Asche' oder noch etwas Geringeres wahrnehme, dann wage ich es, vor dir zu erscheinen, demütig ge-

---

[309] Ähnlich deutet Philon das Niederfallen Abrahams Gen 17,17 mut 155f; qGen III 55. *H. D. Betz*, Der Apostel Paulus und die sokratische Tradition (BhTh 45) Tübingen 1972, 127ff lokalisiert den Text in der delphischen Ethik der Selbsterkenntnis.

worden, in den Staub hingeworfen wie einer, der – in sein Element aufgelöst – keinen Bestand zu haben scheint … da nun einmal dann der Zeitpunkt für die Schöpfung ist, vor den Schöpfer hinzutreten, wenn sie ihre eigene Nichtigkeit erkannt hat" (29f)[310].

Das Eingeständnis der eigenen irdischen Hinfälligkeit macht das Gebet würdig, vor Gott zu gelangen (vgl. qGen IV 28).

Die Rücksicht auf die Würdigkeit bleibt notwendig, wenn Gott seine Gnade nicht gleichsam mit der Gießkanne verschwenden soll. So räumt Philon ja auch imm 105 der herkömmlichen Deutung des „Gnade-Findens" Gen 6,8 als Wohlgefällig-Sein ein gewisses Recht ein:

> „wobei die Alleinursache die der Geschenke für würdig hält, die die göttliche Münzprägung in ihrem Innern, die hochheilige Vernunft, nicht mit schimpflichen Beschäftigungen verderben".

Aber dem ontologischen Tiefenblick hält auch die Rede von der Würdigkeit nicht stand[311]. Vor allem darf sich kein Mensch selbst der Gnade für würdig erachten. Dies wird in der Erörterung sacr 52–58 am deutlichsten[312]. Philon wendet sich hier mit Mahnungen des Dtn gegen alle, die nicht sofort Gott die Gelübde, d. h. den Gott geschuldeten Dank abstatten. Dabei werden drei Gruppen unterschieden:

– Die einen vergaßen die empfangenen Wohltaten und brachten sich dadurch um einen großen Besitz: die Dankbarkeit. An sie geht Dtn 8,12–14, woran Philon die Überlegung anschließt:
„denn wenn du deiner eigenen Nichtigkeit in allen Dingen eingedenk bist, wirst du auch der Überlegenheit Gottes in allen Dingen gedenken" (55 Ende).
– Die andern hielten sich aus übergroßem Dünkel (οἴησις) selbst für die Urheber der ihnen zugefallenen Güter. Sie werden durch Dtn 8,17f zurechtgewiesen (56; ebenso agr 172 im Zusammenhang 169–173).
– Die dritten stehen der Schwere der Sünde nach dazwischen; sie sind offensichtlich in frommen Kreisen zu suchen:
„Sie erkennen als Ursache der Güter den führenden Geist (= Gott) an, behaupten aber, sie hätten sie billigerweise erlangt, da sie verständig, tapfer, beherrscht und gerecht seien, so daß sie deswegen auch bei Gott der Wohltaten (χάριτες) für würdig erachtet worden seien" (54 Ende).

---

[310] Vgl. die Parallelen imm 161; somn I 60 mit dem Wortspiel zwischen γινώσκειν und ἀπογινώσκειν ἑαυτόν. 214; qGen IV 28. Zur οὐδένεια vgl. *Harl* 25 Anm. 3. Zum rituellen Fasten als ταπεινοῦν 140f.
[311] Vgl. imm 106 im Textrahmen am Anfang von B, dazu unter D 1c.
[312] Der Text ist ausführlicher bei *Heiligenthal,* Werke 275ff behandelt.

Sie müssen sich durch Dtn 9,5 belehren lassen:

„Nicht wegen deiner Gerechtigkeit noch wegen der Heiligkeit deines Herzens
wirst du ins Land gelangen, um es zu erben, sondern' 1. ‚wegen des Frevels
dieser Völker', wobei Gott Vernichtung über die Laster bringt, 2. ‚damit er den
Bund aufrichte, den er unseren Vätern geschworen hat'.
Der Bund aber stellt sinnbildlich seine Gnadengaben (χάριτες) dar" (57).

Wie das Dtn b\u1ecbrit als einseitigen Schwur Gottes an die Erzväter verstand,
so nimmt Philon διαθήκη als Testament, das meist Schenkungen enthält.
Die Tugenden, deren sich die Israeliten rühmen, sind ihnen in Wirklichkeit geschenkt worden. Der Text fährt nämlich fort:

„Es ist aber für ihn heiliges Recht, nichts unvollkommenes zu schenken[313], so
daß alle Geschenke des Ungewordenen vollständig und vollkommen sind; etwas
Vollkommenes unter den Seienden aber ist die Tugend und die ihr gemäßen
Handlungen" (57).

Die Tugenden sind – wie wir gesehen haben – in ihrer Vollendung das
Erzeugnis Gottes. Es ergibt sich also das Paradox, daß Gott den ihrer
wert erachtet, der seine totale Unfähigkeit zugibt. Das Würdig-Sein in der
Sicht Gottes ist das Unwürdig-Sein in der Sicht des Menschen[314].

2. Zwei Grundhaltungen: Selbstsucht und Dankbarkeit

Meistens differenziert Philon nicht wie in sacr 52–58 zwischen totaler
Gottvergessenheit und der Überheblichkeit der Frommen, sondern zeichnet schwarz-weiß zwei menschliche Möglichkeiten:

„Da es zweierlei Geist (νοῦς) gibt, den des Alls, welcher Gott ist, und den
eigenen, flieht der eine vor dem eigenen zu dem des Alls – denn wer den eigenen

---

[313] χαρίζεσθαι. Die Übersetzung *Leisegangs* in: Cohn u. a., Philo „nach göttlichem Gesetze aber hat nichts Unvollkommenes an seiner Gnade teil" verfehlt
den Sinn. Noch verkehrter ist die Paraphrase von *Heiligenthal* 276: „nichts
Unvollkommenes ist fähig, in adäquater Weise zu danken"; das heißt χαρίζεσθαι nie.

[314] Das wird somn I 210ff ausdrücklich: Der Gesetzgeber schreibt Num 19,17ff
vor, daß sich die Opfernden zuvor mit Asche und Wasser besprengen (vgl. spec
I 262–266). „Er hielt niemand der Opfer für würdig, der sich nicht zuvor selbst
erkannt und die menschliche Nichtigkeit begriffen hat, indem er aus den Elementen, aus denen er zusammengesetzt ist, schließt, daß er nichts würdig ist"
(212).

Geist verläßt, bekennt damit, daß das dem menschlichen Geist Entsprechende nichts ist, und macht vielmehr alles an Gott fest –, der andere aber läuft von Gott weg und erklärt ihn für die Ursache von nichts, sondern sich selber für die alles Werdenden" (all III 29 im Auslegungskontext von 28–48).

„Damit wird ungefähr der epikureische Standpunkt wiedergegeben"[315]. Von einer relativen Eigenleistung des menschlichen Geistes ist so wenig die Rede, weil Philon die Gefahr scheut, er könne sie sich selbst anmaßen. Deshalb muß auch in der Ekstase der göttliche an die Stelle des menschlichen Geistes treten.

a) Der auf sich zentrierte Geist

Schon Platon sieht in der übergroßen (!) Liebe zu sich selbst die Ursache für die Fehleinschätzung des Gerechten und Guten und damit das größte aller Übel (Gesetze 731D/732B). Während Aristoteles (Nik. Ethik 1168B) eine höherstehende Selbstliebe verteidigt, stellt Philon die φιλαυτία schroff der Gottesliebe entgegen[316]. Ihr Vertreter ist Kain, dessen Name „Besitz" bedeutet; er hält alles, besonders die geistigen Errungenschaften, für seinen Erwerb und sein Eigentum[317]. Alles ist ihm „Gnade" des eigenen Geistes, wie Philon mit früheren allegorischen Erklärern aus dem Namen seines Sohnes Henoch Gen 4,17 herausliest (post 35f.66; conf 122f); das bessere Verständnis von χάρις σου, das sich natürlich besonders bei dem gottgefälligen Henoch von Gen 5,18–24 nahelegt, ist jedoch, alles Schöne in der Schöpfung den göttlichen χάριτες zuzuschreiben (post 41f; conf 127).

Undankbarkeit und Selbstsucht werden vom wahnhaften Dünkel (οἴησις) hervorgebracht (sacr 58), der letztlich in der sinnlichen Komponente des Menschen seinen Ursprung hat[318]. Die Selbstliebe ist jedoch als be-

---

[315] So *Heinemann* in seiner Anm. bei *Cohn u. a.*, Philo.

[316] Vgl. *Warnach;* er arbeitet heraus, wie sehr die Bestreitung der Vernunftautonomie antikem Denken zuwiderläuft. – Plutarch, Mor. 48EF.65E (parallel οἴησις) knüpft wieder an Platon an.

[317] Abel dagegen bezieht alles auf Gott. Vgl. z. B. sacr 2f. Weitere Stellen im Index von *Colson* X 295f. Ähnlich wie bei Platon ist die Selbstliebe mit der δόξα gepaart (vgl. post 33–38), d. h. sie führt zu Fehlurteilen. Wenn der Mensch sich nach dem Ausspruch des Sophisten Protagoras für das Maß aller Dinge hält, ehrt er die nähere Ursache, den Geist, statt der ferneren, Gott (vgl. auch conf 122–125). Vgl. *Laporte* 167.181 ff.

[318] Vgl. cher 57–65 zur Geburt des Kain aus Eva, der Sinnlichkeit.

wußter, freiwilliger Akt von der unwillkürlich erlittenen, von außen über die Seele hereinbrechenden τροπή (Ablenkung) unterschieden (agr 173–176). Ihre Symptome sind Selbstgefälligkeit (αὐθάδεια), Überheblichkeit und Arroganz (ὑπεροψία, ἀλαζονεία), Hochnäsigkeit (τὸ ὑπέραυχον, μεγαλαυχία), Aufgeblasenheit (τῦφος)[319], gravitätischer Stolz (ὄγκος), eine selbstherrliche und selbstmächtige Sinnesart (αὐτεξούσιος καὶ αὐτοκράτωρ γνώμη)[320]. Sie äußert sich im Sich-Erheben (ἐπαίρεσθαι, μετεωρίζειν), Sich-Aufblähen (φυσᾶσθαι)[321], hochmütigem Sich-Brüsten (μεγαλαυχεῖν, ὑπεραυχεῖν) und Sich-Rühmen (γαυριᾶν)[322].

b) Rückerstattung der Wohltat im Dank

Wie kann nun die Selbstbezogenheit überwunden werden? Eine Antwort gibt congr 130, wo Philon auf dem Unterschied zwischen λαμβάνειν und ἔχειν in der biblischen Redewendung „im Mutterleib empfangen" bzw. „haben" insistiert:

> „Die (Seelen), die zu haben meinen, schreiben sich mit hochgestochenen Reden die Wahl[323] und die Entstehung (des Guten) selber zu, die aber zu empfangen beanspruchen, bekennen damit, daß sie von sich aus nichts ihnen Zukommendes haben, sie empfangen vielmehr Same und Frucht als von außen her eingegossen[324], bewundern den Geber und stoßen so das größte Übel[325], die Selbstliebe, durch ein vollkommenes Gut, die Frömmigkeit, von sich".

---

[319] Das Wort bedeutet eigentlich „heiße Luft" und wird bei Philon vornehmlich auf den Bluff des Götzendienstes angewandt. Vgl. *P. Courcelle*, Le Typhus, maladie de l'âme d'après Philon et d'après Saint Augustin, in: Corona Gratiarum (FS E. Dekkers) Brugge – 's Gravenhage 1975, 245–288, 248–258.

[320] Vgl. her 85; diese Attribute sind sonst streng Gott reserviert; vgl. *Harl* 118f.

[321] Vgl. *Sellin* 25 Anm. 38. Ein Bild dafür ist der Sauerteig: qEx II 14.

[322] Das bei Paulus wichtige καύχησις kommt allerdings nur congr 107 vor: Die sich erniedrigen sind die μὴ καυχήσει καὶ οἰήσει φυσώμενοι (die sich nicht durch Ruhm und Dünkel aufblähen). Für die übrigen, recht häufigen Begriffe sei generell auf die Indizes verwiesen.

[323] *M. Alexandre*, in: *Arnaldez u. a.*, œuvres, setzt sich mit Grund für die Lesart αἵρεσις ein. Der sittlichen Wahl und der Hervorbringung des Guten entspricht dann bildhaft σπέρματα und γοναί.

[324] ἀρδομένας. Zur Übersetzung vgl. wieder *Alexandre*, die auch auf Platon, Phaidros 251BC.255C als Quellort verweist.

[325] *Alexandre* vermerkt in ihrer note complémentaire XIV die Anspielung auf Platon, Gesetze 731D.

Die ϑεοσέβεια verwirklicht sich aber als Dank, in dem man Gott – gemäß antiker Auffassung (s. I A, B 3) – das Empfangene anerkennend zurück- gibt[326]. So enthält das Gotteswort „Nimm für mich" (Gen 15,9) folgende zwei Lehren, wobei einmal λάβε, dann μοι ausgeschlachtet wird:

> „1. Nichts Gutes, was du hast, ist dein eigen; was du zu haben (ἔχειν) meinst, hat ein anderer dir gewährt. Daraus folgt, daß alle Besitztümer Gott, dem Gebenden, gehören, aber nicht der Bettlerin Schöpfung, die die Hände zum Empfang (λαβεῖν) ausstreckt.
> 2. Auch wenn du empfängst, empfange nicht für dich; betrachte vielmehr das Gegebene als ein Darlehen[327] oder anvertrautes Gut und gib es dem, der es anvertraut oder geliehen hat, zurück, indem du eine frühere Wohltat (χάρις) mit einer neuerlichen, die initiatorische gerecht und geziemend zurückerstattenden (ἀντεκτίνειν) vergiltst (ἀμείβειν)."[328]

Die Übersetzung Cohns gibt das zweite χάρις – obwohl es im Zusam- menhang um Opfertiere geht – sachlich richtig mit „Dankbarkeit" wieder. Wer die Schöpfung, aber auch – wie die unter 3. angeführten Texte bele- gen – die sittliche Vollendung als χάρις entdeckt, muß gerechterweise dafür Dank sagen. Das tut er allerdings nicht im neutralen Raum. Das εὐχαριστεῖν hat Heilsbedeutung, weil der Mensch sich nur so dem ver- derblichen Magnetfeld des Ich entzieht, indem er zu Gott flüchtet.

---

[326] Hier bestätigt sich die These von *Heiligenthal* (s. I Anm. 46).
[327] Sachliche Parallele cher 116–119; zum δάνειον vgl. *Harl* 33. Daß die Vorstel- lung in der antiken Wohltätigkeitsethik begegnet, haben wir I Anm. 36 gesehen. Für das menschliche Dasein als Darlehen verweist *Harl* auf Platon, Timaios 42E (die Bestandteile des Menschen vom Kosmos geliehen); *Runia*, Philo 222f gibt bessere davon angeregte Philonstellen. *Winston*, Philo 346 Anm. 170 führt dazu Ps-Platon, Axiochus 367B; 364 Anm. 390 Seneca, Cons. ad Polybium X 4f an; es handelt sich um einen Topos des Trostes bei frühzeitigem Tod. Jedesmal ist die Natur Eigentümer; so auch Cicero, Tusc. I 93. Der Gedanke scheint auch in der stoischen Erinnerung der „Aufgeblasenen und sich über das Menschliche Erhebenden" an ihre Gebrechlichkeit Verwendung zu finden. Vgl. Seneca, ben. VI 3: procurator es ... non sunt vestra; in depositi causa sunt iam iamque ad alium dominum spectantia. Hier wird allerdings nicht gesagt, daß Gott der wahre Eigentümer ist. Ähnliche Funktion bei Philon spec I 293ff.
[328] Her 103f im Kontext von 102–111. Zur Terminologie I Anm. 37; *Laporte* 71f. Vgl. kürzer in der Parallele qGen III 3: „Dem Geschaffenen ist nichts zu eigen, sondern alle Dinge sind Gabe und Wohltat Gottes, dem es gefällt, daß einer, der etwas empfangen hat, mit aller Bereitwilligkeit dafür Dank sagt" (nach *Marcus*). Vgl. auch III 4 zu Gen 15,10, wo Philon ἔλαβεν δὲ αὐτῷ (= Gott – statt des zu erwartenden Reflexivpronomens) auswertet.

Das alles scheint zunächst alttestamentlich-jüdischer Frömmigkeit nicht fremd. Aber schon das Fehlen von εὐχαριστεῖν, εὐχαριστία in den kanonischen Schriften der LXX führt uns auf die Spur hellenistischer Philosophie. Besonders die mittlere Stoa wollte den Menschen von der Betrachtung des ihm zugeeigneten Weltalls zur Dankbarkeit bringen[329]. Dies ersetzt auch für die Aufgeklärten den Opferkult; dabei legt man Wert darauf, daß der Dank den Göttern eigentlich nichts schenkt, sondern ihnen nur zurückgibt, was ihnen schon gehört[330]. In der Reflexion über die Stellung des Menschen im Kosmos und seine spezifische Sprachbegabung folgert man, daß sein Vorrecht im Lob Gottes besteht[331]. Die Dankbarkeit wird zur Grundhaltung, aus der alle anderen Tugenden entspringen, so auch die religio:
„esse gratum et videri ... virtus non solum maxima, sed etiam mater virtutum omnium reliquarum ... qui sancti, qui religionum colentes, nisi qui meritam dis immortalibus gratiam iustis honoribus et memori mente persolvunt?"[332]
Die dankbare Zusammenschau der Welt auf die Vorsehung hin macht den Stoiker bescheiden und läßt ihn sich gelöst mit seiner Endlichkeit abfinden.

---

[329] Vgl. Cicero, leg. II 16: quem vero astrorum ordines ... quemque ea quae gignuntur nobis ad fruendum, non gratum esse cogunt, hunc hominem omnino numerari qui decet? – Seneca, ben. II 29,3: Quanto satius est ad contemplationem tot tantorumque beneficiorum reverti et agere gratias, quod nos in hoc pulcherrimo domicilio voluerunt secundas sortiri, quod terrenis praefecerunt! 30,2: Quicumque ergo gratos esse docet, et hominum causam agit et deorum, quibus nullius rei indigentibus, positis extra desiderium referre nihilo minus gratiam possumus. Zu Epiktet vgl. *Schubert* 132–141; *H.-J. Klauck,* Dankbar leben, dankbar sterben. Εὐχαριστεῖν bei Epiktet, in: StNTU 11 (1986) 195–213. Außer der bereits I B 4 zitierten Stelle diss. I 16,15 vgl. noch I 6,2; 12,32; II 23,5f; III 26,29f; IV 1,102–106. Typisch für ihn ist der Dank für die rechte sittliche Regung (z. B. I 19,25), vgl. *Wenschkewitz* 118f. – Aber auch die Pythagoreer empfehlen, „zur Lyra Lieder zu singen und mit einem Hymnus vernünftigen Dank für gute Götter und Menschen abzustatten": Diog. Laertius VIII 24. – Zur Danksagung für den Kosmos und seine Einzelteile bei Philon vgl. etwa spec I 209ff. Im Gegenstand des Dankes findet *Krafft* 743 weitgehende Übereinstimmung zwischen der Stoa und Philon.

[330] Vgl. Seneca, ep. 95,50: Primus est deorum cultus deos credere: deinde reddere illis maiestatem suam, reddere bonitatem sine qua nulla maiestas est ... Dabei wird das reddere im Sinn der Erwägungen ep. 81,9f zu *referre* wörtlich als freiwilliges Zurückbringen zum Geber aus Ehrfurcht zu verstehen sein. Den Göttern können wir freilich nichts anderes darbringen als unseren Willen (vgl. ben. VII 15,4f).

[331] Vgl. Epiktet, diss. I 16,19ff. Ansätze bietet bereits Platon, Timaios 90C. Vgl. dann den Zeushymnus des Kleanthes (SVF I 537, bes. Z. 33ff). Ähnliche Gedanken bei Josephus, ant. I 156; VIII 111f; Fronto, Erotikos Logos 8 (*Haines* 28). – Zur Aufgabe der Sprache, den Allvater mit Enkomien, Hymnen und Segenssprüchen zu ehren vgl. her 110. Dieses Privileg des Menschen steht im Einklang mit der Musik der himmlischen Sphären: somn I 35ff.

[332] Cicero, or. pro Cn. Plancio 80. Dagegen gilt die Undankbarkeit als Wurzel allen Übels: vgl. Cicero, Att. VIII 4,2; Seneca, ben. I 10,4; Porphyrios, ad Marc. 23 (*Nauck* 289,12f); zum Ganzen *Mott* 64f.

In diesem Ideenstrom steht auch Philon. Plant 126–131 möchte er beweisen, daß man Gott nicht recht durch Bauten, Weihegeschenke und Opfer danken kann, sondern nur durch Loblieder und Hymnen des Geistes. Dafür führt er einen alten Mythos mindestens teilweise griechischer Herkunft[333] an; danach fehlte der Schöpfung zu ihrer Vollkommenheit nur noch das Wort, das diese besingt. Daraufhin ließ der Vater des Alls aus der Μνήμη das musische und sangesfreudige Geschlecht (letztlich die Menschheit) erscheinen. Da aber das Gedächtnis (μνήμη) für die Dankbarkeit konstitutiv ist[334], kann Philon 130 den Schluß ziehen:

„Das Gott am meisten gemäße Werk ist das Wohltun, der Schöpfung aber das Danksagen, da sie sonst nichts hat, was sie darüber hinaus im Austausch als Gegenleistung gewähren könnte".

Natürlich gibt die Transzendenz des Schöpfergottes besonderen Grund zu intensiver Danksagung[335].

Der Geist, der Gott preist und unausgesetzt auf Danklieder für ihn sinnt, ist aber nun Juda, dessen Name Philon mit Gen 29,35LXX als „Bekenntnis zum Herrn" (κυρίῳ ἐξομολόγησις) interpretiert[336]. Er strebt auch

---

[333] Vgl. zur Forschung *Runia*, Philo 89 Anm. 1: Eine Schöpfungsgeschichte ist mit Hesiod, Theog. 50f kombiniert – ob tatsächlich schon vor Philon, ist durch die weniger mythische Parallele qGen I 6 fraglich. – S. 89–92 legt *Runia* dar, wie Platons „language of excellence" im Timaios den Anstoß zum hymnischen Preis des Schöpfers gab.

[334] Vgl. I Anm. 30. Vgl. auch das Referat von *Ledogar* bei *Laporte* 30f, der darauf hinweist, daß Philon hierzu in Dtn 8,17f (μνησθῆναι) noch eine biblische Stütze fand. Ähnlich unterstreicht Aristeas 153ff mit einer Mischung aus Dtn 7,18 und 10,21 die Bedeutung der μνήμη. Zu ihrer Rolle bei Philon *Laporte* 68ff.

[335] Vgl. all III 10: „Würdig ehrt niemand Gott, sondern nur gerechterweise; wenn es nicht einmal möglich ist, den Erzeugern gebührenden Dank abzustatten – denn man kann sie ja nicht wieder erzeugen –, ist es dann nicht ebenso unmöglich, Gott zu vergelten oder ihn gebührend zu loben, der doch das All aus nichts verfertigt hat? Denn alle Vortrefflichkeit hat er darin investiert". Der Vergleich von Elternehrung und Gottesdienst ist weit verbreitet; ihm liegt das Modell der dankbar zu vergeltenden Wohltaten zugrunde. Vgl. *Heiligenthal* 272ff, der unsere Stelle aber nicht zitiert. – Übrigens findet sich der Gegensatz von „würdigem" und „gerechtem" Dank schon bei Euripides, Alkestis 299–302.

[336] Vgl. plant 134f; weitere Stellen im Index *Colsons* X 357. Juda ist das Erzeugnis einer vollkommenen Sinnesart. *Laporte* stellt 55–58 fest, daß Philon dazu neigt, ἐξομολογεῖσθαι durch εὐχαριστεῖν zu ersetzen. – Wo man sachlich nichts zurückgeben kann, tritt auch bei Seneca das confiteri an die Stelle: interdum autem solutio est ipsa confessio (ep. 73,9). Weitere Stellen bei *Krafft* 740f.

nicht nach Lohn, denn „dem Dankbaren ist das Danken selber überaus genügend Lohn" (plant 136 s. o.). Es hat seinen Zweck nicht in etwas anderem. Der Dank ist überhaupt keine menschliche Leistung, sondern vollzieht sich ekstatisch, losgelöst vom Körperlichen; das schließt Philon schon aus dem ἐξ in ἐξομολογεῖν:

> „Denn wenn der Geist aus sich heraustritt und sich Gott hinaufbringt (ἀναφέρειν) wie Isaak, das Lachen, dann erst legt er das Bekenntnis zum Seienden ab; solange er aber sich als Ursache von etwas annimmt, ist er weit davon entfernt, Gott Platz einzuräumen und sich zu ihm zu bekennen; ja, selbst dieses Bekennen darf nicht als Werk der Seele betrachtet werden, sondern Gottes, der ihr die Dankbarkeit aufscheinen läßt" (all I 82).

Dasselbe läßt sich auch an Hanna veranschaulichen, die wir schon ebr 145f als von χάρις erfüllte Ekstatikerin kennengelernt haben[337]. Imm 5ff erklärt ihre Etymologie χάρις αὐτῆς als „Geschenk der Weisheit Gottes".

> „Denn als sie nach dem Empfang göttlicher Leibesfrucht schwanger wurde und die Vollendung herbeiführenden Geburtswehen hinter sich hatte, gebar sie die in die Ordnung Gottes eingeordnete Lebensart, die sie Samuel nannte..., nahm und gab sie dem Geber wieder, indem sie nichts für ihr eigenes Gut hielt, sondern für göttliche Gabe (χάρις). ... Denn wem sonst muß man danken als Gott? Wofür, wenn nicht für das von ihm Gegebene?..."

3. Spiritualisierende Umdeutung des Kultes

Der geistige Akt, alles Gott zuzuschreiben, ist für Philon das Grundmuster allen Gottesdienstes. Damit bekämpft er – mit der heidnischen und biblischen Kultkritik[338] – die naive Auffassung, man könne im Kult Gott einen Dienst erweisen[339]: Der bedarf nichts; alles Beten und Opfern ist Anerkennen seiner Gaben. Z. B. handelt Num 6,1f an sich vom Gelübde des Nasir. Mit einem Gelübde kann man dem Anschein nach Gott für sich verpflichten. Philon deutet εὐχή aber als Gebet, und zwar – wegen des μεγάλως εὔχεσθαι – als ein „großes":

---

[337] S. o. D 3 Exkurs gegen Ende. Vgl. somn I 254, wo Samuel die von Gott besessene Lebensweise ist.

[338] Vgl. die Bemerkungen von *J. Bernays,* Theophrastos' Schrift über Frömmigkeit (1866), Nachdruck Hildesheim – New York 1979, 102–131; *Wenschkewitz; Nikiprowetzky,* spiritualisation; *E. Ferguson,* Spiritual Sacrifice in Early christianity and its Environment, in: ANRW II 23,2, 1151–1189, 1152–1160.

[339] Vgl. die Aufnahme platonischer Gedanken (Eutyphron – s. I B 1) in det 55f.

„Es ist aber ein Gebet eine Forderung von Gütern von Gott, ein großes Gebet aber zu glauben, daß Gott selbst von sich aus die Ursache der Güter ist, wobei keines der anscheinend nutzbringenden Dinge mitwirkt..."[340].

Im Zug dieser Bestimmung von Kult werden nun die äußeren Vollzüge vergeistigt bzw. – da Philon ja am Jerusalemer Kult festhält – mit einer entsprechenden Sinngebung gerechtfertigt. Das ist schon genügend dargestellt worden; wir wollen nur jene Deutungen herausgreifen, die im Medium des Dankes die vielfältigen χάριτες Gottes, vor allem aber den sittlichen Werdegang des Menschen als Werk Gottes erkennen lassen.
Bei den Opfern stellt Philon bekanntlich das „Ganzopfer" an die Spitze und deutet es auf die Selbstdarbringung des Geistes, der fehlerfrei und durch die Reinigungen der vollkommenen Tugend geläutert ist[341]. Bei dieser – dem Trend der philosophischen und biblischen Kultkritik entsprechenden – Konzentration auf die rechte Gesinnung[342] steht naturgemäß der ethische Appell im Vordergrund. Aber Philon unterlegt diesen Opfern einen eucharistischen Sinn. Für sie gilt das „Gesetz über die Dankbarkeit" Num 28,2: „Ihr sollt darauf achten, mir meine Geschenke, meine Gaben, meinen Ertrag zu bringen" (migr 142). Τὰ δῶρά μου, δόματά μου, καρπώματά μου meint ursprünglich „die mir gebührenden Gaben". Doch Philon akzentuiert das Possessivpronomen: Im Dank gibt man Gott das von ihm Gegebene zurück, denn alles ist sein Besitz[343]. Der Lobpreis zeigt an, daß die Seele die erworbene Tugend nicht sich selbst verdankt. Jede Seele, die nach Rechtschaffenheit strebt, ist eine Libation, allegorisiert qEx II 71, fügt aber gleich erklärend hinzu: „d.h., wenn man

---

[340] Imm 87. Spec I 247f versteht dieses „große Gebet" als alle drei Opferarten zusammenfassendes Opfer, bei dem sich die Leute nach den materiellen Gaben von ihrem Selbst trennen und es Gott weihen.

[341] Vgl. spec I 194–201. Philon klassifiziert die Opfer nach Theophrast (bei Porphyrios, abst. II 24); vgl. *Bernays* (s. Anm. 338) 103–107. Zum Opfer des Selbst vgl. schon Aristeas 170; all III 141; fug 80f; somn I 243; III 71–74; spec I 167. 270ff; qGen II 52; im Weihrauchopfer ist das Immaterielle des vernünftigen Pneuma angedeutet: all II 56; III 11; congr 114f; spec I 171.276f; der Opferaltar (θυσιαστήριον von τηρεῖν bewahren abgeleitet) gibt zu verstehen, daß die unvergängliche Wirkung des Opfers die Dankbarkeit einer gottgefälligen Seele ist (vgl. Mos II 106f; spec I 287f. 290; qEx II 98).

[342] Vgl. *Wenschkewitz* 142–145.

[343] Vgl. all III 195f, wo die Geschenke für die Vollkommenen von den Gaben für die Fortschreitenden abgehoben werden; cher 83f spricht Philon von einer „mittleren" und einer „besseren" χάρις. Hinzu treten noch die „Früchte", von denen sich die Seele des Schaufreudigen nährt.

zuerst seine Tugend ausgießt und Gott weiht"[344]. Im ekstatischen „seine Seele Ausgießen" wird die Tugend auf ihren Ursprung zurückgeführt[345].

a) Anfang und Ende

So können wir vom Gegenstand des Opfers auf die Gabe schließen. Hierbei sind besonders zwei Arten von kultischen Vollzügen für die Genese von Tugend interessant: das Erstlingsopfer (ἀπαρχαί) und die mit τέλος (eigentlich Ende) bezeichnete Abgabe. Sie realisieren, daß man Gott für den Anfang und das Ende von allem hält (vgl. plant 77.93). Denn wenn jedes Ding Anfang, Mitte und Ende hat (qGen IV 8), so stellen doch Anfang und Ende kritische Punkte dar, an denen die Einwirkung Gottes besonders notwendig ist.

„Wie die Anfänge Gottes sind, so auch die Vollendungen..." (her 120)

Das wird am Beispiel der Pflanze und des Wissens klargemacht (121). Im Bereich dazwischen scheint[346] der Mensch etwas tun zu können: die Erde bearbeiten, Lehren und Lernen.
Doch die Grundlage legt Gott. Das verkannte Kain, der zwar Früchte darbrachte, aber nicht die Erstlingsgabe der ersten Erzeugnisse, wie es Ex 23,19 anordnet (sacr 72). Dies sind entweder der Reihenfolge nach die Dinge, an denen wir gleich mit der Geburt Anteil erhielten, wie Nahrung, Sinne oder Geist, oder dem Rang nach die sittlich wertvollen Verrichtungen[347], die Tugenden und die Handlungen nach den Tugenden.

„Die Erstlinge aber bestehen in einer Dankrede, die aus aufrichtiger Gesinnung hinaufgesandt wird"[348].

---

[344] *Marcus* nennt als Parallele her 184; hier wird – in Auslegung von Ex 24,6 – der vom Himmel herabgehauchte νοῦς, der leidlos bewahrt wurde, dem Herabhauchenden als heiliges Gußopfer zurückgegeben (vgl. 182–185). Ebr 152 knüpft an das ἐκχεῶ τὴν ψυχήν μου ἐναντίον κυρίου (Ich will meine Seele vor dem Herrn ausgießen; 1 Sam 1,15LXX) der Hanna an.

[345] Philon nutzt die Doppelbedeutung von ἀνατιθέναι, ἀνιεροῦν, ἀνάγειν, ἀναφέρειν, um auszudrücken, daß der Opfernde alles nach „oben", Gott „wieder"-erstattet. Vgl. *Laporte* 72ff.

[346] Das „scheint" ist aber ernst zu nehmen, wie *Harl* 226 in ihrer Anm. u. a. mit Verweis auf § 170 betont. S. o. Anm. 150. Der Schriftbeweis 122 stützt sich auf Gen 1,1 und 2,1f. Eine Parallele zu 121 in fug 172.

[347] Hier ein stoischer Terminus: κατόρθωμα.

[348] Sacr 73f; 76–87 zu Lev 2,14; dazu *Laporte* 102f.108f. Her 113–116 tut mit Ex

121

Die Vorschrift Lev 23,10 „Wenn ihr in das Land kommt, das ich euch gebe, und erntet seine Ernte, sollt ihr Garben als Erstlingsopfer eurer Ernte zum Priester bringen" wird somn II 76 so ausgelegt:

„Wenn du, Vernunft, ins Land der Tugend kommst, das zu schenken allein Gott geziemt..., und dann die entsprechenden Güter säst und – durch den Vollendenden (τελέσφορος) vermehrt – erntest, dann sollst du sie nicht eher nach Hause einbringen, d. h. dir die Ursache des Ertrags beilegen und zuschreiben, als bis du die Erstlinge dargebracht hast dem Urheber des Reichtums, der dich auch dazu bewogen hat, dich mit so erträglichen Werken abzugeben"[349].

Die Anfänge werden durch den τελέσφορος θεός[350] zur Reife gebracht. Deshalb befiehlt Mose, auch die „Vollendung" (τὸ τέλος) abzusondern und Gott zuzugestehen (ὁμολογεῖν), wie her 120 mit Num 31,28 belegt. Daß die Vollkommenheit Gottes Werk ist, wurde uns schon am Beispiel Isaaks klar. Abrahams Opfergang Gen 22 deutet Philon denn auch als Anerkennung dieser Tatsache: Der im Glauben vollendete Geist gibt die Vollendung nach Num 31,28 dem vollendenden Gott zurück[351]. Umgekehrt werden manche Vollendete für unvollkommen gehalten, weil sie wähnen, durch ihre eigene Bereitwilligkeit und nicht durch die Achtsamkeit Gottes gebessert worden zu sein. Sie dulden es nicht, den gebefreudigen und vollendenden Gott als Ursache ihrer Güter zu bejahen (agr 169.173). Da nützt der beste Anfang nichts mehr.

Wenn so das Bekenntnis zu Gott als dem Urheber der Tugend besonders am Anfang und bei der Vollendung nötig wird, heißt das nicht, daß der Fortschreitende auf dem Weg zwischen diesen Extremen nicht auch der Achtsamkeit Gottes bedarf[352]. Aber er muß erst eine gewisse Reife er-

---

25,1 f dar, daß die Anfänge Gott gehören. Philon wendet her 117 ff; congr 7 das Gesetz über die Weihe der Erstgeburt Ex 13,1 auf die Tugend und ihre Erzeugnis, die Weisheit, an. Eine wörtliche Deutung des Wochenfestes als „Fest der Erstlingsgaben", bei dem die Opfernden „einen dankbaren und gottliebenden Charakter zeigen gegenüber dem, der der Wohltaten (χάριτες) nicht bedarf, sie aber kontinuierlich und unaufhörlich regnen läßt", gibt spec I 179 ff.

[349] § 77 verdeutlicht, daß damit nicht irdische Erträgnisse, sondern die schönen Sprößlinge menschlicher Tugend gemeint sind. Vgl. noch 272 mit Dtn 26,2 ff.

[350] Vgl. agr 173; migr 31.139; somn I 115; II 272; spec II 204. In der Antike ist das Adjektiv Beiname von Göttern (Zeus: Hom. Hymn. 23) und Eigenname eines Heilgottes.

[351] Migr 139; vgl. imm 4 ἀνάγει θεῷ καὶ ἀποδίδωσι ... χαριστήριον; Abr 202 ff ἀντιχαρίζεται τὸ δῶρον.

[352] Vgl. D 2 b und 3 c. Zur ἐπιφροσύνη Gottes, die zum rechten Gebrauch der Tugend nötig ist, vgl. det 59–61. Vgl. ferner sobr 18; migr 123; somn II 25 und

reicht haben, damit er seine tadellosen Fortschritte nicht nur bewahren, sondern auch zum Opfer bringen kann (vgl. congr 106 mit Ex 12,3). Dann stellt der kampfliebende Jakob die gesalbte Stele auf (ἀνάθεσις), das Weihegeschenk (ἀνάθημα), womit er nicht nur seine erworbenen Tugenden, sondern auch sich selbst, der sie erworben hat, Gott übereignet (somn I 249–253 mit Gen 31,13).

b) Stellvertretender Dank Israels in kosmischem Ausmaß

Wie wir gesehen haben, ist das Wesentliche in Gottesdienst und Opfer der sich selbst Gott zurückgebende Dank[353]. Der hat aber für Philon sein konkretes Zentrum im – idealisierten und allegorisch ausgelegten – Jerusalemer Tempelkult.

Hier sagt nun aber das jüdische Volk, das – anders als die Hellenen und Barbaren – sich ausschließlich die Verehrung des Ungewordenen und Ewigen erwählte, stellvertretend für die ganze bewohnte Erde Dank. Z. B. beim Schwingen der Erstlingsgabe nach Lev 23,9–14 (vgl. spec II 162–175). Gegenstand des Dankes ist zunächst – dem Sinn des biblischen Festtages entsprechend – das Israel geschenkte fruchtbare Land (168 ff); er weitet sich aber 171 ff aus zur gerechten Vergeltung gegenüber der Ursache von Fruchtbarkeit überhaupt, der „zeugenden Natur", die den Menschen wegen seiner Geistbefähigung „auserwählte" und zur Teilhabe an den eigenen Gütern „berief"[354]. Gemäß der Identität von Opferndem und

---

Abr 18 (zit. C 5). Das Wort findet sonst in der geschichtlichen Führung Israels und seiner Väter Verwendung. Hier kann Mos I 85 sogar sagen, daß die Seele des Aaron „durch die Achtsamkeit Gottes im vorhinein zur Zustimmung disponiert war (προυπεργάζεσθαι)".

[353] Die Abkehr von den blutigen Opfern, ihre Reduktion auf das Dankopfer, die Betonung der Gesinnung – das alles führt schließlich dazu, daß der hermetische Dialog Asklepios 41 sogar das Anzünden von Weihrauch beim Gebet verwirft: „sed nos agentes gratias adoremus. Haec sunt enim summae incensiones dei, gratiae cum aguntur a mortalibus" (aber wir wollen anbeten, indem wir Dank sagen. Das ist nämlich das höchste Weihrauchopfer, wenn von den Sterblichen Dank dargebracht wird). Zum Dank im Corpus Hermeticum vgl. *Laporte* 247–256.

[354] Man beachte die Verfremdung der Erwählungsterminologie. Das καλεῖν ist hier, wie aus § 173 des weiteren hervorgeht, die Einladung an den heimischen Herd der Erde. Zur priesterlichen Rolle Israels für die Menschheit vgl. außer § 163 noch Abr 98; Mos I 149. Zum Ganzen *Nikiprowetzky*, spiritualisation 109–113; *Jaubert* 394–400; *Borgen* in: *Stone* 269 ff.

Opfergabe ist Israel selber „als ἀπαρχή des ganzen Menschengeschlechts dem Schöpfer und Vater zugeteilt" (spec IV 180).

Ähnlich deutet Philon das Tamid (Ex 29,38–42; Num 28,3–8), bei dem je ein Lamm in der Frühe und am Abend geschlachtet wird, als „Dankopfer, das eine für die tagsüber, das andere für die bei Nacht (empfangenen) Wohltaten, die Gott beständig und unaufhörlich dem Menschengeschlecht erweist"[355].

War bei dieser vertieften Interpretation der Kultvorgänge noch Israel bzw. seine Priesterschaft das Subjekt der Danksagung, so wird es in der allegorischen Schau die Welt bzw. ihr geistiges Urbild, der Logos. Am Tempel vollzieht sich eine kosmische Liturgie. So verweist die Zusammensetzung des Rauchopfers auf die Weltelemente. Der Kosmos soll im Symbol des Räucherwerks dem Schöpfer danken, früh und abends als Ganzopfer „hinaufgebracht" werden:

> „Denn die der Welt geziemende Lebensweise ist es, dem Vater und Schöpfer unaufhörlich und unausgesetzt zu danken, indem sie sich geradezu in Rauch und in ihre Elemente auflöst, um zu zeigen, daß sie nichts für sich aufspeichert, sondern sich ganz als Weihegabe hinaufbringt (ἀνάθημα ἀνατιθέναι) dem Gott, der sie erzeugt hat"[356].

Der Hohepriester, dessen Gewandung ein Abbild des Alls (vgl. Mos II 117–126) darstellt, führt es zur Verehrung des Schöpfers hinauf (vgl. spec I 95 ff). Er ist allegorisch gesehen der Logos, der zwischen Gott und Welt priesterlich vermittelt, etwa im Bild der Libation:

> „Wer ist nun der Weinschenk Gottes? Der das Trankopfer darbringende, der wirklich große Hohepriester, der den Zutrunk der immerfließenden Wohltaten (χάριτες) empfängt und mit seinem Selbst vergilt (ἀντεκτίνει), indem er die ganze Schale mit ungemischtem Rauschtrank vollgießt"[357].

---

[355] Vgl. spec I 169; her 174. Das ἀπαύστως καὶ ἀδιαστάτως könnte auf *tamid* anspielen, obwohl dies spec I 170 in Anlehnung an LXX mit ἐνδελέχεια wiedergibt. – Denselben Sinn hat das immer brennende Feuer auf dem Altar (vgl. spec I 285): „Da ja die χάριτες Gottes, deren die Menschen Tag und Nacht teilhaftig werden, immer, unaufhörlich und unausgesetzt fließen, muß auch das Symbol der Dankbarkeit, die heilige Flamme, am Brennen bleiben und für immer unauslöschlich sein". Zum Leuchter I 297; vgl. auch qEx II 72 zu den Schaubroten von Ex 25,30 LXX. Zur Parallele bei Seneca vgl. Anm. 17.

[356] Her 200 am Ende der Ausführungen 196–200. Vgl. 226. *Schubert* 124 ff unterscheidet unnötigerweise zwischen einer neupythagoreisch-mystischen und einer stoisch-rationalen Theorie.

[357] Somn II 183; vgl. *Lewy* 18 f. Der Logos ist hier auch der Wein.

Wie die Gaben der Schöpfung als χάριτες aufgefaßt werden, so muß auch der darauf antwortende Dank kosmische Dimension haben, wenn sein repräsentativer Träger auch das Volk Israel ist.

Rückblick

Damit sind wir an den Ausgangspunkt unserer Untersuchung über χάρις bei Philon zurückgekehrt. Im Kontrast zu Paulus war (s. B) festzustellen, daß der Begriff seinen Ort in der theologischen Deutung der Schöpfung hat. Mit den Stoikern sieht Philon in der Welt und ihren Einzelteilen, in allem, was der Mensch von Natur aus mitbekommt, Wohltaten[358] Gottes, hinter denen letztlich seine schöpferische Güte steckt.

Der Mensch als ihr eigentlicher Adressat ist nach antikem Nachdenken über die χάριτες verpflichtet, sie im Dank wieder zurückzuerstatten. Insofern das seine eigentliche religiöse Aufgabe ist, liegt wieder stoischer Einschlag vor (s. E 2 b).

So wichtig es war, diesen ersten Kontext von χάρις auszugrenzen, so kann man doch einen Vergleich mit Paulus nicht damit abwürgen, daß Philon nur auf naturhaftem Niveau von Gnade rede[359]. Schöpfungslehre und Soteriologie sind bei ihm aufs engste vernetzt[360]. Daß Gnade auch auf menschliche Freiheit bezogen ist, liefert zwar ein philonisches Kriterium, um einen zweiten Kontext herauszuheben; aber da die Freiheit nicht absolut ist, verwischen sich die Grenzen wieder.

Zunächst einmal unterscheidet Philon von der Anwesenheit Gottes in

---

[358] Die Bedeutung „Wohltat" bzw. „Gabe" hielt sich durch, auch wenn das Wort mit ἀέννάος, ὀμβρεῖν oder transitivem ἄρδειν verbunden wurde und so sekundär einen Bildrahmen erhielt, der eine flüssige Substanz suggeriert.

[359] So *Manson* 37: die „divine gifts or bounties ... are conceived regularly on the natural plane of life". *Manson* beruft sich nur auf *Wetter* 12–15, dem man grundsätzlich zustimmen kann. Dieser kommt aber noch 44 ff. 106 f auf die Gnade bei Philon in anderem Zusammenhang zu sprechen. Freilich urteilt er 108: „Gnade ist ihm etwas, was dem eigentlichen Wesen des Menschen entspricht... Für Paulus ist sie etwas Übernatürliches, etwas über die Natur Gehobenes, das ganz und gar den Menschen mit sich rafft." Auch *Wobbe* 19 arbeitet mit der Unterscheidung „natürlich vs. übernatürlich". – Hier ist eine scholastische Auffassung von Gnade zugrunde gelegt, die stockwerkartig der Natur aufgesetzt wird. Solche Vergöttlichung ist aber eher ein griechischer Gedanke und liegt Philon gar nicht so fern.

[360] Dies wird in den allegorischen Werken offenkundig, wie *Sellin* im einzelnen darlegt.

seinem Werk durch seine wohltätigen Kräfte seine Erscheinung in vernünftigen Wesen:

> „Denn der Retter ist wohltätig und gütig; so möchte er das vernünftige Geschlecht vor allen lebenden Geschöpfen auszeichnen. Deshalb ehrt er sie mit einem noch größeren Geschenk, einer großen Wohltat, in der alle Arten des Guten enthalten sind, und schenkt gnädig sein Erscheinen, wenn nur ein geeigneter Ort, gereinigt mit Heiligkeit und jeder Art von Reinheit, da ist" (qEx II 51 zur Verheißung der Epiphanie im Heiligtum Ex 25,7).

Sodann ist – wie schon der Hinweis auf die nötige Reinheit erkennen läßt – das Bild von dem Gott für seine Schöpfungsgaben dankenden Menschen ein Ideal. Denn in Wirklichkeit steht er – ein Opfer seiner sinnlichen Komponente – im Spannungsfeld zwischen Selbstsucht und Gottesliebe (s. E 2 a). Der Großteil der Menschheit stürzt durch schuldhafte Undankbarkeit Gott gegenüber ins Unheil (s. C 1/2). Der konkret vorkommende Mensch muß erst auf einem mühsamen Weg zur Erkenntnis Gottes und seiner χάριτες gelangen, d. h. für Philon zu Gerechtigkeit – Urbild ist etwa Noah – und Tugend. Hier wird er aber immer schon auf verschiedene Weise von Gott begleitet. Seine gnädige Macht (ἵλεως δύναμις) bzw. sein Erbarmen schont den Sünder und nimmt ihn, wenn er umkehrt, auf (s. C 3 c; 4). Die neue, mehr biblisch gefärbte Terminologie darf aber nicht darüber hinwegtäuschen, daß Philon diese systematisch als Ausfluß der Schöpferkraft Gottes bestimmt, die auch manchmal χαριστική genannt wird (s. B 2).

In diesem Lernprozeß[361], der mit Einübung verbunden ist – Beispiele sind Abraham und Jakob (s. D 3 a/c) –, ist ganz die menschliche Anstrengung gefordert. Durch sein Streben, wenigstens durch die anfängliche Sehnsucht, qualifiziert sich der Fortschreitende für die Gnade, die Gott nach einem Grundsatz antiker Wohltätigkeitsethik nur den „Würdigen" schenkt (s. D 1). Durch diese Korrelation ist die Verleihung von χάρις gegenüber der Schöpfungsgnade als personales Geschehen ausgezeichnet. Doch wird ihm das Etikett „Synergismus", wenn man ihn streng faßt, nicht gerecht. Denn einmal ist schon die zu Gott hin aufbrechende Liebe von ihm eingegeben (s. D 2 c); zum andern gelangt nur der ans Ziel der Vollkommenheit, der seine eigenen Mühen, Anfang und Ende seiner Tu-

---

[361] *Ménard* 69–138 beschreibt schön die einzelnen Etappen, vgl. auch *Hay* 902–907 zum Aufstieg der Seele.

gendlaufbahn der Wirkursächlichkeit Gottes zuschreibt (s. E 3 a)[362]. Das Heil besteht ja in der Erkenntnis seiner umfassenden Schöpfertätigkeit, gepaart mit dem Zugeständnis der eigenen Nichtigkeit (s. E 1). Aber auch objektiv, d. h. mit den Augen Gottes betrachtet, ist die Wahl des Guten das Werk des Schöpfers (s. D 1 c), der dem Menschen die Befähigung[362a] dazu mitgegeben hat (s. D 2 a). Verwirklichung von Tugend muß im Rahmen der creatio continua gesehen werden. Die dualistische Verfassung des Menschen (s. D 2 b)[363], mehr noch ein zugespitzter Schöpferglaube bedingen, daß er letztlich rein rezeptiv erscheint. Die oft beklagte Inkonsistenz Philons erweist sich als eine Frage der Perspektive (Ist der Sachverhalt vom Standpunkt des Fortschreitenden oder des Vollendeten aus geschildert?) bzw. der Textpragmatik (Welcher von beiden ist nach der Intention Philons der Adressat?).

Wenn auch die Einsicht, daß alles Gnade ist, den Vollkommenen ausmacht, so wird die Gnade dadurch nicht zur Funktion des menschlichen Selbstverständnisses. Die Bildersprache Philons (s. D 2 d) sowie der Fall Isaaks, der mühelosen Weisheit (s. D 3 b), machten deutlich, daß Tugend in ihrer Vollendung auf Gott zurückgeht. Das wurde bei der Selbstoffenbarung Gottes an Abraham und Mose (s. D 3 a/d), aber auch in der ekstatischen Inspiration (s. D 3 b zu Isaak und d mit Exkurs) gelegentlich mit χάρις ausgedrückt. Dabei ließ sich als mögliche Wurzel dieser Assoziation die frühjüdische Anschauung vom Weisheitspneuma benennen. An Mose konnten wir erkennen, daß solche Begegnung von Gott und Mensch diesem etwas vom göttlichen Wesen mitteilt[364], ja es kommt zu einer Art Einwohnung in der Seele des Weisen, deren Unmittelbarkeit auch einmal χάρις bezeichnet[365]. Das kann freilich für den normalen Sterblichen nur ein vorübergehendes Erlebnis sein.

---

[362] Treffend *Bréhier* 270f: „L'ascèse par cela même qu'elle est l'œuvre propre de l'homme est, selon Philon, une activité plus apparente que réelle. Elle est l'intermédiaire entre un point de départ, l'heureuse nature, et un point d'arrivée, la perfection, qui ni l'un ni l'autre ne dépendent de l'homme."

[362a] Vgl. ἱκανός det 61; somn II 25.

[363] Darauf konnte hier nicht genügend eingegangen werden. S. z. B. *Brandenburger*, Geist 140–171 u. ö., *Ménard* 32–51.

[364] Vgl. auch qGen II 10 (dazu u. IV C 1).

[365] Vgl. D 4 zu mut 51ff.57ff. Es geht nicht an, dies als Äußerung exzeptioneller Mystik zu werten, wie das *Moffatt* 46ff tut. Vorher behauptet er, Philos Gott „does not enter into human life in such a manner that His presence could be described as the gift of Himself to man's heart" (45). Genau das ist aber der Fall, wenn Philon heilsgeschichtliche Verheißungen wie Lev 26,12 auf den einzelnen überträgt (vgl. mut 266; somn I 148; praem 123). Ferner qEx II 51.

Dadurch, daß χάρις so in eine personale, von Gott her denkende Konzeption eingebunden ist, wird auch das bei Philon durchaus vorhandene Lohnmotiv entschärft. In diesem Zusammenhang kann das Wort eine Gabe meinen, die Tugendhaftigkeit krönt bzw. neu befeuert. Der Vollkommene aber dient Gott um seinetwillen und empfängt dafür seine reine Gegenwart (s. D 4).

Wenn sich auch – wie in der frühjüdischen Weisheitsliteratur – in der antiken Philosophie, zumal der mittleren und kaiserzeitlichen Stoa, der Gedanke anbahnt, daß sittliches Tun durch göttliche Inspiration ermöglicht ist (s. I C gegen Ende), stellt Philons Paradox, daß Vollkommenheit gerade im Bekenntnis der eigenen Nichtswürdigkeit und der Allursächlichkeit Gottes erreicht wird, doch eine frappierende Umwertung des antiken Tugendbegriffs dar[366]. Nicht menschliche Selbstvervollkommnung, sondern die Offenheit für die Gnade Gottes und deren bewußte Wahrnehmung definieren ihn. Philon visiert dabei kaum bestimmte jüdische Gruppen – etwa die Pharisäer – als Gegner an[367]. Eher hat er heidnische, sich autark gebärdende Weise im Blick. So versucht er, die allgemeine hellenistische Wertschätzung von Tugend auf die Mühlen biblisch-jüdischer Frömmigkeit zu lenken. Sichere Erkenntnis Gottes, wahre Weisheit und damit sittliche Vollkommenheit sind letzten Endes nur im Bereich der Offenbarung zu haben. Zugleich stellt er aber die besonderen Gnadenerweise für Israel vor den Hintergrund des Schöpferwirkens Gottes in aller Welt, interpretiert die Zusagen für das Volk wenigstens teilweise um auf den tugendliebenden Einzelnen und hält so für den interessierten Heiden – sprich: Proselyten – den Zugang zu diesem Bereich offen.

---

[366] Vgl. *Jonas* 38–43: Das Bewußtsein ihrer Herkunft soll in den Vollzug der Tugenden einbezogen werden. Zustimmend referiert von *Thyen,* ThR 23 (1955) 243 f; *Conzelmann* 381,10 ff; *Hegermann* in: *Maier-Schreiner* 363 ff. Kritisch jedoch gegen die gnostische Interpretation bei *Jonas Hegermann,* Vorstellung 22 f. – Die hier wohl einschlägige Pariser Diss. von *A. Bengio,* La dialectique de Dieu et de l'homme chez Platon et chez Philon d'Alexandrie: une approche du concept d'areté chez Philon war mir leider nicht bibliothekarisch erreichbar.

[367] Dagegen entdeckt *Jaubert* 419 an der einzigen konkreteren Stelle sacr 54.57 eine antipharisäische Pointe. Auch nach *Laporte* 238 ff schaltet Philon sich in eine aktuelle Kontroverse über die Verdienste ein. Die ursprünglich auf Israel bezogenen Texte des Dtn sind aber schon individualisiert.

III. χάϱις im Neuen Testament vor und neben Paulus[1]

In Jesusworten kann man nur sachliche Entsprechungen zum paulinischen Gnadengedanken suchen. Das Wort χάϱις fehlt ebenso wie seine Ableitungen bei Mt und Mk. Jesus redet gut atl.-jüdisch vom Erbarmen Gottes, freilich ohne es begrifflich zu thematisieren, und er praktiziert es in seinem Umgang mit Sündern und Elenden. Χάϱις begegnet erst im griechisch-sprechenden Christentum, das allerdings weithin vom AT und vom Judentum geprägt ist. Es reflektiert schon aus einem gewissen Abstand das gnädige Handeln Gottes in Jesus Christus.

Gewöhnlich setzt man nun beim Sprachgebrauch des Paulus ein und mißt alles andere daran (z. B. *Manson*). In der Tat finden sich die meisten Belege beim großen Heidenapostel und in den ihm bzw. seiner Schule zugewiesenen Schriften (Deuteropaulinen, Lk/Apg, Hebr). Aber sie erlangen nur in gewissen Zusammenhängen terminologische Festigkeit. Man darf nicht davon ausgehen, daß alle ntl. Autoren davon beeinflußt sind[2]. Außerdem ist es möglich, daß Paulus hie und da von bereits geläufigen Verwendungen angeregt worden ist. Auf diese Spuren einer von Paulus unabhängigen theologischen Rede von χάϱις im NT konzentriert sich dieses Kap., ohne alle ntl. Vorkommen vollständig erfassen zu wollen. Es soll dazu mithelfen, Paulus in seinem eigenen Profil zu erkennen.

A) Traditionelle Redeweisen

1. Übernahme biblischer Sprache

Atl.-jüdische Wendungen, in denen χάϱις Gottes Wohlgefallen bzw. seine Gunst bezeichnet, leben weiter.

a) Jak 4,6; 1 Petr 5,5; 1 Clem 30,2 zitieren mit Spr 3,34LXX eine paränetische Tradition, wonach Gott den Demütigen χάϱις verleiht; damit ist nun

---

[1] Vgl. vor allem *Moffat* 99–127.299–372; *Manson* 40ff.56–59; *Berger* in: NedThT 27 (1973) bes. 8–16. Ferner die Lexikonartikel von *Conzelmann, Berger* und *Ruckstuhl*.

[2] So zeigt z. B. 1 Petr durchaus eigene Züge: Er parallelisiert 1,9f.13 σωτηϱία und χάϱις, die damit eschatologischen Stellenwert erhält wie syrBar 82,2; Did 10,6. Vgl. *Berger* in: EWNT III 1101. – Zum andern bestimmt er 2,19f (vgl. 5,12) das Leiden als Gnade.

dem Kontext nach nicht mehr das Ansehen bei den Menschen, sondern das göttliche Erhöhen gemeint. Hier „konnte sich die Konzeption entwickeln, daß Gottes Gnade besonders dort sichtbar wird und überhaupt geschenkt wird, wo der Mensch ihr Raum gibt, indem er seine Kreatürlichkeit und Sündigkeit anerkennt"[3].

b) Lk verwendet den Ausdruck „Gnade finden vor Gott" weiter, und zwar sowohl für David (Apg 7,46) wie für Maria (Lk 1,30)[4]. Auch Hebr 4,16b haben wir χάριν εὑρίσκειν neben λαμβάνειν ἔλεος.

2. Das jüdisch-hellenistische Bild vom außerordentlich Begnadeten

In der Weisheitstradition, die auch bei Philon nachwirkte, fanden wir die Anschauung, daß der Weise vom Geist bzw. der Gnade Gottes erfüllt ist. Bei Lk[5] kann nun die atl. gefaßte χάρις als göttliche Gunst mit der Geist-

---

[3] *Berger* in: NedThT 27 (1973) 16.

[4] Statt dessen kann er Lk 1,28 auch das Verb χαριτόω einsetzen.

[5] Vgl. die beiden Notizen über das heranwachsende Jesuskind Lk 2,40.52. *J. E. Renié*, „Et Iesus proficiebat sapientia et aetate et gratia apud Deum et homines" (Lc. 2,52), in: *A. Metzinger* (Hg.), Miscellanea biblica et orientalia (FS A. Miller, StAns 27/28) Rom 1951, 340–350 hatte gegen eine theologische Überinterpretation auf den ursprünglichen Sinn „bienveillance, faveur" zurückgelenkt. *B. Couroyer*, A propos de Luc, II, 52,: RB 86 (1979) 92–101 gab ägyptische Parallelen für die Formel „Gunst vor den Göttern und den Menschen". Vgl. auch die lk Zutat „Weisheit" zur gottgeschenkten Gunst beim Pharao (= Gen 39,21) im Fall Josefs Apg 7,10. – Da aber beim ersten Auftreten des vom Geist erfüllten Jesus (vgl. Lk 4,1) das aus Jes 61,1LXX zitierte πνεῦμα κυρίου ἐπ᾽ ἐμέ (der Geist des Herrn ist auf mir) dem χάρις θεοῦ ἦν ἐπ᾽ αὐτό Lk 2,40 entspricht, betont *M. Cambe*, La ΧΑΡΙΣ chez saint Luc: RB 70 (1963) 193–207, 199, sie erscheine als „qualité de Jésus lui-même, comme un don spirituel qui le travaille de l'intérieur". *J. Nolland*, Luke's Use of ΧΑΡΙΣ: NTS 32 (1986) 614–620 sucht den dynamischen Sinn an mehreren Stellen zu erhärten. Doch daß die Kraft des Geistes zum Reden befähigt, schließt nicht aus, daß λόγοι τῆς χάριτος Lk 4,22 auch rhetorisch beeindruckende Worte sind, die gerade bei einem Zimmermannssohn in Erstaunen versetzen. Freilich hängt ihre Eingängigkeit auch mit ihrem Inhalt (V. 18f) zusammen. Anders *J. L. Nolland*, Words of Grace (Luke 4,22): Bib. 65 (1984) 44–60 (auf die divine power selber). So wird auch in der Apg der Anklang, den die Urgemeinde beim Volk findet (2,47 – nach *T. D. Anderson*, The Meaning of ΕΧΟΝΤΕΣ ΧΑΡΙΝ ΠΡΟΣ: NTS 34 [1988] 604–610 ist allerdings das Volk Empfänger der χάρις), mit dem machtvollen Zeugnis der Apostel verknüpft (4,33). Χάρις τε μεγάλη ἦν ἐπὶ πάντας αὐτούς meint dann eher das Resultat für die ganze Gemeinde als das „quasi-substantial endowment" der Apostel (anders *Nolland*, NTS 32 [1986] 616f).

begabung zusammengehen, die Weisheit mit sich bringt. Sie äußert sich in eindrucksvoller Rede[6], die wiederum das Wohlgefallen der Menschen findet. Hier verschwimmen atl. Farben mit den typischen Umrissen des θεῖος ἀνήρ[7]. Χάρις kann in diesem Zusammenhang eine dynamische Note bekommen.

Außer der Gestalt Jesu im Evangelium zeichnet Lk vor allem Stephanus als einen Mann „voll Gnade und Kraft", der als solcher große Wunder und Zeichen unter dem Volk tut (Apg 6,8). Die hellenistischen Juden können der Weisheit und dem Geist, mit denen er sprach, nicht widerstehen (Apg 6,10; vgl. Lk 21,15). Auch von Apollos heißt es: „Er war für die Gläubiggewordenen ein großer Gewinn διὰ τῆς χάριτος", d. h. wohl: durch seine Ausstrahlungskraft[8] (Apg 18,27).

Mit solchen judenchristlich-hellenistischen Missionaren bekommt es Paulus in Korinth zu tun. Von ihnen angesteckt verlangen die Korinther nach dem Erweis, daß Christus aus ihm redet (vgl. 2 Kor 13,3). Demgegenüber dissoziiert er äußere Redegewalt und Begnadung. 2 Kor 1,12 rühmt er sich, daß er „nicht in fleischlicher Weisheit, sondern in der Gnade Gottes in der Welt wandelte, besonders aber euch gegenüber". Das ist wohl aus dem Rückblick 1 Kor 2,1–5 zu erhellen: Nicht mit menschlicher Überredungskunst, sondern durch den Erweis von Geist und Kraft – was nach 2 Kor 12,12 Wunder mitumfaßt – fand Paulus in Korinth Eingang.

Paulus muß sich nicht nur mit diesem Konzept des außerordentlich Begnadeten polemisch auseinandersetzen, er legt es auch seiner Charismen-

---

[6] Zu χάρις als Terminus der Rhetorik s. *Bauer-Aland* s. v. 1). Ergänze Philon, prob 38 ἡ περὶ λόγους χάρις. Epiktet, Diss. III 22,90 vom gewinnenden Wesen des Kynikers.

[7] Vgl. *L. Bieler,* ΘΕΙΟΣ ΑΝΗΡ, Wien 1935f, Nachdr. Darmstadt 1967, 54f. Porph., Leben des Pythagoras 18; Diod. S. X 3,2: Eine solche Überredungskraft und χάρις war den Worten des Pythagoras eigen, daß fast die ganze Stadt täglich sich ihm zuwandte wie der Erscheinung eines Gottes. *H. D. Betz,* Lukian von Samosata und das Neue Testament (TU 76) Berlin 1961, 134f besteht auf dem religiösen Sinn der Belege auch bei Lukian. –
Im hellenistischen Judentum vgl. Jos., ant. II 231; IV 328 (von Mose). Zum ursprünglich aus atl.-jüdischer Tradition stammenden „pneumatisch-charismatischen Amts- und Botenbegriff" vgl. *Wolter* 31–37 mit einer Fülle von auch christlichen Belegen.

[8] Wenn hier Lk nicht die Gnade Gottes am Werk sieht wie in der Bekehrung der Heiden Apg 11,23. τῇ χάριτι ist aber nicht zu πεπιστευκότες zu ziehen: gegen *Panimolle,* RivBibl 25 (1977) 148. Denn der Erzähler möchte kaum nachtragen, auf welche Weise die Korinther zum Glauben gekommen sind. – Zur obigen Deutung vgl. *G. Sellin,* Das „Geheimnis" der Weisheit und das Rätsel der „Christuspartei": ZNW 73 (1982) 69–96, 77f.

lehre zugrunde, wobei er ihm allerdings eine breitere Anwendung verschafft (s. IV E).

B) χάρις im Formular ntl. Briefe[9]

1. Der Segenswunsch am Eingang

Im hellenistischen Privatbrief steht am Anfang der Gruß

x (Nominativ) – y (Dativ) – χαίρειν,

oft gefolgt von einem Wunsch für die Gesundheit des Adressaten. Die Paulusbriefe setzen an seine Stelle einen Segenswunsch, der einen selbständigen Satz bildet:

χάρις ὑμῖν καὶ εἰρήνη ἀπὸ θεοῦ πατρὸς ἡμῶν καὶ κυρίου Ἰησοῦ Χριστοῦ (Gnade euch und Friede von Gott, unserem Vater, und dem Herrn Jesus Christus).

So die volle Formel Röm 1,7 u.ö., die manchmal um die Adressanten gekürzt wird. Der Friedenswunsch stammt aus dem vorderasiatischen, auch bei den Juden beobachteten Briefformular. Dort ist natürlich als Ergänzung nicht ḥen zu erwarten, sondern eher raḥamim, vgl. syrBar 78,2[10]. So setzen auch die Eröffnungswünsche 1 Tim 1,2; 2 Tim 1,2; 2 Joh 3 ἔλεος hinzu. Jud 2 und vor Polyk, MartPol steht es an der Stelle von χάρις. Χάρις bedeutet hier die sich erbarmende Huld Gottes, die schon zum Heilsgut geworden ist.[11].

Man kann vermuten, daß im Briefverkehr jüdisch-hellenistischer Gemeinden manchmal auch nur χάρις mit εἰρήνη zusammenstand, hat dafür aber keine Belege. Da diese Form des Wunsches erstmals in den Paulinen begegnet, sind jedoch die meisten Forscher der Ansicht, erst Paulus habe sie

---

[9] Vgl. aus neuerer Zeit *Berger* in: ZNW 65 (1974) 191–206; *J. L. White*, New Testament Epistolary Literature in the Framework of Ancient Epistolography, in: ANRW II 25,2 (1984) 1730–1756; *Schnider-Stenger* 25–41.131–135. Sie kritisieren mit Recht die Bergersche These, daß schon die einleitenden und abschließenden Formeln den Briefinhalt als Offenbarungsmitteilung charakterisierten.

[10] Zur Kombination von „Frieden" und „Erbarmen" in jüdischen und christlichen Texten vgl. *Berger*, ZNW 65 (1974) 191 Anm. 9 f.198 f.

[11] Zu einer möglichen Parallele in äthHen 5,7 f s. I C 3.

– inspiriert vom χαίρειν des hellenistischen Formulars und wegen seiner Gnadentheologie – eingeführt[12]. Aber wenn eine von Paulus so entfernte Schrift wie Offb 1,4 und die theologisch eigenständigen Petrusbriefe (1 Petr 1,2; 2 Petr 1,2) sowie die inscriptio des 1 Clem das Paar ohne Aufhebens wählen, ist mit *K. Berger* anzunehmen, daß es schon einen derartigen Brauch im hellenistischen Judentum gab[12a]. Ihn wandelten die christlichen Gemeinden ab, indem sie als Adressanten Gott, den Vater, und den Herrn Jesus Christus hinzufügten. Paulus schließt sich also wohl einem schon gängigen Usus an.

2. Der χάρις-Segen am Schluß

Statt des profanen „Lebe wohl" haben die echten und unechten Paulusbriefe zumeist als letzten Satz

ἡ χάρις τοῦ κυρίου Ἰησοῦ (Χριστοῦ) μεθ' ὑμῶν o. ä.
(Die Gnade des Herrn Jesus [Christus] sei mit euch).

Der jüdische Wunsch „Der Herr sei mit euch" ist hier durch χάρις + Genitiv auf Christus bezogen worden. Der Schluß entspricht so – nur stärker christologisch gewichtet – dem Eingang. Wegen der Verbreitung der Formel in späteren urchristlichen Schriften[13] wird man sie wieder nicht für die Erfindung des Paulus halten dürfen.
Diese Annahme wird dadurch gestützt, daß die Apg in einer mit dem Briefschluß vergleichbaren Abschiedssituation die geprägte Wendung „der Gnade Gottes bzw. des Herrn übergeben" (14,26; 15,40; vgl. 20,32 dem Wort von Gottes Gnade, eine eher lukanische Bildung, vgl. 14,3; 20,24) kennt. Χάρις erscheint hier als die Christen beschützende und begleitende gegenwärtige Macht. Es gilt bei ihr zu verharren (vgl. Apg 13,43). Sie konstituiert einen Heilsbereich, in dem die Gläubigen stehen

---

[12] Z. B. *Moffatt* 146 f.

[12a] Für die Unabhängigkeit von Paulus spricht auch, daß 1/2 Petr, Jud, 1 Clem, Polyk, MartPol ein optatives Verb ergänzen, wie es auch in jüdischen Briefen belegt ist.

[13] Vgl. Offb 22,21; 1 Clem 65,2; ActThom 49; Barn 21,9c hat ὁ κύριος τῆς δόξης καὶ πάσης χάριτος μετὰ τοῦ πνεύματος ὑμῶν. Auch die dem griechischen Lebewohl nachgebildeten Schlußgrüße IgnSm 13,2; Polyk 14 verchristlichen es, indem sie zu ἔρρωσθε ἐν χάριτι (θεοῦ) hinzusetzen.

(Röm 5,2; 1 Petr 5,12), aus dem sie aber auch wieder herausfallen können (Gal 5,4)[14]. Dies dürfte kaum eine speziell paulinische Konzeption sein.

C) χάρις mit Bezug auf die Heilstat Gottes in Jesus Christus

Wenn schon im Segen von der Gnade Christi die Rede ist, könnte man fragen, ob diese Verbindung daher rührt, daß schon unabhängig von Paulus das Heilsereignis in Christus auch mit χάρις umschrieben wurde.

Daß Paulus 2 Kor 8,9 mit diesem Wort an die Menschwerdung erinnert, ist besser nicht auszuwerten. Denn der Kontext gibt das Stichwort vor, das hier am besten mit „großzügige Herablassung" übersetzt wird. Das überkommene Schema des Austauschs wird der Kollektenangelegenheit entsprechend gefüllt. Paulus formuliert wohl ad hoc[15].

Verschiedene Spuren führen darauf, daß dies im liturgischen Preis bzw. in der Danksagung dafür der Fall gewesen sein könnte. In *Röm 3,25.26a* erkennen heute viele Exegeten ein vorpaulinisches Fragment, zu dem mindestens noch die Wendung von der „Erlösung in Christus Jesus" (V. 24) gehörte[16]. Daß es aber noch den Beginn von V. 24 „gerechtfertigt geschenkweise durch seine Gnade" umfaßte, ist nicht zu beweisen[17]. Ergiebiger ist schon die Eulogie des *Eph (1,3–14)*, die der Verfasser mit liturgischen Phrasen selbständig komponiert hat[18]. V. 5 spricht von der Vorherbestimmung zur Sohnschaft „gemäß dem Ratschluß seines Wil-

---

[14] Wahrscheinlich ist auch Gal 1,6 hierher zu stellen, wenn καλέσαι ἐν χάριτι nicht instrumental zu verstehen ist, sondern – analog zu 1 Kor 7,15 und 1 Thess 4,7 – einen gegenwärtigen Zustand anvisiert; so *M. Wolter,* Rechtfertigung und zukünftiges Heil (BZNW 43) Berlin–New York 1978, 125 und *Betz,* Galatians 48.

[15] Vgl. zuletzt die Überlegungen von *Betz,* 2 Corinthians 61ff; er nimmt m. E. das γινώσκετε zu ernst; Röm 6,6 kann aber zeigen, daß es kein wörtlich artikuliertes Wissen abrufen muß.

[16] Vgl. meinen Kommentar zum Römerbrief, den ich bei Röm-Stellen voraussetzen darf. Ältere Lit. kann ich mir so weitgehend ersparen.

[17] Dafür spricht weder der anakoluthische Satzanschluß noch das 2 Kor 11,7; Gal 2,21 in anderem Zusammenhang stehende δωρεάν, das Röm 5,15ff in δωρεά bzw. δώρημα als Wechselbegriff für χάρις ein enges Pendant hat. Dagegen spricht, daß das Personalpronomen aus V. 23 zu bestimmen ist. Der Gedanke ist doch eher paulinisch. Nach *Doughty* 170 soll τῇ αὐτοῦ χάριτι derommentar des Paulus zu dem traditionellen δικαιούμενοι δωρεάν sein.

[18] Vgl. *J. Gnilka,* Der Epheserbrief (HThK X 2) Freiburg– Basel–Wien 1971, 60.

134

lens". Dies geschah nach V. 6 „zum Lob der Herrlichkeit seiner Gnade, mit der er uns in dem Geliebten begnadet hat (χαριτοῦν)". Ähnlich wie Röm 3,24 ff führt dann V. 7 die Erlösung in Christi Blut und die Sündenvergebung (vgl. die Vorlage Kol 1,14) auf den „Reichtum der Gnade" Gottes zurück, „die er auf uns überströmen ließ". Die Assoziation von χάρις mit πλοῦτος (vgl. noch einmal 2,7) und περισσεύειν braucht sich nicht unbedingt Paulus (Röm 5,15.17.20; 2 Kor 9,8) zu verdanken. Ähnlich schreibt ja auch Philon[19]. Und die Verbindung von *rōb* (Fülle) bzw. *hamōn* mit *ḥaesaed* bzw. *raḥamim* ist gerade in hymnischen Texten oft genug belegt[20].

Auch Hebr 2,9, allerdings ein prosaischer Text, schaut Sühnetod und Gnade Gottes zusammen. In einem nachhinkenden ὅπως-Satz heißt es, daß Jesus in der Gnade Gottes für jeden den Tod kosten sollte.

Daß auch außerhalb des paulinischen Einflusses die mit Christus erschienene χάρις plerophorisch besungen wurde, macht das im Prolog des 4. Evangeliums *(Joh 1,1–18)* verarbeitete Logos-Lied[21] wahrscheinlicher. Es gipfelt in dem Satz 1,14 ab

„Und das Wort wurde Fleisch und zeltete unter uns."

Die Fortsetzung „und wir haben seine Herrlichkeit gesehen, die Herrlichkeit gleichsam des Eingeborenen vom Vater" könnte eine Beifügung des Evangelisten sein, der auf die Augenzeugenschaft Wert legte[22]. Auf jeden Fall rechnet man gewöhnlich den Schluß des V.

πλήρης χάριτος καὶ ἀληθείας (voll der Gnade und Wahrheit)

noch zum Hymnus.

Meistens versteht man den Doppelausdruck in Analogie zum atl. *ḥaesaed*

---

[19] Vgl. II B 1 und all I 34 χαρίζεται ... τὸν περιττὸν πλοῦτον ἐπιδεικνύμενος ἑαυτοῦ ... ὑπερβολὴν τοῦ τε πλούτου καὶ τῆς ἀγαθότητος ἑαυτοῦ. III 163 πολὺς πλοῦτος τῶν τοῦ θεοῦ χαρίτων.

[20] Vgl. Ps 5,8; 51,3; 69,14.17; 106,45; 1QS 4,3f; 1QH 4,32.36f; 6,9; 7,27.30.35; 9,8.34; 10,21; 11,28 ff; 12,14; 13,17; 15,16; 18,14; Frgm. 2,5; syrBar 81,4.

[21] Vgl. den umfassenden Forschungsüberblick bei *M. Theobald*, Die Fleischwerdung des Logos (NTA NF 20) Münster 1988, 3–161. Im einzelnen ist die Abgrenzung zweifelhaft.

[22] Vgl. *R. Schnackenburg*, Das Johannesevangelium (HThK IV 1) Freiburg–Basel–Wien 1965, 246. Ein Indiz könnte der in V. 14bc.16 wechselnde Umfang des „Wir" sein. Andere schreiben nur die Apposition V. 14c dem Redaktor zu.

w^{e}'aemaet (z. B. Ex 34,6) als Huld und Bundestreue[23]. Aber χάρις bringt eine hellenistischere Färbung mit sich und ist wohl als Inbegriff der göttlichen Heilsgabe zu nehmen, die mit dem Inkarnierten den Menschen geschenkt ist. Auf das Ganze des Evangeliums gesehen umfaßt sie alles, was dort Objekt des Gebens Jesu ist, Geist, Leben, natürlich auch die Offenbarung, die der Evangelist noch einmal eigens in ἀλήθεια wiedergefunden haben mag. Denn der ursprünglich anschließende V. 16 spricht erläuternd vom „empfangen":

ὅτι ἐκ τοῦ πληρώματος αὐτοῦ ἡμεῖς πάντες ἐλάβομεν καὶ χάριν ἀντὶ χάριτος
(Denn aus seiner Fülle haben wir alle empfangen, und zwar Gnade um Gnade).

Das ἀντί soll „den sich ablösenden und doch nie unterbrochenen Strom der Gnade ausdrücken"[24]. V. 17f gibt wohl der Evangelist einen nachträglichen Kommentar zu V. 14.16 mit zwei antithetisch gebauten – wenn auch nicht durch Partikel so gekennzeichneten – theologischen Feststellungen. Da die „Gnade und Wahrheit" letztlich in der exklusiven Gottesoffenbarung durch den Eingeborenen besteht, tut sich ein Gegensatz zur Gesetzgebung des Mose auf:

„Denn das Gesetz wurde durch Mose gegeben,
die Gnade und die Wahrheit geschah durch Jesus Christus."

Wegen dieser Gegenüberstellung braucht man nicht gleich den Einfluß paulinischer Kreise zu vermuten. Der Konflikt mit dem Judentum trieb die Christen dazu, das Neue, noch nie Dagewesene des Christusglaubens zu betonen. So ist hier die Gnade ausschließlich beim Menschgewordenen zu finden. Dies macht auch einen Unterschied zur Schöpfungstheologie

---

[23] Vgl. z.B. *Flack* 146; *Gese* 186f; *A. T. Hanson,* John I. 14–18 and Exodus XXXIV: NTS 23 (1976) 90–101. Dagegen etwa *de la Potterie* 258.

[24] *Schnackenburg,* aaO. 251. ἀντί ist nach dieser Auffassung nicht einfach gleichbedeutend mit ἐπί, wogegen sich *R. B. Edwards,* Χάριν ἀντὶ χάριτος (John 1.16). Grace and the Law in the Johannine Prologue: JSNT 32 (1988) 3–15 mit Recht wendet. Sie bemängelt auch, daß die oft herangezogene Parallele Philon, post 145 eine etwas andere Pointe hat: nicht den dauernden Überfluß, sondern die Ökonomie der göttlichen Gaben. Der bessere Vergleichstext wäre in der Tat plant 89 (zitiert II B 1 am Ende). – Deshalb sind aber bei Joh nicht verschiedene Arten von Gnade gemeint, etwa die des Gesetzes vs. die Christi. Auch *Gese, Panimolle, de la Potterie* und *Ruckstuhl* versuchen sich in derartigen Harmonisierungen. Dem Überschwang des Hymnus ist jedoch solche Spekulation kaum zuzutrauen; vom Standpunkt des Evangelisten aus spricht V. 17f dagegen.

Philons aus – so sehr sie Joh 1,1 f verwandt ist. Dort ist der Logos als anfänglicher Grund des Seienden mit Gottes Setzung voll der χάριτες identisch (somn .II 223).

Resultat

So kühn das Unternehmen scheinen mag, aus späteren Texten auf einen möglicherweise schon Paulus geläufigen christlichen Sprachgebrauch zurückzuschließen, so läßt sich doch folgendes mit einiger Sicherheit sagen:
1. Paulus fand in seiner geistigen Umwelt eine Vorstellung von „persönlicher Gnade" vor, die er zu seinem eigenen Apostelamt, aber auch zu den vielfältigen Charismen in seinen Gründungen in Beziehung setzen mußte.
2. Im christlichen Milieu dürfte χάρις bereits in brieflichen Gebetsformeln, wohl auch im gottesdienstlichen Beten eingebürgert gewesen sein, verknüpft mit der Heilstat Gottes in Christus, die das Dasein der Gläubigen machtvoll bestimmt. Die Inhalte der Gnade variieren: Im paulinischen Einzugsgebiet ist sie das Motiv für das im Kreuzestod Erwirkte; im johanneischen Umkreis steht das mit dem Menschgewordenen erschienene Geschenk des Lebens und der Wahrheit im Vordergrund.

IV. Paulus[1]

Bei Paulus pflegt man von der Rechtfertigungslehre auszugehen und ihr alle Verwendungen von χάρις zuzuordnen. So schreibt *H. D. Betz*[2] zu 2 Kor 8,1, wo es um die speziell im Kollekteneifer der Makedonier wirksame Gnade Gottes geht, diese seien „like all Christian communities" mit ihrem vollen Maß beschenkt worden. Dabei wird übersehen, daß Paulus hier gerade die besondere Begnadung der Makedonier hervorheben will. Weiter sagt *Betz*, ἡ χάρις τοῦ θεοῦ sei ein Ausdruck, der virtuell den Status eines terminus technicus in den Paulusbriefen erlangt habe; als solcher bezeichne er Gottes Heilstat in Christus als ganze. An der kommentierten Stelle stößt sich damit aber das Attribut τὴν δεδομένην, das – wie *Betz* sieht – die χάρις als Gabe ausweist. Gegenüber dieser Tendenz, die Gnadentheologie des Paulus zu vereinheitlichen[3], soll hier die χάρις nach ihren Empfängern und deren Situation differenziert werden. Daraus ergeben sich bestimmte Kontexte, wie sie uns auch schon bei Philon wichtig waren. An zweiter Stelle sind die Bedeutungsnuancen zu beachten, die von „Huld" über „Tat" bis zu „Gabe" und „Macht" reichen. Dann erst kann nach dem gemeinsamen Ursprung gefragt werden. So zeichnet sich vielleicht eine Struktur des paulinischen Gnadendenkens ab, die mit Philon verglichen werden kann.

A) Die persönliche Gnade des Apostels

1. Gnade bei der Berufung zum Apostel

In zwei Passagen (*1 Kor 15,8–10; Gal 1,13–16*) stellt Paulus seine Christusvision bei Damaskus als Gnadengeschehen dar, das ihn nicht nur von der Verfolgung zum Glauben an den Auferstandenen brachte, sondern auch seine Berufung zum Apostel einschloß.

---

[1] Vgl. *Wobbe* (stark systematisierend); *Moffatt* 156–273; *Manson* 42–55; *Bultmann*, Theologie § 30.32; *Doughty; Theobald;* die im III. Teil Anm. 1 gen. Lexikonart.
[2] Corinthians 42.
[3] Vgl. auch *Dunn* 204: Er schließt aus dem singularischen Gebrauch von χάρις bei Paulus: „All grace, including its particular manifestations, is the one grace of God".

In 1 Kor 15,1–11 begründet er die Glaubwürdigkeit der Auferweckung Jesu in Erscheinungen. Paulus hängt sich an eine Liste von Visionsempfängern an, die zwar nicht alle eine Sendung bekamen (V. 6), doch unter dem Gesichtspunkt autorisierter Verkündigung (V. 11) aufgeführt werden:

„Zuletzt aber von allen, gleichsam einer Fehlgeburt, erschien er auch mir" (V. 8).

Mit dem bildhaften Ausdruck ἔκτρωμα[4] wird sprichwörtlich ein lebensuntaugliches Wesen bezeichnet. Paulus will damit sagen, daß er keinerlei Voraussetzungen für den Apostolat mitbrachte, im Gegenteil! Das begründet V. 9:

„Denn ich bin der letzte" – im Sinn von „geringste" – „der Apostel, der ich gar nicht geeignet dafür bin, Apostel genannt zu werden[5]".

Das Thema der ἱκανότης wird dann 2 Kor 2,14–3,18 noch entfalten. Vorerst nennt Paulus als Grund für seine Unfähigkeit nicht subjektive Zustände, sondern seine Tätigkeit, die objektiv der eines Apostels, eines Begründers von Gemeinde, entgegensteht:

„Denn ich habe die Gemeinde Gottes verfolgt[6]".

Das Apostelsein, das V. 10 dennoch festhält, beruht unter diesen Umständen allein auf der Gnade Gottes (V. 10a). Χάρις meint hier seine unvermutete Zuwendung, weshalb Paulus seine Betrauung mit dem Apostelamt auch als ἐλεηθῆναι (Erbarmen finden) wiedergeben kann: vgl. 1 Kor 7,25 (beim Kyrios, d.h. wohl Christus) und vor allem 2 Kor 4,1, nachdem

---

[4] Vgl. im AT außer Ij 3,16; Koh 6,3 Num 12,12, woraus Philon all I 76 schöpft; er deutet so die Unfruchtbarkeit der schlechten Seele, gebraucht aber normalerweise das attische ἀμβλωθρίδιον. Vgl. zuletzt *Sellin* 246 ff. Seine Vermutung, die Metapher gehöre in den Kontext der weisheitlichen Tradition vom lebendigmachenden Pneuma, geht mir aber zu weit. Zunächst ist sie einmal ein Kontrastmittel in Philons Allegorese.

[5] An sich könnte man auch übersetzen: „als Apostel berufen zu werden", aber im 1. Korintherbrief geht es um das Recht des Aposteltitels (vgl. 9,1 f).

[6] Phil 3,6 setzt noch hinzu: „im Eifer", Gal 1,13 „im Überschwang". Dort erwähnt Paulus noch seinen wahnwitzigen Versuch, die ἐκκλησία τοῦ θεοῦ, also das Werk Gottes, zu zerstören.

Paulus beteuert hat, daß er von sich aus[7] zu nichts fähig ist, sondern daß Gott ihn zum Diener des Neuen Bundes befähigte (2 Kor 3,5).

Gal 1,13ff malt den Kontrast zum Einst noch stärker aus, um das Menschen nicht Erschwingliche der Offenbarung Jesu Christi hervortreten zu lassen. Den Wandel im religiösen System der Juden belegt vorwegnehmend die Verfolgungstätigkeit, und V. 14 liefert das Motiv dafür nach: den Eifer für die väterlichen Überlieferungen, d. h. das Gesetz mit den mündlichen Auslegungstraditionen, die Paulus als Pharisäer respektiert[8]. Das alles beweist: Paulus war als Gesetzesfanatiker der denkbar schlechteste Mann für ein gesetzesfreies Evangelium unter den Heiden. Von sich aus wäre er nie darauf gekommen. Und gerade dazu hat ihn Gott berufen (V. 15f).

> „Als aber der, der mich vom Schoß meiner Mutter ausgesondert und in seiner Gnade (διὰ τῆς χάριτος αὐτοῦ) gerufen hat, beschloß, mir seinen Sohn zu offenbaren, damit ich ihn unter den Heiden verkünde..."

Aussonderung und gnädiger Ruf gehen der irdischen Existenz voraus, überholen sie gleichsam, auch wenn sie sich verfehlt hat. Paulus spielt hier bewußt auf die Terminologie der Prophetenberufung an[9]. Χάρις erscheint als begleitender Umstand des Rufes und ist dem wohlwollenden Ratschluß (εὐδοκῆσαι, vgl. εὐδοκία Eph 1,5.9 in der Nähe von χάρις) benachbart. Dieser führt zur „Offenbarung" Jesu in seiner ganzen Würde

---

[7] ἀφ᾽ ἑαυτῶν ... ἐξ ἑαυτῶν; vgl. zu ähnlichen präpositionalen Wendungen bei Philon II D 1 b Anm. 131. Hilfreich ist auch *Sellins* Verweis auf virt 165: „Wer genau erkannt hat, daß er als Geschenk von Gott seine Spannkraft und Stärke empfangen hat, der wird an seine eigene Schwachheit denken, die ihm vor dem Genuß dieses Geschenkes anhaftete ... und dem Urheber der Wandlung zum Besseren danken" (247 Anm. 74).

[8] Vgl. noch einmal Phil 3,6: Dort wird „im Eifer die Gemeinde verfolgend" verdoppelt durch „nach der Gerechtigkeit im Gesetz untadelig geworden". Alle immer neu angestellten psychologischen (welches Verhältnis hatte Paulus zum Gesetz?) und historischen (Wie stand er zum Glauben der Christen, welche Gemeinde verfolgte er genauer? Was hat Gott ihm geoffenbart? War er tatsächlich gleich als Heidenmissionar aktiv?) Erwägungen können wir hier ausklammern, da es uns auf das Selbstzeugnis des Apostels ankommt. Vgl. immerhin zwei einander widersprechende Versuche aus neuerer Zeit: *A. J. Hultgren,* Paul's Pre-Christian Persecutions of the Church: Their Purpose, Locale, and Nature: JBL 95 (1976) 97–111; *Ch. Dietzfelbinger,* Die Berufung des Paulus als Ursprung seiner Theologie (WMANT 58) Neukirchen-Vluyn 1985 und die zusammenfassende Darstellung bei *Becker 60–86.*

[9] Vgl. Jes 49,1, in zweiter Linie Jer 1,5. Das „Aussondern" (vgl. auch Röm 1,1) kommt dem „Heiligen" (Jer 1,5LXX ἁγιάζειν) gleich.

als „Sohn", wobei ἀποκαλύψαι stärker als die Erscheinungsterminologie die Tat Gottes akzentuiert.

Sucht man nach religionsgeschichtlichen Analogien, so legen die Anklänge in Gal 1,15 nahe, zunächst einmal in atl. Berufungsberichten[10] nach sachlichen Entsprechungen zu suchen. Hier ist ein feststehendes Element das Geständnis der eigenen Unfähigkeit (vgl. Ex 3,11; 4,10; Ri 6,15; 1 Sam 9,21; Jer 1,6; vgl. Jes 6,5)[11], das mit der Zusicherung „Ich werde mit dir sein" (Ex 3,12; 4,12; Ri 6,16; 1 Sam 10,7; Jer 1,8)[12] beschwichtigt wird. Im Selbstbericht autorisiert sie den Gesandten, der eine von Menschen nicht ausdenkbare Botschaft, einen menschliche Gegebenheiten überspielenden Auftrag hat. Das Mit-Sein Gottes enthält sicher Momente der χάρις, auch wenn der Begriff nicht auftaucht[13]. Letzteres mag auch damit zusammenhängen, daß es kaum einen Fall gibt, in dem der Berufene der Sache Gottes, die er dann vertritt, vorher so entgegengearbeitet hätte wie Paulus. Insofern Berufung und Empfang der Botschaft identisch sind, sieht *K. Berger*[14] dieses Verständnis von Gnade im Judentum vorbereitet. Aber die angegebenen Stellen handeln meist nur von der Gnade, die für die Einzeloffenbarung nötig ist; sie umfaßt keinen lebenslangen Auftrag. Immerhin könnte Gal 1,15f, mehr noch Eph 3,2–8 etwas von dieser apokalyptischen Phraseologie durchschimmern. Eine nähere Parallele finden wir erst im Corpus Hermeticum I 32. Der Offenbarungsmittler bittet: πλήρωσόν με τῆς χάριτος ταύτης, ἵνα φωτίσω τοὺς ἐν ἀγνοίᾳ τοῦ γένους. Die χάρις ist hier inspiratorisch vorgestellt. Ebenso bei der Prophetenweihe der Markosier (Irenäus I 13,3)[15]. Bei Paulus hängt die Gnade jedoch mit seiner Erwählung zusammen.

---

[10] Vgl. aus der Fülle der Lit. *W. Richter,* Die sogenannten vorprophetischen Berufungsberichte (FRLANT 101) Göttingen 1970; *K. Baltzer,* Die Biographie der Propheten, Neukirchen-Vluyn 1975.

[11] Vgl. noch den Hinweis auf die Vergänglichkeit Jes 40,6b.7. Mystikerinnen wie Hildegard von Bingen, Elisabeth von Schönau, Gertrud von Helfta widersetzen sich ähnlich; vgl. *E. Benz,* Vision et infaillibilité, in: *E. Castelli* (Hg.), L'Infaillibilité, Paris 1970, 163–184, 174ff; Birgitta von Schweden nennt sich „eine kleine Gans, eine Mücke, einen Esel, ein Nichts"; vgl. *J. Lindblom,* Prophecy in Ancient Israel, Oxford 1963, 21.

[12] Jüdische und christliche Belege bei *Wolter* 34 Anm. 23f.

[13] In ActThom 1 sagt Jesus dem an seinem Auftrag zweifelnden Thomas „Meine Gnade ist mit dir".

[14] Vgl. die in: ZNW 65 (1974) 192 Anm. 13f, EWNT III 1096f gegebenen Beispiele. Die Formel „Wenn ich Gnade gefunden habe…" im Munde des Sehers hatten wir schon I Anm. 65 verzeichnet. Die Belege sind im einzelnen zu prüfen. Z. B. meint χάρις Jos., ant. IV 60 die Gunst, der sich Mose bei Gott als Ankläger bzw. Fürsprecher erfreut.

[15] Vgl. z. B. *Wetter* 192f. Markos möchte einer Frau „von seiner Gnade mitteilen und sie prophezeien machen". Er sagt u. a. zu ihr: λάμβανε πρῶτον ἀπ᾽ἐμοῦ καὶ δι᾽ἐμοῦ τὴν χάριν … ἰδοὺ ἡ χάρις κατῆλθεν ἐπί σε. ἄνοιξον τὸ στόμα σου, καὶ προφήτευσον (Empfange zuerst von mir und durch mich die Gnade … siehe, die Gnade ist auf dich herabgekommen. Tue deinen Mund auf und prophezeie).

Weil der Aposteldienst des Paulus so seinen Ursprung in der χάρις Gottes als sich erbarmender Huld hat, kann er mit einem Hendiadys von χάρις καὶ ἀποστολή sprechen, die er vom auferstandenen Herrn empfangen hat (Röm 1,5). Dem λαβεῖν entspricht διδόναι in der stereotypen Verbindung „Gnade, die mir gegeben wurde", mit der Paulus Röm 12,3; 15,15; 1 Kor 3,10; Gal 2,9 auf seine Sendung verweist. Es ist zwar ein spezifischer Dienst, die Verantwortung für die Heiden, aber gerade der parallele V. Gal 2,8 zeigt, daß Paulus das Wirken Gottes auch bei anderen Aposteln anerkennt. Gott hat die einen zu Apostel eingesetzt[16], den andern wieder andere Aufgaben gegeben (1 Kor 12,28). Das Apostolat – auch des Paulus – ordnet sich so ein in die vielfältigen Charismen, die Röm 12,6 auf „die uns gegebene Gnade" zurückführt[17].

Die „Initialzündung", deren Motiv die χάρις ist, wird letztlich zu einer Paulus auszeichnenden unverdienten Gabe; weil sie aber einen total Unfähigen zum Aposteldienst befähigt, wirkt sie sich in diesem Dienst als Kraft aus. Damit ist ein neuer Kontext angeschnitten.

2. Gnade in der Durchführung des Auftrags

Der Übergang von der Berufungsgnade zur χάρις, die die apostolische Tätigkeit trägt, vollzieht sich 1 Kor 15,10 bruchlos. Im missionarischen Wirken wird die anfängliche Gnade Gottes fruchtbar (wörtlich „nicht leer"). Um das darzutun, verfällt derselbe, der sich eben noch als den geringsten der Apostel eingestuft hatte, in den Stil des Sich-Rühmens. Er vergleicht sich mit den übrigen Aposteln, was er doch 2 Kor 10,12 ablehnt: „Mehr als sie alle zusammen habe ich mich abgerackert (κοπιᾶν)". Weil das Verb aber nur die Eigenleistung zum Ausdruck bringt, erfordert es gleich eine Korrektur:

„nicht ich allerdings, sondern die Gnade Gottes mit mir."

---

[16] Das τίθεσθαι (vgl. V. 18) wird – allerdings nicht medial – bei der Bestellung von Propheten (Jes 49,2; Jer 1,5) verwendet. In den Pastoralbriefen (1 Tim 1,12; 2,7; 2 Tim 1,11) beansprucht Paulus für sich solche Einsetzung. In den echten Briefen korrespondiert dem κεῖσθαι (Phil 1,16).

[17] Dagegen sucht A. *Satake*, Apostolat und Gnade bei Paulus: NTS 15 (1968) 96–107 einigermaßen künstlich zwischen den Diensten in der Gemeinde und dem Apostolat des Paulus zu trennen. Es ist wahr, daß dieses nie mit χάρισμα, jene nie mit χάρις bezeichnet werden. Sie entspringen ihr aber, und 1 Kor 12 ist Röm 12 eng verwandt.

Der Nachtrag ist noch daran zu erkennen, daß hier die Gnade unpassenderweise zum Subjekt des Sich-Mühens wird. Sie scheint fast synergistisch mit dem Apostel zusammenzuarbeiten. Jedenfalls steht sie nicht mehr im Gegensatz zum menschlichen Tun – wie am Anfang oder in der Rechtfertigungslehre (s. u.). Das berechtigt uns, sie unter diesem neuen Aspekt eigens zu untersuchen.

V. 8–10 scheint Paulus merkwürdig zwischen übertriebener Selbstherabsetzung und Anmaßung, die dann wieder fromm gedämpft wird, zu schwanken. Aber wie V. 9.10a der Selbststilisierung der Berufenen entspricht, so kann man auch in 10cd konventionelle Sprachform entdecken[18]. Erhellend scheint mir Sir 33,16ff, eine Stelle, die meines Wissens noch nicht herangezogen wurde. Der Verfasser sieht sich am Ende einer langen Tradition von Weisen:
„Auch ich bin als letzter (ἔσχατος) eifrig gewesen,
wie einer, der Nachlese hält hinter den Winzern;
mit Gottes Segen bin ich vorangekommen,
wie ein Winzer habe ich die Kelter gefüllt ...“ (Einheitsübersetzung).
V. 18 (G 30,25) steht sogar für die Mühe des Epigonen κοπιᾶν.

Vor und außerhalb der Konfrontation mit den in 2 Kor bekämpften Konkurrenten kann Paulus also durchaus ähnliche Töne anschlagen wie diese. Ein Stück weit übernimmt er das jüdisch-hellenistische Konzept des Charismatikers (s. III A 2), in dem die Gnade Gottes wunderbare Phänomene, auch missionarischen Erfolg, hervorbringt. Wie wir schon zu 2 Kor 1,12 gesehen haben, bleibt er aber nicht am Äußeren hängen. Er betont 1 Kor 15,10 die Effektivität der Gnade, die zum eigentlichen Träger seiner Arbeit wird. Auch Röm 15,16–19 umschreibt er in der Redeweise der καύχησις großzügig seinen umfassenden Dienst für das Evangelium, stellt jedoch klar, daß Christus durch ihn zum Gehorsam der Heiden wirkte „in Wort und Werk, in der Machtentfaltung von Zeichen und Wundern, in der Kraft des Geistes".
Die Gnade manifestiert sich aber nicht bloß im Außerordentlichen; jede konkrete Situation, in der Paulus sein Evangelium verkündet, kann zur χάρις werden. So lobt er Phil 1,7 die Philipper, daß sie in seinen Fesseln und bei der Verteidigung und Befestigung des Evangeliums „Teilhaber seiner Gnade" sind. Das kann heißen, daß sie durch materielle Unterstützung und Botenverkehr an seinem apostolischen Dienst Anteil bekommen haben (vgl. 1,5 κοινωνία ὑμῶν εἰς τὸ εὐαγγέλιον). Man könnte

---

[18] K. Berger, ZNW 65 (1974) 226 Anm. 177f findet hier einen Topos der Rhetorik und nennt in: Die Auferstehung des Propheten und die Erhöhung des Menschensohnes (StUNT 13) Göttingen 1976, II Anm. 563 christliche Beispiele.

aber auch mit der *Einheitsübersetzung* an die Gnade denken, „die mir durch meine Gefangenschaft und die Verteidigung und Bekräftigung des Evangeliums gewährt ist". Dann wäre die Leidenssituation als Chance aufgefaßt, das Evangelium noch weiter voranzubringen (vgl. V. 12).

Daß die Gnade paradoxerweise im Leiden, in der Schwachheit, voll zur Wirkung kommen kann, geht jedenfalls deutlich aus der „Narrenrede" 2 Kor 11,16–12,10 hervor, wo Paulus sich ironisch mit seinen auftrumpfenden Gegnern mißt. Er könnte sich – wie Philon – seiner ekstatischen Erfahrungen rühmen (2 Kor 12,1 ff); doch das überläßt er der Konkurrenz. Statt dessen zählt er seine „Schwachheiten" auf. Damit er durch seine Offenbarungen nicht hochmütig werde, wurde ihm (von Gott) ein Stachel ins Fleisch gegeben, ein körperliches Übel, in dem Paulus den Schlag des Satansengels verspürt *(2 Kor 12,7 ff)*. Den folgenden Bericht kann man als eine Parodie auf die Beschreibung von Heilungswundern in der Antike lesen[19].

> Weil sich für die Gegner im Heilungswunder die Epiphanie der Kraft Christi ereignet, nennt Paulus sein Leiden, erzählt von seiner Hinwendung zum Kyrios im Gebet. Darauf erscheint auch tatsächlich der angerufene Gott und gibt ein Orakel. Dieses offenbart aber nicht die Heilkur, sondern nur die Hilfe des Kyrios bei bleibender Schwachheit. – Da Paulus aber – etwa im Dankpsalm 2 Kor 1,3–11 – sich auch mit atl. Redeformen vertraut zeigt, habe ich vorgeschlagen, das Christuswort als Weiterbildung der biblischen Heilsorakel an den Einzelnen zu erklären[20].

Überraschenderweise nimmt aber der Herr dem Apostel die Last nicht ab. Den Satz „meine Gnade genügt dir" mag sich Paulus aus der Audition gemerkt haben. Er fügt wohl aus Eigenem das Oxymoron hinzu:

> „Denn die Kraft kommt in der Schwachheit zur Vollendung".

Χάρις ist demnach hier die Kraft des Auferstandenen, der in der Macht Gottes lebt (vgl. 2 Kor 13,4). Paulus vermag alles in ihm, der ihn stärkt (Phil 4,13). Gleich der *šᵉkīnā* läßt sich die Kraft Christi auf dem schwachen Apostel nieder (2 Kor 12,9)[21]. Gnade erweist sich also – wenigstens am Apostel – nicht in machtvoller Rede und in Heilungen, wie die juden-

---

[19] So *H. D. Betz*, Eine Christus-Aretalogie bei Paulus (2 Kor 12,7–10): ZThK 66 (1969) 288–305.

[20] Leben aus der Kraft Gottes: BiKi 1978, 83–87.

[21] Jüdische Märtyrerparänese weiß: „Teuer sind die Leiden, denn der Name Gottes ruht auf dem, über den Leiden kommen" (Sifre Dtn 6,5; vgl. 1 Petr 4,14).

christlich-hellenistischen Missionare glauben machen möchten, sondern im Ertragen und Durchstehen der schwierigen Lage. In der Zerbrechlichkeit des Gefäßes, das das Evangelium von der Herrlichkeit Christi faßt, zeigt sich gerade, daß apostolische Existenz von der Macht Gottes umfangen ist (vgl. 2 Kor 4,7). Zwar ist die δύναμις θεοῦ (vgl. noch einmal in der Aufzählung 2 Kor 6,7) ein Äquivalent zu χάρις. Aber die Weise, wie sie wirkt, ist durch die Identifizierung des Apostels mit dem Gekreuzigten bedingt. Man darf das Paradox, das etwa E. Güttgemanns[22] herausarbeitet, freilich auch nicht auf die Spitze treiben[23]. 2 Kor 1,3 ff und 4,8 ff äußert sich die Kraft Gottes doch auch im Überleben des Apostels[24], der wie ein Stehaufmännchen immer wieder der Todesnot entrinnt. Sie wird vor allem schon sichtbar im Leben der Gemeinde, für die sich Paulus – auch im Leiden – einsetzt (vgl. 2 Kor 4,12).

Die Deuteropaulinen setzen teilweise neue Akzente, bauen aber auch Züge des paulinischen Berufungsverständnisses aus. So der Rückblick Eph 3,2–11: dort steht das Paulus mitgeteilte Geheimnis der Zulassung der Heiden im Mittelpunkt; es macht sein „Gnadenamt" (οἰκονομία τῆς χάριτος τοῦ θεοῦ V. 2) aus, das mit διδόναι und δωρεά (V. 2.7 f) ausdrücklich als Gabe charakterisiert wird. Daneben steht aber V. 7 „gemäß der Wirksamkeit seiner Macht". Der Dank 1 Tim 1,12–17 stellt die Indienstnahme des Paulus, die V. 12 als „Stärkung" gefaßt ist, urbildlich hinein in das Heilsereignis des Kommens Christi zur Rettung der Sünder. Während Paulus selbst sich nirgends direkt als Sünder bezeichnet, bekommt hier χάρις (V. 14 mit ὑπερπλεονάζειν, wohl in Erinnerung an Röm 5,15–21) den Sinn des exemplarischen Erbarmens mit dem Sünder[25]. Dadurch erhält auch der Erwählungsterminus ἐλεηθῆναι (V. 13.16) eine neue Nuance.

Was der Autor der Pastoralbriefe hier unternimmt, nämlich eine Zusammenschau von Berufungsgnade und Rechtfertigungsgnade, haben sich die Paulusausleger immer schon erlaubt, obwohl die Kontexte zunächst auseinanderzuhalten sind. In der Tat springt eine Strukturanalogie, die sich auch terminologisch bekundet, ins Auge: Für den Apostel wie für die

---

[22] Der leidende Apostel und sein Herr (FRLANT 90) Göttingen 1966.
[23] Vgl. H. K. Nielsen, Paulus' Verwendung des Begriffes Δύναμις, in: S. Pedersen (Hg.), Paulinische Literatur und Theologie, Århus-Göttingen 1980, 137–158.
[24] Es wird 2 Kor 1,11 als Gnadengabe Gottes (χάρισμα) verstanden. Zur ganzen Eulogie vgl. auch Philon spec III 6: „Aber auch dafür geziemt es sich zu danken, daß ich – obwohl tief eingetaucht – doch nicht verschlungen wurde". Es handelt sich allerdings um eine geistige Bedrängnis Philons.
[25] Vgl. Wolter 27–64.

Christen steht am Anfang eine „Berufung" und Erwählung aus Gnade[26]. Was der Mensch mitbringt, seine gottfeindliche Ausrichtung, aber auch seine Leistungen, zählt nicht mehr. Die Gnade, die allein Berufung und Rechtfertigung motiviert, wird dem Menschen als Gabe verliehen. Sie ermöglicht als Kraft ein zum bisherigen Verhalten völlig kontrastierendes Tun und bleibt so „nicht leer" (vgl. denselben Ausdruck 1 Kor 15,10 und 2 Kor 6,1). Dadurch, daß bei Paulus Berufung und Christwerden faktisch zusammenfällt, ist seine später entwickelte Rechtfertigungslehre existentiell im Beginn verankert, aber auch – zumindest in seinen Augen – durch seine Sendung legitimiert. Der heutige Beobachter erkennt in dieser Verquickung allerdings auch die Gefahr, daß Paulus persönliche Deutungen auf das Bild von Juden und Christen projiziert.

Werfen wir einen Blick auf Philon, so läßt sich kaum eine entsprechende radikale Wende in seinem Leben ausmachen[27]. Freilich gibt es auch bei ihm – allerdings wiederholte – Gnadenerlebnisse, plötzliche Eingebungen, die er nach demselben hergebrachten Muster deutet wie die dem Menschen überhaupt erschwingliche höchste Erkenntnisstufe[28]. Insofern ist seine Rede von gnadenhafter Inspiration auch zum Teil existentiell abgedeckt. Aber die eigene Erfahrung prägt bei weitem nicht die Lehre in dem Maße, wie es bei Paulus der Fall ist. Der greift da auf das Anfangsgeschehen – und nicht auf zwischenzeitlich ihm gewährte Visionen – zurück, wo mit seinem unabhängigen Apostolat auch seine Botschaft von der Gnade auf dem Spiel steht, etwa im Gal. Diese gilt es nun sachlich darzustellen, um mögliche systematische Bezugspunkte zu Philon aufdecken zu können.

---

[26] Dies könnte man schön an der Parallelität von Gal 1,15 und 1,6 dartun, wenn dort der Dativ instrumental aufzufassen wäre. Dies ist aber fraglich; vgl. III Anm. 14.

[27] *Dillon*, Middle Platonists 141 freilich meint, in Philons Schriften den Eifer eines Konvertiten herausspüren zu können, und mutmaßt, daß er nach ausschließlich griechischer Erziehung erst in reiferen Jahren Interesse an seiner angestammten Tradition gewann. Dies läßt sich aber nicht durch eine Frühdatierung der philosophischen Schriften untermauern. Vgl. *Borgen* in: *Stone* 246–250. Dagegen spricht virt 120.

[28] Vgl. II Anm. 280. Ich meine, daß die „Begeisterung" subjektiv echt empfunden ist, aber den Maßstäben, die der Religionsgeschichtler an eine Ekstase legen muß, nicht standhält.

B) Zum Sprachgebrauch von χάρις gegenüber Philon

Zuerst sind einige Bemerkungen angebracht zu der Weise, in der Paulus von χάρις in allgemeiner, über seine persönliche Begnadung hinausgehender Extension redet, weil man schon daran den Unterschied zu Philon festzumachen pflegt.

1. Konzentration der Gnade Gottes in Jesus Christus

Χάρις hat bei Paulus gegenüber möglichen Synonyma wie εὐδοκία, ἔλεος, χρηστότης o. ä. eine beherrschende Stellung[29]. Im Vergleich mit Philon fällt sofort auf, daß der Apostel das Wort nur im Singular gebraucht. Daraus werden oft weitgehende Folgerungen gezogen. Die Tatsache mag damit zusammenhängen, daß Paulus keine Systematik der χάρις in ihren verschiedenen Äußerungen entwickelt, sondern auf sie jeweils nur in ihrer Konkretion anspricht. Wichtiger ist freilich, daß sich für ihn die Gnade Gottes für die Menschen in Jesus Christus verdichtet. Die vielfältigen Gnadenerweise Gottes in der Schöpfung und in der Geschichte kommen bei ihm zu kurz bzw. werden nicht mit χάρις benannt. Das wird schon dadurch verständlich, daß die gnadenhafte Begegnung mit dem Auferstandenen den Ausgangspunkt für die Verkündigung des Paulus bildet.

So ist Gnade nicht mehr nur Gnade Gottes (sehr häufig), sondern kann in wenigen Fällen auch Χριστοῦ als genetivus subiecti (2 Kor 8,9[30]) oder originis (Gal 1,6[31], vgl. 2 Kor 12,9) bei sich haben. Die Herkunft der χάρις von Christus markiert im Eingangswunsch das ἀπό, in 1 Kor 1,4 ein „in Christus Jesus". Röm 5,15 steht die „Gnade Gottes" parallel zu ἡ δωρεὰ ἐν χάριτι τῇ τοῦ ἑνὸς ἀνθρώπου Ἰησοῦ Χριστοῦ (das Geschenk, das durch die Gnade des einen Menschen Jesus Christus vermittelt wurde)[32].

---

[29] Vgl. z. B. *Moffatt* 116–127.
[30] S. o. III C. Hier ist χάρις mehr die Tat, während sie im Schlußwunsch (s. III B 2) seine huldreiche Macht meint.
[31] Der Genitiv ist textkritisch nicht gesichert. Vgl. zuletzt *Betz*, Galatians 48, der zuversichtlich ist.
[32] Das τῇ ist von χάριτι abhängig: vgl. *Theobald* 93 Anm. 158.

Die Tendenz setzt sich in den Deuteropaulinen fort: vgl. Apg 15,11; Eph 1,6; 2 Tim 1,9; 2,1; Tit 3,7. Konsequenterweise wenden die Pastoralbriefe das Revelationsschema auf die Gnade an, die mit dem Erscheinen Christi offenbar wird: vgl. 2 Tim 1,9f; Tit 2,11. Damit soll kaum behauptet werden, vor Christus hätte es keine Gnade gegeben – es fehlt ja auch der ausdrückliche Gegensatz der Verborgenheit. Vielmehr wird den Empfängern der kontingenten Christusbotschaft versichert, die Gnade Gottes liege schon von Ewigkeit her in Christus für sie bereit, sei also zeitüberlegen. Vgl. ähnlich 1 Petr 1,10. Deshalb kann sie auch ewiges Leben schaffen (vgl. 2 Tim 1,10).

2 Kor 12,9 ist noch dadurch zu erklären, daß der Apostel in einem besonderen Kontakt zum erhöhten Herrn steht; die übrigen Belege aber sind wohl dadurch angeregt, daß schon die Tradition die Gnade im Christusereignis erblickte und Christus neben Gott als Quelle der Gnade ansah.

2. Spuren einer breiteren Streuung von Gnade

Trotz dieser Monopolisierung der Gnade in Christus finden wir in traditionsgebundenen Aussagen Indizien dafür, daß Paulus das Gnadenwalten Gottes sachlich nicht auf das Christusgeschehen beschränkt. In Röm 1,18–3,20 beschreibt er bekanntlich die aussichtslose Situation der Menschheit nicht vor, sondern ohne Christus. Wie aus 1,19f hervorgeht, nimmt er – ähnlich wie Philon – eine ursprüngliche bzw. mögliche Vertrautheit des Menschen mit dem Schöpfer an, der sich in seinen Werken offenbart. Allerdings unterscheidet er nicht mit Philon zwischen der Erkenntnis des Wesens und der Existenz Gottes. Diese auch den Heiden an sich offenstehende Wahrheit Gottes hilft ihnen aber nichts, weil sie ihm nach V. 21 nicht als Gott die Ehre und den *Dank* geben (εὐχαριστῆσαι). Solcher Dank setzt aber voraus, daß sie ihm aufgrund seiner Schöpfergaben verpflichtet sind. In den Werken des Schöpfers kommt ihnen also der Sache nach durchaus das zu, was Philon χάριτες nennt.

Daß sie mit der Danksagung zusammengehören, können wir noch der Argumentation um den Genuß von Götzenopferfleisch 1 Kor 10,25–31 entnehmen. An sich steht Paulus auf der Seite der Starken und sagt V. 26 mit einem Bibelwort (Ps 24,1): „Des Herrn ist nämlich die Erde und was sie erfüllt". Anstelle dieses Schöpferglaubens kann er V. 30 den Brauch des Tischgebets[33] gegen die

---

[33] Vgl. spec II 175: Es wäre nicht „fromm, ein Nahrungsmittel zu genießen und daran Teil zu haben, ohne in rechter und geziemender Weise dankzusagen". Aus Epiktet, Diss. II 23, 5 (allerdings in einem Aufruf!) und Aristides, Apol. 15,10

Verteufelung des Essens ins Feld führen: „Wenn ich mit Dank (am Mahl) teilha-be, was werde ich dann geschmäht wegen dessen, wofür ich danke?". Paulus macht schließlich dem Hin und Her ein Ende mit V. 31: „Ob ihr eßt oder trinkt oder sonst etwas tut, tut alles zur Ehre Gottes".

Auch bei Philon besteht die Ursünde in der Verweigerung der Ehre und des Dankes Gott gegenüber; sie wird konkret im Götzendienst bewerk-stelligt, der die Gott geschuldete Ehre auf das Sterbliche verlagert (= Röm 1,23)[34].

Aber auch der sündige Mensch erfährt in vielfacher Weise die Gnade Gottes. Wie Philon den Topos von der Verschonung zum Zweck der Umkehr aufnahm[35], so hält auch Paulus dem Übeltäter, der dem Gericht Gottes zu entkommen meint, vor:

„Oder verachtest du den Reichtum seiner Güte (χρηστότης), seines Ansichhal-tens (ἀνοχή) und seiner Langmut (μακροθυμία)? Weißt du nicht, daß dich das Gütige an Gott (τὸ χρηστὸν τοῦ θεοῦ)[36] zur Buße führen will?" (Röm 2,4)

Er bedient sich dabei einer verbreiteten Erklärung für die ausbleibende Vergeltung[37].

(christlicher Autor!) schließt *Schubert* 139, daß dies nicht nur bei den Juden, sondern auch im hellenistischen Heidentum im Schwange war. Vgl. noch Ps-Philon, De Jona 32 den Selbstvorwurf der Niniviten „Über welchem Tisch wurde Gott gepriesen?"

[34] Vgl. ebr 110; Gai 118; op 169: Das Menschengeschlecht mußte bestraft werden wegen der Undankbarkeit gegenüber dem wohltätigen und rettenden Gott. Dies gilt besonders für die Sintflutgeneration (vgl. qGen I 96 o. II C 1 Anm. 84; imm 74; qGen II 13). Aus dem palästinensischen Judentum vgl. 4 Esr 8,60; aus dem jüdisch-hellenistischen Ps-Philon, De Jona 27: Der Grund für das drohende Gericht ist: „Ihr kennt Gott nicht. Ihr stattet keinen Dank ab für Gottes Ga-ben..." Vgl. 31f, worauf 33ff die mögliche Gotteserkenntnis erörtert; vgl. 46. Nachdem Gott die Leute von Ninive verschonte, wollen sie, die „das Leben als einen Teil seiner Gnade erhalten haben", durch dieses Leben den Dank abstatten (39, vgl. 46). – Weitere jüdische Parallelen s. *Zeller*, Römer 56.

[35] S. II C 3b besonders all III 106; zu πλοῦτος s. III C Anm. 19.

[36] Als Abstraktum genommen erinnert der Begriff an ähnliche Bildungen bei Phi-lon, z. B. τὸ χαριστικόν. Allerdings meint das Neutrum nach *Blass-Debrunner-Rehkopf* § 263,2 die Güte Gottes im konkreten Fall. Das bestätigt das analoge τὸ δυνατόν Röm 9,22. – χρηστότης steht Eph 2,7; Tit 3,4–7 in der Nähe von χάρις.

[37] Vgl. Sir 5,4–7. Weitere Stellen aus weisheitlicher und apokalyptischer Lit. bei *Zeller*, Römer 64.

3. Zorn und Gnade

Der unbußfertige Sünder aber sammelt sich wie einen Schatz[38] Zorn an, der sich dann „am Tag des Zorns und der Offenbarung der gerechten Rechtsprechung Gottes" entlädt (Röm 2,5f). Anders als Philon (s. II C 2) plagen Paulus, der aus dem AT und der Apokalyptik schöpft, keine stoischen Skrupel, vom Zorn Gottes zu reden. Die Parallelität von ὀργή und θυμός Röm 2,8 zeigt, daß er durchaus auch als Affekt aufgefaßt ist: es ist der Wider-Wille Gottes gegen das Böse[39], der sich aber sehr wohl mit dem gerechten Richtertum Gottes verträgt; ja, er bricht am Tag des Gerichts, an dem der richtende Gott leidenschaftlich sein Recht durchsetzt, erst voll aus (vgl. Röm 2,5–8; 3,5f). Wenn sich Gottes Zorn ergießt, bringt er dem Sünder Verurteilung (κατάκριμα Röm 5,16.18; 1 Kor 11,32), als Resultat „Bedrängnis und Enge" (Röm 2,9), Untergang und Tod (vgl. Röm 5,12–21; 9,22). Weil der Zorn diese Wirkung schon in sich enthält, kann er gelegentlich dafür stehen[40], darf aber deswegen nicht einfach mit dem menschlichen Scheitern gleichgesetzt werden.

Obwohl der Zorn in seiner eschatologischen Offenbarung noch künftig ist (vgl. 1 Thess 1,10; Röm 5,9), kann Paulus ihn schon prophetisch als Realität verkünden (Röm 1,18; vgl. 1 Thess 2,16 über die Juden). Er ergeht über eine vom Unrecht beherrschte Menschheit, die Paulus Röm 1,18–3,20 ausnahmslos – ob Heide, ob Jude – an den Pranger stellt. Alle Welt muß sich vor dem gewissermaßen schon Gericht haltenden Gott als schuldig bekennen (3,9.19). Bei allem Wissen um die menschliche Unvollkommenheit[41] erreicht Philon nicht die Radikalität dieses Schuldaufweises. Paulus ist wohl geleitet von der apokalyptischen Vorstellung, daß in den letzten Tagen die Bosheit überhandnimmt[42]. Aber das erklärt nicht, weshalb er nicht wenigstens für einen heiligen Rest Israels ein Schlupfloch

---

[38] Zu θησαυρίζειν vgl. das Bild von den versiegelten Schatzkammern des Bösen all III 106.

[39] Noch massiver reden die Qumranschriften von dem der Güte entgegengesetzten rächenden Grimm Gottes.

[40] Vgl. 1 Thess 5,9 „Erwerb des Heils" als Oppositum und die Wendung „Rettung vor dem Zorn" (1 Thess 1,10; Röm 5,9).

[41] S. II C 1 und meinen Exkurs „Die Allgemeinheit der Sünde im AT und im Judentum": Römer 81f. Ferner *H. Merklein*, Die Bedeutung des Kreuzestodes Christi für die paulinische Gerechtigkeits- und Gesetzesthematik, in: Studien zu Jesus und Paulus (WUNT 43) Tübingen 1987, 1–106, näherhin 1–14.

[42] Vgl. *Theobald* 117. Originell ist freilich, daß Röm 5,20 das Anwachsen der Verfehlung dem Kommen des Gesetzes zuschreibt. Dazu u. 3a.

läßt. Die Allgemeinheit der Sünde, auch und gerade bei den Juden, ist letztlich ein Postulat, das sich ihm vom Gnadenwerk Gottes in Jesus Christus her ergibt. Wenn Gott schon sein Bestes, seinen eigenen Sohn, für die Menschen eingesetzt hat, dann muß es schlimm um sie stehen. Die Notwendigkeit der Gerechtigkeit *Gottes* für alle Menschen ist denn auch das Beweisziel dieser ersten Kap. des Römerbriefs. Deshalb muß Paulus – von dem episodischen Gedanken 2,4 abgesehen, der den Richtenden ja nur noch schuldiger erscheinen läßt – alle Möglichkeiten der Sühne, die zumal das jüdische Volk hatte, ausblenden. Der Versöhnungstag etwa, an dem Philon das ἵλεως-Sein Gottes demonstrierte (s. II C 3 c), bleibt unerwähnt, weil es Paulus einzig auf das ἱλαστήριον Jesus Christus (Röm 3,25) ankommt.

Wie steht nun diese Gnadentat zum Zorngericht Gottes? Weil die Dahingabe seines Sohnes ein Sühneopfer ist, muß Gott am Kreuz gleichsam seinem eigenen Zorn entgegenwirken. In der Rechtfertigung des Sünders schafft er eine Möglichkeit, dem Zorn zu entgehen; dieser bleibt definitiv nur auf denen, die sich dem Evangelium verschließen. Zorn und Gnade sind eschatologische Alternativen, die die ganze Welt betreffen; für den Einzelnen wird – je nach seiner Entscheidung – nur je eine Wirklichkeit. Güte und Strenge Gottes (χρηστότης καὶ ἀποτομία θεοῦ) stehen so zur Wahl (vgl. Röm 11,22)[43]. Wo – wie Röm 9,22 – der Zorn Gottes auch noch mit seiner Macht (τὸ δυνατόν) Hand in Hand geht, scheinen wir nahe bei der philonischen Lehre von den beiden Grundkräften Gottes (s. II B 2). Doch diese durchwalten Schöpfung und Geschichte je und je. Bei Paulus aber offenbart sich die Zornesmacht Gottes erst am Ende, und in dieser Krise der Welt greift die Gnade ein. Es geht ihm eben nicht darum, durch ein ausgeklügeltes System von göttlichen Kräften Gott von der Verantwortung für das Böse zu entlasten; er betreibt nicht in erster Linie Theodizee, sondern will die heilsgeschichtliche Bedeutung des Christusereignisses herausarbeiten. Die jetzt im Sühneopfer Christi aus Gnaden offenbar gewordene Gerechtigkeit rettet vor dem endgültig verhängten Gericht. Paulus denkt also vom einmaligen Augenblick des Gnadenangebots Gottes in Christus her, dem er auch die Vokabel χάρις vorbehält.

Dies ist natürlich beim bisherigen Vergleich mit Philon oft genug herausgestellt worden, etwa von *Windisch*[44]:

---

[43] Anders Röm 9,22ff, wo Ansätze zu einer doppelten Prädestination vorliegen. Hier werden zwei Menschengruppen durch ὀργή bzw. ἔλεος ausgegrenzt.

[44] Frömmigkeit 108.

„Die Begnadigung ist bei Paulus an ein historisches Ereignis gebunden. Philos Lehre und Erfahrung von einer frei sich ausgebenden Amnestie Gottes, wie sie das Alte Testament, wie sie auch das Evangelium bezeugt, ist wiederum in der Geschichtstheologie des Paulus ignoriert ... was bei Philo oft wiederholtes, isoliertes, seelisches Erleben geworden, ist bei Paulus universale Geschichte, Heilsgeschichte geblieben".

Wenn das Kontrastbild inzwischen korrigiert wurde, dann auf seiten Philons, dessen Denken sich doch nicht ganz aus der jüdischen Heilsgeschichte herausgelöst hat[45]. Im geistlichen Fortschreiten des Einzelnen kennt er auch eine zeitliche Dimension. Aber das „Jetzt" des Heiles ist nicht eschatologisch gedacht, sondern von der Nähe des Geistes zu Gott her[46].

C) χάρις in der Rechtfertigung des Gottlosen[47]

1. χάρις im Zusammenhang der Versöhnungsbotschaft

Daß „Gnade" und „Gerechtigkeit Gottes" nicht nur im Kampf mit den Judaisten einsetzbare Schlagworte sind, könnte 2 Kor 5,18–6,2 erkennen lassen. Hier ruft Paulus den Korinthern mit der Szenerie eines Versöhnungsaktes[48] die χάρις Gottes ins Gedächtnis, die ihr Christsein grundle-

---

[45] Vgl. etwa *Jaubert* 438: Trotz des schweren Tributs an die alexandrinische Philosophie habe Philon die traditionellen Hoffnungen seines Volkes nicht aufgegeben: „il a cru que la plante d'Israël, sainte par les patriarches, sainte par Moïse et Aaron, serait toujours, à cause de la *diathèkè* de Dieu, animée d'une sève toujours renaissante. Le salut du monde passait par Israël qui finalement devait être pour l'humanité entière le lieu de la sainteté et de la médiation avec Dieu. Philon a espéré la réalisation d'un Israël spirituel qui, sans abandonner la lettre de la Loi, serait uni dans l'amour commun des réalités d'en haut et dans le culte du Dieu unique". Sie muß aber ebd. zugeben: „Sa tendance propre est de transférer à l'âme individuelle les aspects intérieurs de l'Alliance".

[46] *Jaubert* 440 betont, daß mangels eines ausgeprägten Glaubens an die Unsterblichkeit der Seele bei Philon „l'ordre des biens divins existait actuellement pour l'homme", sollte aber dieses „Jetzt" nicht dem des Hebr an die Seite stellen.

[47] Vgl. den Literaturnachtrag von *O. Merk* zu *Bultmann,* Theologie 684ff. Außer auf meinen Römerbriefkommentar darf ich verweisen auf *D. Zeller*, Zur Pragmatik der paulinischen Rechtfertigungslehre: ThPh 56 (1981) 204–217. Zu den Wurzeln und der ersten Entfaltung der Rechtfertigungslehre im Galaterbrief *Becker* 294–321.

[48] Vgl. wieder *O. Merks* Literaturangaben ebd. 688f. Jetzt *C. Breytenbach*, Versöhnung (WMANT 60) Neukirchen-Vluyn 1989.

gend bestimmt. Paulus war der Gesandte, der ihnen Gottes Friedensange-
bot überbrachte: Gott wollte sie durch Christus wieder mit sich versöh-
nen. Die Basis dieser Offerte ist nach 5,21, daß Christus am Kreuz (vgl.
Röm 5,10) an ihrer Stelle und für sie zur Sünde gemacht wurde, damit sie
in ihm Gerechtigkeit Gottes würden. Δικαιοσύνη θεοῦ steht hier der
ἁμαρτία gegenüber; es ist das von Gott selbst geschenkte Rechtsein vor
Gott.

Diese Versöhnung gilt es zu erneuern[49]. In der aktualisierenden Weiterführung 6,1 wird die Gabe der Gerechtigkeit Gottes auch mit χάρις τοῦ
θεοῦ, die man empfängt, umschrieben. Vgl. Röm 5,17 den Doppelbegriff
χάρις καὶ δωρεὰ τῆς δικαιοσύνης. Mit ihr ist „jetzt" (vgl. Röm 3,21 mit
der Gerechtigkeit Gottes) das Heil angeboten. Paulus kann also χάρις im
unpolemischen Zusammenhang der Erinnerung an das Christwerden als
Gabe erwähnen. Von diesem Kontext der Versöhnung her bekommen
auch die Wünsche am Briefanfang, die Gnade und Frieden von Gott und
Jesus Christus zusagen, einen vertieften Sinn.

Auch Philon kommt manchmal der Vorstellung einer von Gott mitgeteilten
Gerechtigkeit[50] = Gnade recht nahe. Gen 6,18a verheißt Gott dem gerechten
Noah[51]: στήσω τὴν διαθήκην μου πρὸς σέ (Ich werde mein Vermächtnis bei dir
aufstellen). Mit διαθήκη assoziiert Philon χάρις[52], mit στήσω das göttliche
Proprium des Fest-Seins. Der Satz will also einmal besagen, daß Gott seine
eigene Festigkeit den „auserwählten Naturen" bzw. dem Gerechten ins Herz
senkt (somn II 223)[53]. Zum andern wird damit zweierlei angedeutet: „einmal,

---

[49] Vgl. zuletzt *J. Lambrecht*, The Favorable Time: A Study of 2 Cor 6,2a in Its
Context, in: *H. Frankemölle – K. Kertelge* (Hg.), Vom Urchristentum zu Jesus
(FS J. Gnilka) Freiburg–Basel–Wien 1989, 377–391, bes. 382f.

[50] Freilich faßt sie Philon weniger im biblischen Sinn als Rechtsein vor Gott, sondern im griechischen als Tugend, Abr 27 gar als „Chorführerin der Tugenden".

[51] Zur „Etymologie" Noah = δικαιοσύνη (all III 77 u.ö. nach Gen 6,9LXX) vgl.
Nikiprowetzky, commentaire 62f. – *P. Savinel* in: *Arnaldez u.a.*, œuvres gibt
fälschlich Gen 9,11 an.

[52] S. II D 4 Anm. 306.

[53] Ἀλλὰ γὰρ τοσαύτη περὶ τὸ θεῖόν ἐστιν ὑπερβολὴ τοῦ βεβαίου, ὥστε καὶ ταῖς
ἐπιλελεγμέναις φύσεσιν ἐχυρότητος, ὡς ἀρίστου κτήματος, μεταδίδωσιν.
Αὐτίκα γέ τοι τὴν πλήρη χαρίτων διαθήκην ἑαυτοῦ – νόμος δ᾽ ἐστὶ καὶ λόγος
τῶν ὄντων ὁ πρεσβύτατος – ὡς ἂν ἐπὶ βάσεως τῆς τοῦ δικαίου ψυχῆς ἄγαλμα
θεοειδὲς ἱδρύσεσθαι παγίως φησίν ... (Aber dem Göttlichen eignet ein solches Übermaß an Festigkeit, daß es auch den auserwählten Naturen von seiner
Stärke – gleichsam aus seinem besten Besitz – mitteilt. So sagt er gar, er werde
sein Vermächtnis übervoll mit Wohltaten [χάριτες] – das ist aber das altehrwür-
dige Grundgesetz und der Logos alles Seienden – als göttliches Standbild gleichsam auf der Basis der Seele des Gerechten fest aufrichten ...)

daß das Gerechte ununterschieden vom Vermächtnis Gottes ist", dann, daß Gott nicht – wie die Menschen – vom Empfänger verschiedene Gaben schenkt, sondern jedes Seiende sich selbst (ebd. 224; vgl. imm 107, zitiert II B Einleitung). Das heißt aber – so könnte man folgern – im Fall des Noah: Er verdankt seine Identität als Gerechter Gott[54]. Freilich bringt die Parallele qGen II 10 gleichzeitig den Aspekt der Würdigkeit ins Spiel, wenn dort die erste Auslegung, die der somn II 223 gegebenen entspricht, so lautet:
„Niemand wird Erbe der göttlichen Substanz sein als allein der Tugendhafte... Gott ist ewig und gibt den Weisen Anteil an seinem Erbe, indem er sich an ihrem Besitz freut. Denn er, der alle Dinge besitzt, bedarf nichts; sie aber, die an allem Mangel leiden, besitzen in Wahrheit nichts. Deshalb erweist er denen in seiner Güte Wohltaten, die würdig sind, indem er ihnen verleiht, wessen sie ermangeln".

Obwohl Philon von der Selbstmitteilung Gottes an den Gerechten und der geschenkten Identität alles Seienden reden kann, finden wir bei ihm nirgends die paradoxe Formulierung des Paulus, daß Gott „den Gottlosen gerecht spricht" (Röm 4,5). Der Gnade Gottes korrespondiert bei Philon immer menschliche Tugend, und sei es nur, daß der Mensch sich vor Gott demütigt und klein macht, indem er erkennt, daß er „in Wahrheit" nichts besitzt.
Bei dieser zugespitzten Verwendung von δικαιοῦν in der paulinischen Rechtfertigungslehre (s. gleich) darf man aber nicht vergessen, daß Paulus die urchristliche Anschauung von der Rechtfertigung und Heiligung in der Taufe (vgl. 1 Kor 6,11) teilt. Hier geht sehr wohl so etwas wie Umkehr vorauf (vgl. 1 Thess 1,9; 2 Kor 12,21), auch wenn beim späteren Paulus davon nicht mehr die Rede ist. Dieser hebt nur auf den Glauben als die Weise ab, wie der Mensch die Gnade empfängt. Doch damit sind wir bei einem neuen Kontext.

2. Gnade vs. Rechtfertigung aus Werken

Wir nehmen an, daß Paulus in der Verteidigung seines Missionswerkes gegen die Judaisten, die den Heiden zusätzliche Heilsbedingungen auferlegen wollten, den Gedanken von der Gerechtmachung in der Taufe antithetisch ausformulierte, so daß wir von einer regelrechten „Lehre" sprechen können. Während 1 Kor 6,11 die Rechtfertigung „im Namen des

---

[54] Die 2. Auslegung in qGen II 10 scheint nur σέ statt πρὸς σέ vorauszusetzen, wenn man *Aucher* und *Mercier* (anders *Marcus*) trauen darf; sie läuft deshalb in eine etwas andere Richtung.

Herrn Jesus Christus und im Geist unseres Gottes" begründete und 1 Kor
1,30 davon sprach, daß Christus Jesus uns „Gerechtigkeit, Heiligung und
Erlösung wurde", finden wir in späteren Briefen (Gal, Phil 3, Röm) in der
Zirkumstante nun ein menschliches Verhalten, den Glauben, als subjektives Prinzip der Rechtfertigung. Dieser Glaube ist zwar immer noch auf
die Heilstat Christi bezogen, steht aber manchmal absolut im Gegensatz
zu den „Werken", zur Gerechtigkeit, die man aus dem Gesetz gewinnt.
Diese wird als „eigene Gerechtigkeit" der von Gott geschenkten gegenübergestellt, wobei der Genitiv Gewicht bekommt (vgl. Röm 10,3; Phil
3,9 statt dessen ἡ ἐκ θεοῦ δικαιοσύνη).

a) Gnade als objektiver Grund der Rechtfertigung

In dieser ausgebauten Rechtfertigungslehre macht Paulus aber mehrmals
klar, weshalb der Glaube, und nur er, „zur Gerechtigkeit angerechnet"
wird, indem er auf das „objektive Prinzip" der Rechtfertigung verweist[55],
die Erlösung in Jesus Christus. Weil sie ein Gnadengeschehen ist, kann ihr
allein der Glaube entsprechen. So kennzeichnet er Röm 3,21–26, wo er
den Neuansatz in Christus für die verlorene Menschheit proklamiert, die
Gerechtigkeit Gottes zunächst durch den Glauben an Jesus Christus. V.
22 präzisiert so V. 21; auch in den eingearbeiteten liturgischen Text
sprengt er V. 25 διὰ πίστεως ein und erweitert ihn V. 26bc, indem er die
δικαιοσύνη = Bundestreue von V. 25 als Glaubensgerechtigkeit interpretiert. *Röm 3,24* tritt nun an die Stelle des Substantivs δικαιοσύνη das
Verbum δικαιοῦσθαι. Diese Rechtfertigung geschieht „umsonst", d. h.
ohne menschliche Vorleistung; fast verdoppelnd setzt Paulus hinzu
„durch seine Gnade".
Von der Existentialphilosophie geprägte Theologen haben viel Energie
darauf verwandt, zu betonen, daß χάρις nicht die gnädige Gesinnung,

---

[55] In Phil 3 wendet Paulus das persönlich: es ist die ihm geschenkte Erkenntnis Jesu
Christi, seines Herrn. – Wenn wir hier etwas scholastisch von „subjektivem" und
„objektivem" Grund sprechen, so nehmen wir ein Anliegen von *Doughty* auf. Er
kritisiert an *Bultmann*, er stelle faktisch Glaube und Gnade so gleich, daß diese
zu einem Moment des glaubenden Selbstverständnisses wird. „It is precisely the
reverse; Paul interprets ‚faith' in the light of ‚grace', and on this basis places
‚faith' in direct antithesis to ‚works of the law'. Bultmann thus obscures the
christological character of Paul's interpretation of faith" (171 Anm. 4). – Ich
möchte hier dahingestellt sein lassen, ob er das tatsächlich tut.

sondern die Tat Gottes meint[56]. Daran ist richtig, daß es nicht um die Entdeckung eines zeitlosen Wesenszuges geht, sondern um die göttliche Großzügigkeit, Spontaneität, die sich im eschatologischen „Jetzt" in der Preisgabe Jesu am Kreuz erweist. Immerhin wird das Erlösungswerk aber mit ἀπολύτρωσις und V. 25 noch einmal eigens beschrieben, so daß χάρις nicht einfach mit ihm identisch sein muß. So wird vielmehr sein Woraus angegeben.

Da die Gnade vor dem Hintergrund des drohenden Gerichts erscheint und δικαιοῦσθαι ein forensischer Begriff ist (vgl. Röm 2,12f), ist man versucht, sie mit *R. Bultmann*[57] als eine Art Gnadenerlaß, als „gnädiges Handeln des Richters" zu bestimmen. In der Tat ist Röm 5,16 das rechtfertigende χάρισμα die Alternative zu Urteil und Verurteilung. Aber die Wirkung der Gnade liegt nicht nur negativ in der Amnestie, im „Nachlaß der vorherbegangenen Sünden"; Gott spricht den Sünder nicht bloß frei, sondern er macht ihn wirklich gerecht und befähigt ihn zu einem dem Willen Gottes gehorsamen Leben (vgl. 8,4). Dadurch kann er dem Zorn Gottes nicht mehr anheimfallen. Die Gnade löst also den Zorn nicht einfach ab, sondern hilft, ihm zu entrinnen.

Weil Gott in seiner Gnade von sich aus handelt, ist das menschliche Werk zur Rettung überflüssig geworden, ganz abgesehen von der Frage, ob es überhaupt geleistet werden kann. Das wird am deutlichsten *Gal 2,20f*. Paulus hatte in seiner idealen Rede gegenüber Petrus darzulegen versucht, daß für ihn – obwohl er nicht zu den Sündern = Heiden zählt – das Gesetz als Heilsweg abgetan ist. Weil der Glaubende auf die Heilskraft des Todes Christi setzt, ist er praktisch mit Christus dem Gesetz abgestorben. Für den, der weiter durch Gesetzesobservanz Gerechtigkeit gewinnen wollte, wäre Christus umsonst gestorben. Der objektive Grund für die neue Weise der Rechtfertigung ist also auch hier der Sühnetod Jesu, den V. 20 mit seiner Liebe und Selbsthingabe umschreibt. Dahinter steckt

---

[56] Vgl. *Bultmann*, Theologie 284, 287 ff genauer „nicht seine zeitlos gütige Gesinnung … Gottes bisher verkanntes Wesen". *Conzelmann* möchte in: ThWNT IX 384 so Paulus gegenüber Philon abheben: „Paulus orientiert sich, anders als Philo nicht an der Frage nach dem Wesen Gottes, sondern an der geschichtlichen Manifestation des Heils in Christus". Damit wird er aber Philon nicht gerecht, der das Wesen Gottes für unerkennbar hält und – wie *Conzelmann* selber wenige Seiten vorher (380) ausführte – die χάρις im „Walten Gottes als des Schöpfers, Erhalters, Weltregenten, Erlösers" sieht. – Vgl. gleichlautende Antithesen auch bei *H. Conzelmann*, Grundriß der Theologie des Neuen Testaments, München 1967, 236 f.

[57] Theologie 289.

aber – ohne schlechthin damit gleichbedeutend zu sein – die χάρις τοῦ θεοῦ, so daß es auf dasselbe hinausläuft, die Gnade Gottes zu verschmähen und Christus umsonst sterben zu lassen.

Gnade als göttliches Verhalten konkretisiert sich also geschichtlich in der Liebestat Gottes und Christi am Kreuz; sie unterstreicht deren Gratuität.

b) Gnade als überreiche Gabe

In *Röm 5* arbeitet Paulus die Folgen der Rechtfertigung, den Frieden mit Gott und das Leben, heraus. Weil es ihm jetzt mehr auf die Wirkung ankommt, wird aus der Gnadentat in *V. 2* der Heilsbereich, in *V. 12–21*, wo die χάρις Christi dem von Adam vermachten Unheil kontrastiert wird, mehr die Gabe. Die Wortwahl des Apostels ist freilich stark durch Assonanzen bestimmt. So steht *V. 15a* dem παράπτωμα das χάρισμα gegenüber, das durch *V. b* als „Gnade Gottes" bzw. „Geschenk ἐν χάριτι"[58] Christi erläutert wird. *V. 16a* schreibt dafür δώρημα, und in *V. b* dominieren wieder Neutra auf -μα, die das Resultat besagen. *V. 17* ist klar, daß man die Gnade ebenso wie das „Geschenk der Gerechtigkeit" „empfängt". Χάρισμα hat deshalb seine übliche Bedeutung „Gnadengabe"[59]. Dennoch kommt mit δικαίωμα (Rechttat) und ὑπακοή (Gehorsam) *V. 18f* auch wieder das zugrundeliegende Tun Jesu in den Blick.

Paulus will in diesem nach dem rabbinischen Muster *qal – waḥomer* gebauten Gedankengang zweierlei sagen: 1. Es gibt eine Entsprechung, ein „Wie – So" zwischen Adam und Christus. 2. Die Rechttat Christi hebt aber die unheilvolle Wirkung der Sünde Adams auf, übertrifft sie in dieser Hinsicht. Für diesen zweiten Aspekt kommt Paulus die traditionelle Assoziation von χάρις und Fülle[60] gelegen.

Auch bei Philon hörten wir immer wieder, daß Überschwang (ὑπερβολή) und Überfluß die göttlichen χάριτες auszeichnen[61]. Mit dem Überströ-

---

[58] *Theobald* 93 Anm. 158 tritt hier für „Tat" ein; ähnlich *Brockhaus* 131 f; doch vielleicht soll die modale Bestimmung plerophorisch den Geschenkcharakter hervorheben.

[59] Richtig *Theobald* 91 gegen *Käsemann* u. a. *Ruckstuhl* 469 dagegen erwägt, die Gleichbildungen auf -μα als nomina actionis zu verstehen.

[60] S. III D, bes. Anm. 19 f.

[61] Vgl. außer dem III D Anm. 19 Genannten her 29; Abr 39; qGen II 13 (ἐξαισία ὑπερβολὴ τῆς ἐπιεικείας), 16 (ὑπερβολὴ τῆς εὐεργεσίας); IV 96 (αἱ θεῖαι χάριτες αἱ ὑπερβάλλουσαι). Paulus gebraucht ὑπερβάλλειν mit χάρις 2 Kor

men der Gnade kann Paulus verständlich machen, daß die Sünde Adams, die sich schon in den Sünden vieler krebsartig ausgebreitet hat und den Tod für alle nach sich zieht, in ihrem Um-Sich-Greifen überwunden wird durch das, was Christus im Gehorsam für die vielen erwirkt hat. Aus dem gnadenhaften Geschenk der Rechtfertigung entspringt das Leben durch Jesus Christus (V. 17.18.19.21)[62].

Bei seinem letzten Anlauf zur Gegenüberstellung V. 18ff bringt Paulus noch das Gesetz ein, das die Sünde vermehren sollte (mehr dazu gleich). Aber dieser Zweck des Gesetzes ist umgriffen von einer letzten Sinngebung, dem Triumph der Gnade, den V. 20 mit dem hybriden Wort ὑπερπερισσεύειν ausdrückt[63]. Die Königin Sünde ist hier der Königin Gnade konfrontiert, die durch die Gerechtigkeit Gottes zum ewigen Leben führt.

c) Die Gnade als Macht

Als Subjekt von βασιλεύειν (Röm 5,21) tritt die Gnade – wie ihr Widerpart, die Sünde – personifiziert[64] auf; sie wird zu einer lebenbringenden Macht[65]. Dies ist dann auch für *Röm 6* vorausgesetzt, wo Paulus einer möglichen Fehldeutung der 5,20b aufgezeigten Dialektik von Sünde und Gnade zuvorkommt, nur daß der von der Gnade gestürzte Herrscher nun nicht mehr Sünde, sondern Gesetz heißt. V. *14b.15* stellen fest, daß wir nicht mehr unter dem Regime des Gesetzes, sondern dem der Gnade stehen. Eine ähnliche Gegenüberstellung war uns Joh 1,17 vorgekommen, nur daß dort heilsgeschichtliche Epochen gemeint sind; bei Paulus aber

---

9,14; vgl. Eph 2,7. Imm 73 sagt, daß Gott sich seiner vollkommenen Güte (ἀγαθότης, 74 mit χάρις ausgelegt) erinnert und – auch wenn die ganze Menge der Menschen von sich aus durch die Überzahl (ὑπερβολαί) der Sünden zu Fall kommt – seine hilfreiche Rechte ausstreckt. – Auch die Rabbinen haben das Übergewicht des Maßes des Guten über das der Strafen erörtert: vgl. *Theobald* 95 zu Sifre Lev 5,17 (120a).

[62] Vgl. auch 2 Tim 1,10; Tit 3,7.

[63] *Berger*, EWNT III 1101 vergleicht LibAnt 39,6: nam etsi peccata nostra abundaverunt, sed misericordia eius implevit terram (vgl. 49,3).

[64] Vgl. die Überlegungen am Beispiel von ἁμαρτία bei G. *Röhser,* Metaphorik und Personifikation der Sünde (WUNT 2. R. 25) Tübingen 1987.

[65] Verabsolutiert von E. *Käsemann,* Exegetische Versuche und Besinnungen, Göttingen 1964, I 111: „konstitutiv als Macht verstanden"; II 187: „primär die Gnadenmacht"; *ders.,* An die Römer (HNT 8a) Tübingen ³1974, 90 zu Röm 3,24: „eschatologische Macht".

muß sich der Mensch immer noch entscheiden, von wem er beherrscht sein will (vgl. Gal 4,21). Der neue Kontext, in dem Gnade sich als Macht auswirkt, ist das sittliche Leben der Christen[66].

3. Gesetz und Gnade

Daraus, daß der Mensch nicht mehr dem Gesetz, sondern der Gnade dienstbar ist, können zwei Folgerungen gezogen werden. Einmal die, die Paulus Röm 6 abwehrt: die Gnade wird zum Freibrief für die Sünde, weil diese angeblich die Gnade nur noch steigert. Das ist es, was D. *Bonhoeffer* die „billige Gnade" genannt hat[67]. Paulus zieht aber gerade die Folgerung (V. 14), daß es mit dem Sündigen nun ein Ende haben muß. Denn Gesetz und Sünde gehören zusammen, bedingen einander. Das Gesetz wirkt Zorn (Röm 4,15), läßt die Verfehlung mehr werden (Röm 5,20a). Diese Andeutungen führt Paulus Röm 7,7–25 aus.

a) Der fleischliche Mensch unter dem Gesetz

Solche Sätze sind bei Philon undenkbar. Das Gesetz ist ihm nicht nur Äußerung der königlichen Gewalt Gottes, sondern in helfender Absicht gegeben. So sagt er Mos II 189 von den in persona Dei verkündeten Gottesworten des Mose:

> „Diese ersteren nun sind gänzlich Beweise der göttlichen Tugenden, und zwar seiner Gnädigkeit und Wohltätigkeit (τῆς τε ἵλεω καὶ εὐεργέτιδος), durch die er alle Menschen zur Rechtschaffenheit salbt, vor allem aber das ihn verehrende Geschlecht (Israel), dem er (so) den Weg zur Glückseligkeit eröffnet".

Meist bemüht sich Philon auch in werbender Absicht, mit Dtn 30,11–14 darzutun, daß die Vorschriften Gottes nicht schwer sind.

> „Gott fordert nämlich, sagt (das Gesetz), o Vernunft, nichts Lästiges, Kompliziertes oder schwer Ausführbares, sondern etwas durchaus Einfaches und

---

[66] S. E. Diese Bedeutungsnuance hatten wir aber auch beim Abschiedsgruß unterstellt: s. III B 2.

[67] Nachfolge, München 1961, 13f. – Mit solchen Fehlschlüssen, die vielleicht zum Arsenal der Gegner gehörten (vgl. Röm 3,8), setzt sich Paulus auch Gal 2,17; 5,13 auseinander. Ebenso kämpft Jud 4 gegen gottlose Männer, „die die Gnade unseres Gottes in Zügellosigkeit verkehren".

Leichtes: daß du ihn liebst als deinen Wohltäter, wenn nicht, wenigstens fürchtest als Herrscher und Herrn ... daß du an seinen Geboten festhältst und das Gerechte schätzest..." (spec I 299f). 301 malt in Anlehnung an Dtn 30,13 die verneinten Schwierigkeiten aus; dann heißt es: „Die Seele muß nur zustimmen, und schon ist alles in ihrer Reichweite" (302). Noch enger am Bibeltext ist virt 183: Da heißt es vom Gebot (der Umkehr): „Diese Sache ist keine untragbare Last noch in weiter Entfernung, weder hoch oben im Äther und an den äußersten Enden der Erde noch jenseits des großen Meeres, so daß es unmöglich wäre, sie zu erlangen; sie ist vielmehr ganz nahe und hält sich in unseren drei Hauptteilen auf, dem Mund, dem Herzen und den Händen, was symbolisch für die Worte, Entschlüsse und Handlungen steht"[68].

Philon möchte spec I die Erwählung der „wahren Menschen" = Israel (vg. 303) zum Dienst Gottes, dem ewigen Quell des Schönen, anpreisen. Mit dieser Absicht aber überkreuzt sich anderswo das kynische Lob der Mühe[69]. Lea verkörpert diesen abschreckenden Aspekt der Tugend, „die oft mühereiche und unangenehme Gebote aufstellt" (mut 254). Die Gesetze Israels sind hehr, aber eben auch streng (spec IV 179; Hypothetica 7,1f). Dazu kommt die Klage über die Übermacht der Sinnlichkeit, die im Geist eine verheerende Wandlung (τροπή) bewirken kann. Hier können dualistische Töne durchaus an Röm 7 anklingen[70].

Philon beschreibt – wie Paulus Röm 7,23 – mit militärischen Metaphern den Kampf zwischen Fleisch und νοῦς. Imm 140–145 etwa legt er Gen 6,12 aus: „Es vernichtete jegliches Fleisch den zu Gott führenden vollkommenen Weg des Ewigen und Unvergänglichen". Dieser Weg, d.h. die Weisheit, ist zwar breit und gangbar (Königsstraße), aber Edom = der Irdische sucht die Angehörigen des Sehergeschlechts = Israel mit allem Eifer und aller Kriegsmacht davon abzudrängen. – All II 31–34 verfällt Philon sogar wie Paulus in den Stil des exemplarischen „Ich", um die unwillkürliche Ablenkung als allgemein-menschliches

---

[68] Die Hände sind Zusatz der LXX und fehlen bezeichnenderweise in Röm 10,8. Parallelen somn II 180 (τὸ ἀγαθόν); prob 68 (ἀρετή). Weitere Anspielungen auf Dtn 30,11–14 post 84–88; mut 236ff; praem 80–84; hier bildet jeweils das Verhältnis der drei Komponenten die Pointe.

[69] Vgl. her 48; Mos II 182f. Vgl. auch II D 3c zur Mühe Jakobs.

[70] Vgl. II D 2b; *Thyen*, Studien 115–118; zur vorausgesetzten Anthropologie *Brandenburger* 123–171; *Harl* 103–119. Nähe zu Paulus konstatiert etwa *Goodenough*, Introduction 117f. Vgl. auch den Abschnitt „Man's Internal War" bei *Hay*, ANRW II 20.2 896–902. Danach geht Philon über den hellenistisch-jüdischen Gemeinplatz vom Kriegszug zwischen Geist und Körper hinaus, indem er auch eine Front zwischen Gedanken bzw. Denkmustern kennt. 910ff zieht *Hay* den Vergleich mit Paulus aus. Vor allem *Goodenough* vernachlässige aber die apokalyptischen Züge beim paulinischen Begriff „Fleisch" und „Geist".

Phänomen darzustellen: „Wenn es wenigstens an mir läge, mich zu wenden, wohin ich wollte, dann würde ich davon Gebrauch machen… Jetzt aber[71] widerstreitet (ἀντιφιλονεικεῖ) mir die τροπή, und oft, wenn ich etwas Geziemendes denken will, gehe ich in den Strömungen gegen das Geziemende unter". – Israel, das klarste Seelenauge, ächzt und stöhnt (vgl. Röm 8,22 f) verstrickt in das ägyptische Netz der Körperlichkeit (conf 92 im Blick auf Ex 2,23). Denn welcher vernünftig Denkende würde nicht angesichts der in äußere Genüsse investierten Werke der Menschen „gar sehr niedergeschlagen sein und zu Gott, dem einzigen Erlöser aufschreien, er möge diese Arbeit erleichtern und andererseits Lösegeld und Kaufpreis für die Errettung der Seele entrichten und sie in Freiheit setzen?" (conf 93).

Von hier läßt sich leicht eine Brücke schlagen zum Hilferuf am Ende von Röm 7: „Ich unglückseliger Mensch, wer wird mich herausreißen aus diesem Leib des Todes?" (V. 24)[72]. Es ist auch hier das Fleisch, „das Gesetz in den Gliedern", das die Verwirklichung dessen verhindert, was der „innere Mensch" – Philon spricht vom νοῦς als dem „wahren Menschen in uns" – als richtig erkannt und bejaht. Es kämpft wider das einsichtige Ich und nimmt es gefangen, so daß es der Sünde verhaftet bleibt.

Bei all diesen anthropologischen Gemeinsamkeiten bleibt aber ein großer Unterschied: Nach Röm 7,7–12 weckt gerade das Gesetz mit seinem Verbot „Du sollst nicht begehren" das Begehren, belebt die Sünde und bringt dem Menschen den Tod. Die Reduktion des Gesetzes auf das Verbot der ἐπιθυμία ist zwar wieder hellenistisch und auch Philon nicht fremd[73]. Er hätte aber nie dem Gesetz im Kampf gegen die Begierde eine negative Rolle zugewiesen. Das 10. Gebot sucht sie ja auch zurückzu-

---

[71] νυνὶ δέ wie Röm 7,17. Zum mit Röm 7 vergleichbaren Ich-Stil Philons vgl. *Hay* in: ANRW II 20.2 885.900.908.

[72] *E. W. Smith* Jr., The Form and Religious Background of Romans VII 24–25 a: NT 13 (1971) 127–135 verweist für solche Klagen auf die hermetische Schrift Kore Kosmou und JosAs. *Siegfried* 306 hatte schon das heilsame Stöhnen all III 211 f Κακοδαίμονες ἡμεῖς … Röm 7,24 an die Seite gestellt.

[73] Philon sieht in ihr „die Quelle aller unrechten Taten", „von der die gesetzwidrigsten Handlungen erfließen, private und öffentliche, kleine und große, sakrale und profane, sowohl den Leib wie die Seele und die äußeren Gegenstände betreffende; denn nichts entrinnt … der Begierde, sondern wie eine Flamme am Holz Nahrung findet, verzehrt und vernichtet sie alles" (decal 173). Wegen ihrer universalen Reichweite läßt Philon die Begierde im letzten und zusammenfassenden Gebot – wie auch Paulus – ohne Objekt. Unter den Leidenschaften der Seele ist sie die schlimmste, weil sie den Menschen nicht von außen überfällt, sondern von ihm ausgeht (vgl. decal 142).

drängen. Doch gerade das provoziert nach Paulus das Begehren,[74] die Ursünde. Denn es scheint – obwohl zum Leben gegeben – dem begehrlichen Menschen das Leben vorzuenthalten. Darin täuscht es ihn. Paulus widerspricht damit diametral der jüdischen Anschauung, wonach das Gesetz selber das beste Mittel ist, den bösen Trieb niederzuzwingen. Konsequenter als Philon macht er klar, daß der Mensch unter dem Gesetz ganz auf die Gnade Gottes angewiesen ist.

b) Das Leben im Geist

In Christus, so verkündet Röm 8 noch einmal triumphal, hilft nun der Geist unserer Schwachheit auf, so daß wir dem Anspruch des Gesetzes gerecht werden und im eschatologischen Sinn leben können.

Daß die Erlösung nicht in der Eigenmacht des νοῦς liegt, sondern im rettenden Eingreifen Gottes, finden wir auch bei Philon. Sacr 126f etwa erläutert er an den Levitenstädten, daß die der τροπή ausgelieferten Seelen ständig der Befreiung durch die Gnade des Wohltäters bedürfen. Zunächst steht freilich der paulinische Gegenbegriff zur σάρξ, πνεῦμα, bei Philon in schöpfungstheologischem Zusammenhang[75]. Die fleischliche Beschaffenheit des Menschen verhindert, daß der göttliche Geist ständig in der Seele verbleibt (gig 19–31). Er wird – als Inspiration vorgestellt – aber dann denen zuteil, die wie Mose das Sterbliche hinter sich lassen[76]. Fleisch und Geist werden zu Prinzipien, durch die zwei gegensätzlich ausgerichtete Menschenklassen leben (her 57). Wie oft bei Philon scheint die Entweltlichung die menschliche Voraussetzung für die Einwohnung des Gottesgeistes zu bilden. Beides greift aber ineinander. So sieht es aus, als könne sich der von unziemlichen Gedanken Überschwemmte selbst hel-

---

[74] Ich gehe davon aus, daß das Begehren das Gesetz bricht und nicht „die Sucht der Selbstbehauptung" meint, die sich gerade in der Gesetzeserfüllung äußern kann. Solches Bestehen auf der eigenen Gerechtigkeit kennt Paulus in einem anderen Kontext (Phil 3; Röm 10,1–13), der den Heilsweg in Christus schon als reale Alternative voraussetzt. Vgl. des näheren meine Aufsätze: Der Zusammenhang von Gesetz und Sünde im Römerbrief: ThZ 38 (1982) 193–212; Zur neueren Diskussion über das Gesetz bei Paulus: ThPh 62 (1987) 481–499.

[75] Vgl. II D 2a.

[76] Vgl. gig 47 im Rückgriff auf Num 11,17, das 24–27 exegisiert wird; 53ff. Wie gig 52 kann auch fug 117 der Logos an die Stelle des dem Menschen innewohnenden Pneuma treten; er bewahrt die Seele vor unwillkürlicher Veränderung.

fen, wenn er sie mit „trinkbaren Gedanken"[77] abwäscht; doch Philon fügt hinzu:

> „wobei Gott in seiner Gnade (χάρις) süßen Trank anstatt des salzigen in die Seele eingoß" (all II 32).

Gott rettet Israel vor dem drohenden gänzlichen Verderben (all II 33), daß es nicht von der Übermacht der τροπή erschlagen wird; ja, er zwingt es geradezu, gleichsam wie aus einem Abgrund aufzutauchen und ins Heile hinaufzugelangen (ἀνασωθῆναι ebd. 34). Die Erinnerung an den für sein Volk in Ägypten kämpfenden Gott wird umgelegt auf die geistige Auseinandersetzung des Einzelnen. Er sieht hier die gnädige Hand Gottes und seine überlegene, beschützende Macht (somn II 265 ff). Sie bedarf keines Mitstreiters, nicht einmal „des Menschen in uns", des führenden νοῦς (267). Gott hat den den Lüsten unterworfenen Geist zur Freiheit hinausgeführt (praem 124 mit Anspielung auf Lev 26,13).

Auch Paulus setzt das Vokabular der Befreiung aus Knechtschaft ein, um den in Christus erfolgten Herrschaftswechsel zu verdeutlichen (z. B. Röm 8,2). Dieser beruht freilich auf einem eschatologischen Akt, bei dem die Sünde ein für allemal verurteilt wurde (vgl. Röm 8,3). Das Pneuma ist deshalb zugleich der Geist Christi, des Auferstandenen, der die endzeitliche Auferweckung garantiert (vgl. Röm 8,11 ff). Vielleicht hängt es damit zusammen, daß bei Paulus das Voraus des Indikativs eindeutiger ist: „Wenn wir durch den Geist leben, laßt uns auch im Geist wandeln" (Gal 5,25)[78]. Die aggressive Metaphorik („Töten" bzw. „Absterben" bezüglich des Irdischen, der Leidenschaften), mit der Philon die menschliche Vor-

---

[77] Das Bild ist Platon, Phaidros 243D entlehnt. Vgl. die allegorische Auslegung der Sintflut qGen II 15: „Wenn wir – mit der Gnade des Vaters – alles Sinnliche und Körperliche abwerfen und abwaschen wollen, durch das der Geist wie von einer Geschwulst befleckt ist, dann überschwemmt er gleichsam mit süßen Strömen und trinkbarem Quellwasser die salzigen Fluten". In der hier nach *Mercier* gegebenen Übers. (anders *Marcus*) ist das Subjekt – wie im ausgelegten Bibelvers – Gott.

[78] Mit ζῶμεν πνεύματι könnte man her 57 vergleichen, wo der Menschentyp der θείῳ πνεύματι ... βιούντων dem der αἵματι καὶ σαρκὸς ἡδονῇ ζώντων gegenübersteht. Doch bedeutet ζῆν hier abschätzig „vegetieren", und πνεῦμα ist durch die Apposition λογισμός definiert. – Zum Verhältnis von „Indikativ und Imperativ bei Paulus" vgl. den gleichnamigen Aufsatz von *J. Eckert* in: *K. Kertelge* (Hg.), Ethik im Neuen Testament (QD 102) Freiburg–Basel–Wien 1984, 168–198 und meine Bemerkungen dazu „Wie imperativ ist der Indikativ?" ebd. 190–196.

Entscheidung für den göttlichen Geist beschreibt[79], konkretisiert bei Paulus deshalb den aus dem Geistempfang folgenden Imperativ (vgl. Röm 8,13). Der Geist ist bereits die Waffe in dieser Schlacht, die im Zeichen des Kreuzes Christi geschlagen wird[80]. „Die vom Geist getrieben werden" (Röm 8,14 a) hat bei Philon freilich ein Pendant darin, daß die Leviten in „gerechtem Zorn mit Gottbegeisterung und einer Art von Gott getragener Besessenheit" (fug 90) so rücksichtslos gegen den unvernünftigen Teil vorgehen.

4. Der Glaube Abrahams und die Universalität des Heils

In seiner Auseinandersetzung mit der judenchristlichen Gegenmission, die wohl mit der Abrahamskindschaft argumentierte (Gal 3), aber auch in der Darlegung seines universalen Evangeliums (Röm 3,27–30; 4) beruft sich Paulus auf das Beispiel Abrahams und wendet es gegen das jüdische Heilsverständnis. Am Stammvater Israels (vgl. Röm 4,1) soll deutlich werden, daß die Gerechtigkeit und damit der Segen und das Erbe nicht am Werk, z. B. der ins Gottesvolk eingliedernden Beschneidung, hängen, sondern einzig am Glauben.

Auch Philon praktiziert das Verfahren, an den Vätern exemplarisch die Korrelation zwischen Mensch und Gott darzustellen, die auch für ihre Nachkommen maßgebend wird[81]. Paulus interessiert freilich an Abraham nur der Glaube. Bei Philon erschien dieser als eine heroische Tugend, die das intellektuelle Zum-Glauben-Kommen in Chaldäa, aber auch den Auszug aus diesem Land, das ἀπιστῆσαι (Mißtrauen) gegenüber dem Geschaffenen umfaßt und die Grundlage für die anderen Tugenden bildet[82].

---

[79] Z.B. gig 14 τὸν μετὰ σωμάτων ἀποθνῄσκειν βίον als Voraussetzung für das Bleiben des Geistes; ebr 70 σῶμα ἀποκτενεῖν im Zusammenhang der Allegorese von Ex 32,27 ff; vgl. fug 90 ff. Weitere Stellen bei *Hay* in: ANRW II 20.2, 901 Anm. 96. Unbeachtet, aber für Röm 6,4 wichtig ist qGen IV 78: wir sollten den toten Leib begraben, daß nicht die Leidenschaften aufleben. Vgl. auch *Brandenburger* 216–221.

[80] Deshalb auch das Paulus eigene „kreuzigen" in diesem Zusammenhang (vgl. Gal 5,24; 6,14).

[81] Sie sind „archetypische Gesetze", „Männer, die tadellos und sittlich gelebt haben, deren Tugenden glücklicherweise in den heiligsten Schriften auf die Säule gestellt sind, nicht nur zum Lob jener, sondern auch um die, die darauf stoßen, zu ermuntern und zu ähnlichem Eifer zu führen" (Abr 3f). – Vgl. Röm 4,23 f „Es ist aber nicht nur seinetwegen aufgeschrieben . . ., sondern auch unseretwegen."

[82] Vgl. II D 3 a.

Paulus sieht von der Vorgeschichte von Gen 15,6 ab. Er beschränkt sich auf die Verheißung eines Erben und zahlreicher Nachkommenschaft Gen 15,1–6. Darauf bezieht sich der Glaube, der zur Gerechtigkeit angerechnet wird. Deshalb schwindet aus seinem Glaubensbegriff das Erkenntnismoment, mag es in der Bekehrung von Heiden zu dem einen Gott auch durchaus enthalten sein[83]. In Röm 4 liegt Paulus nur am Vertrauen auf die Macht Gottes, der das Nicht-Seiende ins Sein ruft und die Toten lebendig macht (V. 17–22)[84]. Mit Philon unterdrückt Paulus die Zweifel Abrahams (V. 20). Die Vorwegnahme der Zukunft im Glauben und das Sich-Verlassen auf die Möglichkeiten Gottes – Momente, die wir auch bei Philon aufwiesen – stehen ganz im Vordergrund. Denn schließlich bildet der Glaube Abrahams den christlichen vor, der Gott die Erweckung Jesu aus den Toten zutraut (V. 24). Von der dem rabbinischen Judentum, teilweise auch Philon so wichtigen Bewährungsprobe dieses Glaubens im Opfer Isaaks lesen wir deshalb bei Paulus nichts.

Während jüdische Autoren die Gesetzestreue Abrahams rühmen – bevor es überhaupt noch ein geschriebenes Gesetz gab[85] – und diese in der Beschneidung grundgelegt sehen, arbeitet Paulus gerade den Gegensatz von Gesetzesgehorsam und Glauben in Gen 15,6 heraus. Dies scheint für Philon kein Problem zu sein. Aber für Paulus entscheidet sich daran, ob Gott nur ein Gott der Juden ist (Röm 3,29f). „Denn wenn Abraham aus Werken gerechtfertigt wurde, hat er einen Ruhmestitel" (Röm 4,2). Das καύχημα nimmt Bezug auf καύχησις 3,27 (vgl. 2,17.23) und meint ein Sonderverhältnis zu Gott aufgrund von Leistungen. Diese Annahme wird aber durch das Zitat von Gen 15,6 widerlegt. Dem Ruhmestitel entspricht in der Argumentation Röm 4,4 der Anspruch auf Lohn aus Schuldigkeit, wie er dem „Werkenden" zukommt. Einem Glaubenden wie Abraham aber wird der Lohn bzw. die Gerechtigkeit κατὰ χάριν angerechnet. Eine ähnliche Begrifflichkeit, die aus der hellenistischen Wohltätigkeitsethik

---

[83] 1 Thess 1,8f ist „euer Glaube" mit der Hinwendung zu Gott, weg von den Götzen, identisch. Vgl. zum Glauben in der Mission bei den Heiden etwa *Bultmann* 91ff, *E. Brandenburger,* Pistis und Soteria: ZThK 85 (1988) 165–198.

[84] Auch Philon bringt Gottes Schöpfertum mit der Empfängnis der Unfruchtbaren in Verbindung: vgl. her 36 ὁ τὰ μὴ ὄντα φέρων καὶ τὰ πάντα γεννῶν (der das Nicht-Seiende hervorbringt und das All erzeugt), allerdings im allegorischen Kontext der Erzeugung von Tugend. Das Thema der Auferweckung von den Toten fehlt dagegen bei Philon.

[85] Wie II D 3a (bes. Anm. 219) bemerkt, tut Abraham auch nach Philon das vom Gesetz Gebotene, indem er dem Logos folgt. Gegen *Sandmel,* Place 209 ist das mosaische Gesetz davon kaum inhaltlich unterschieden.

stammt, verwandte auch Philon[86]. Auch bei ihm stand ein nicht auf Lohn spekulierendes Verhalten höher[87]. Daß aber bei Paulus nur der auf Gnade angewiesene Glaube in Frage kommt, ist dadurch bedingt, daß Gott das Heil in χάρις wirkt (vgl. Röm 3,24f), in Tod und Auferweckung Jesu. Der Glaube allein ist darauf die gemäße Antwort.

Außer diesem „objektiven Grund" gibt es allerdings noch einen auf seiten des Menschen: Er hat gar keine Werke vorzuweisen, er ist Sünder. So folgert Paulus Röm 4,5 aus dem Schriftzeugnis, wonach Abraham aus Glauben Gerechtigkeit erwuchs, daß er vorher keine besaß, daß sein Glaube also auf Gott geht, der den Gottlosen rechtfertigt.

Das belegt auch das nach der Methode *gezera šawa* (analoger Ausdruck) herangezogene Zitat aus Ps 31,1. Wider die gesamte jüdische Tradition, auch Philon, scheint Paulus Abraham als Sünder zu betrachten, zumal er ihn von vornherein im Blick auf die Rechtfertigung der Christen zeichnet. Bei Philon dagegen ist das gute Gewissen Voraussetzung des Glaubens[88]. Daß dieser Glaube nicht nur Werke ausschließt, sondern auch vor der Beschneidung erwähnt wird, legt aber nun – wie Gal 3,6f – fest, wer die wahren Nachkommen Abrahams sind: es sind alle, die in Unbeschnittenheit glauben, d.h. die Heiden (Röm 4,9ff). Abraham ist hier nicht nur Typ der Proselyten wie bei Philon. Erst in zweiter Linie trägt Paulus noch nach, unter welchen Bedingungen sich auch die beschnittenen Juden Abrahamssöhne nennen dürfen: wenn sie wie ihr unbeschnittener Vater Abraham glauben. In Gal 3 werden die Juden nicht einmal erwähnt; die Heiden sind zum glaubenden Abraham kurzgeschlossen.

Hier kommt etwas von der ursprünglichen „Pragmatik" der Rechtfertigungslehre zum Vorschein. Den Heiden soll der Zugang zur Verheißung offengehalten werden (vgl. Röm 4, 9–12). Nach einem negativen Gedanken (V. 13–15) verfolgt Paulus V. 16f diese Absicht weiter: „Deswegen

---

[86] S. I B 3. Vgl. auch das wohl bewußt gewählte Wortpaar ὀψώνια (Löhnung) vs. χάρισμα Röm 6,23.

[87] S. II D 4 bes. zum Gegenüber von Issachar (all I 80 ἐργαζόμενος genannt – vgl. Röm 4,4) und Juda. Abraham freilich erwies sich durch das Handeln nach dem Willen Gottes (Gen 22) als „würdig" dafür, daß Gott ihm seine Gabe zurückschenkte (vgl. Abr 203f). Aber auch das Des-Segens-Würdig-Sein ist nach migr 106ff ein Geschenk Gottes.

[88] Vgl. *Völker* 248 im Anschluß an *A. Schlatter:* „Der Glaube hat bei Philo nicht die Werke als Gegensatz, sondern die Sinnenwelt, das gute Gewissen ist nicht die Folge des Glaubens, sondern Voraussetzung, d.h. die paulinische Anschauung von der Rechtfertigung, wonach Gott dem *Sünder* dessen Glauben zur Gerechtigkeit anrechnet, ist unserem Alexandriner ganz fremd".

wurde (die Verheißung) aus Glauben (gegeben), damit sie κατὰ χάριν sei"
(V. 16 a). Paulus expliziert hier die der Verheißung an sich schon innewohnende Gnadenhaftigkeit. Weil sie nicht an ein Tun gebunden ist, gilt
sie auch dem ganzen Samen. Dabei zielt der Beweis letztlich auf die
Heiden, die allein im bekräftigenden Zitat aus Gen 17,5 (V. 17) genannt
sind. Der Gegenstand des Glaubens Abrahams – nämlich daß er Vater
vieler Völker werden sollte – ist auch die Folge seines Glaubens im Plan
Gottes. Die Gnadenhaftigkeit des Heils ermöglicht, daß das Gottesvolk
durch das Evangelium auf die Heiden ausgeweitet wird; V. 18 definiert
den „Samen" von Gen 15,5 durch die ἔθνη von Gen 17,5. Diese meinten
ja in der Bibel eigentlich keine Nicht-Juden, sondern die sich machtvoll
ausbreitende israelitische Nachkommenschaft Abrahams. Auch bei Philon tritt diese nationale Pointe der Abrahamsverheißung zurück[89]. Weil es
nach ihm letztlich auf die Tugend des Einzelnen – die gerade nicht dem
Glauben gegenübersteht – ankommt, kann er auf seine Weise Erwählung
und Gnadenhandeln Gottes über die Grenzen Israels hinaus ausdehnen[90].
In der Praxis hat er freilich Proselyten im Visier, die sich selbstverständlich der Beschneidung unterziehen müssen. Der Verzicht auf die Beschneidung in der paulinischen Mission, der ja nicht nur opportunistische
Gründe hat, ist hingegen ein Indiz dafür, daß der Apostel radikaler vom
eschatologischen Gnadenerweis in Jesus Christus her denkt, der die Identität des Gottesvolkes von Grund auf neu festlegt. Freilich können sich
Philon wie Paulus auch einmal stärker auf das Geschick Israels besinnen
(dazu D).

5. Das Sich-Rühmen hat ein Ende

Am Niederfallen Abrahams Gen 17,3 veranschaulichte Philon, daß Gott
seinen Bund bzw. seine χάρις nur denen gewährt, die sich als unfähig und
leer bekennen[91]. Gott wird denen gnädig, „die sich herabsetzen und erniedrigen und nicht in Ruhm (καύχησις) und Dünkel aufblähen"[92]. Dies
besagte ja auch eine auf Spr 3,34 LXX zurückgehende paränetische Tradition[93]. Auch Paulus dient Abraham zur Abwehr der καύχησις. Aber die

---

[89] Vgl. *Moxnes* 131 ff.
[90] Wie wir an spec I 303 am Ende von II D 2 d gesehen haben.
[91] Vgl. II E 1.
[92] Vgl. II E 2 a mit der Zusammenstellung der Begrifflichkeit.
[93] Vgl. III A 1 a.

Demut ist nun keine Vorbedingung der Gnade mehr; sondern weil Gott seine Gerechtigkeit auf Glauben hin dem Menschen mitteilen will, ist das Sich-Rühmen ausgeschlossen (Röm 3,27: durch das „Gesetz des Glaubens"). Gottes Gnadenoffenbarung hat also den Effekt, menschlichen Selbstruhm von vornherein auszuschalten. Das ist eine bezeichnende Verschiebung gegenüber Philon und dem AT.

Was der Römerbrief hier im Blick auf das jüdische Sich-Rühmen im Gesetz (2,23) entwickelt, hatte der 1. Korintherbrief schon auf das Problem des griechischen Weisheitsstrebens angewandt. Statt von Gnade spricht Paulus dabei von der Erwählung des Törichten durch die Kreuzespredigt, von der Beschämung des Starken. Das alles hat den Zweck, „daß kein Fleisch sich vor Gott rühme" (1,27ff)[94]. Wenn die Korinther hervorragenden menschlichen Lehrern anhängen, müssen sie sich sagen lassen: „niemand rühme sich wegen Menschen" (3,21). Wenn einer gegenüber dem andern im Wort (vgl. 4,19) bzw. vor Gnosis (vgl. 8,1) „aufgeblasen" ist, muß er sich eine Diatribe anhören, die auch bei Philon stehen könnte:

> „Was zeichnet dich denn aus? Was hast du, das du nicht empfangen hast? Wenn du es nun empfangen hast, was rühmst du dich, als sei es auf deinem eigenen Mist gewachsen?" (4,7)[95].

Weil die Gnade immer vorausgeht, kann ein Christ sich höchstens paradox „in Christus Jesus", „im Herrn", seinem Kreuz, in den Trübsalen, in Gott[95a] rühmen. Die Ankunft der Gegner des 2. Korintherbriefs, die sich nach außen ihrer Erfolge, ihrer Ekstasen rühmen[96], rührt die Problematik wieder auf. Vor diesem Hintergrund bekommt es seinen Sinn, wenn Paulus 2 Kor 1,12 von sich sagt: „Das ist unser Ruhm..., daß wir nicht in fleischlicher Weisheit, sondern in der Gnade Gottes wandelten". Bei aller Affinität zu stoischem, auch von Philon aufgenommenem Gedankengut setzt er also wieder seine eigenen Akzente.

---

[94] Das V. 31 herangezogene Jer-Zitat wird auch in weisheitlicher Selbstkritik verwendet: vgl. WeishKairGen 9,14–10,1.

[95] Vgl. zur Unterscheidung von „empfangen" und „haben" congr 130 und her 103f (angeführt II E 2 b), dazu *Sellin* 149f. Da er das Phantombild der Gegner weitgehend aus Philon konstruiert, wäre er hier eigentlich zu der etwas komplizierten Annahme gezwungen, daß Paulus sie mit ihren eigenen Waffen schlagen möchte.

[95a] Auch Philon kennt – gut biblisch – ein positives Sich-in-Gott-Rühmen: spec I 311.

[96] Zur anvisierten Ideologie s. o. III A 2 und IV A 2.

Auswertung von B) und C)

Paulus weiß – wie das Judentum allgemein – um die menschliche Sündigkeit und legt ähnlich wie Philon ihre anthropologischen Wurzeln offen. Nur die Rolle des Gesetzes, das die Sünde nicht bloß festschreibt, sondern geradezu begünstigt, sieht er ganz anders. Das kommt daher, daß er es von vornherein als Heilsmittel ausschalten will. Zwar ist der Mensch – wie bei Philon – auf Erlösung angewiesen, aber das Erbarmen Gottes über die Sünder – wieder eine gut jüdische, auch bei Philon tief sitzende Überzeugung – manifestiert sich „außerhalb des Gesetzes" und seiner Institutionen, am Kreuz Christi. Darin liegt objektiv begründet, daß Paulus in seiner polemischen Rechtfertigungslehre für den Neuanfang in Christus keine vorgängigen sittlichen Dispositionen fordert, nicht einmal das Kleinwerden des Menschen, auf dem Philon besteht. Daß der Ruhm verstummen muß, ist vielmehr die Folge der Heilstat Gottes in Christus, die der Mensch nur glaubend annehmen muß. Wir werden diese Einseitigkeit aus der Abwehr zusätzlicher Auflagen für das Christwerden verstehen müssen. In der Psychologie der Konvertiten und in der missionarisch-katechetischen Praxis mag es anders ausgesehen haben.

Der Intention nach kommt Philon mit Paulus darin überein, daß der Mensch sich letztlich als demütig empfangendes Geschöpf verstehen soll. Aber die Begründung ist eine andere: Dort die rechtfertigende χάρις Gottes aufgrund des Glaubens an das Sühnewerk in Christus, hier die χάριτες als Wohltaten des Schöpfers, der die seiner Würdigen gnädig erleuchtet und zu seiner Erkenntnis befähigt. Immer wieder sind wir auf die geschichtliche Vorgabe der χάρις im Christusereignis, mit dem die Verkündigung konfrontiert, als entscheidendes Merkmal des Paulinischen gestoßen. Wir vermuteten, daß sie auch gewisse Differenzen zu Philon ausmacht: die deutlichere Priorität der indikativischen Heilszusage, die größere Offenheit für die Heiden ohne Vermittlung des Judentums. Sobald die Theologie aber nicht bei dem kontingenten Heilsgrund stehen bleibt, sondern daran geht, das in der Rechtfertigungslehre des Paulus implizierte Wirklichkeitsverständnis zu entfalten, kommt eine grundsätzliche Übereinstimmung mit Philon zu Tage. So legen *W. Härle – E. Herms*[97] im Gefolge von *E. Käsemann* das rechtfertigende Handeln Gottes als Wirken des Schöpfers aus, das auf eine radikalisierte Gotteserkenntnis ziele. Durch Gottes gnadenweises Schöpfungshandeln werde der

---

[97] Rechtfertigung. Das Wirklichkeitsverständnis des christlichen Glaubens (UTB 1016) Göttingen 1980, 32 ff.

Mensch in die „Wahrheit seiner Existenz" versetzt, in der er Gottes Schöpfersein – auch was die Schaffung von eschatologischer Gerechtigkeit angeht – umfassend anerkennen kann. „Die Rechtfertigungslehre thematisiert also dasjenige Selbstbewußtsein personaler Existenz, in dem diese als eine schlechthin passiv konstituierte auf schlechthin passive Weise vor sich gebracht ist" (38). Diese Formalisierung dürfte weithin die Intentionen Philons aufnehmen.

D) Gnade in der Heimholung Israels[98]

Philon wie Paulus leiden unter einer „kognitiven Dissonanz", was die Erfüllung der Verheißungen für Israel betrifft. Für Philon wird die universale Bedeutung des mosaischen Gesetzes dadurch verdunkelt, „daß es dem Volk schon seit langem nicht gut geht" (Mos II 43f); es blüht später als alle anderen Nationen (qEx II 76), deren augenblickliches Glück die Israeliten irre machen kann (vgl. spec I 313f). Gerade weil es seine besonderen Gesetze hat, hilft ihm kaum jemand (vgl. spec IV 179); es wird im Gegenteil verfolgt[99]. Philon weiß, daß die Segnungen des Mose Dtn 33 noch nicht in ihrer Fülle Wirklichkeit geworden sind; er lebt in einer Spannung, die nur der Glaube aufgrund der teilweisen Realisation durchhält[100]. Deshalb greift er am Ende der expositio, wo es um den Lohn der Gesetzestreuen geht, auch die biblischen Zusagen von Segen und Fluch auf, ohne sie gleich zu spiritualisieren oder nur auf die Einzelseele zu beziehen[101] (praem 79–172). Hier und an wenigen anderen Stellen in

---

[98] An früheren eigenen Arbeiten nenne ich meine Diss. *Juden und Heiden in der Mission des Paulus* (FzB 8) Stuttgart [2]1976 und den Beitrag *Christus, Skandal und Hoffnung*, in: *H. Goldstein* (Hg.), Gottesverächter und Menschenfeinde? Düsseldorf 1979, 256–278. Zu unserem Thema v. a. *Theobald* 129–166. Einen guten Überblick über die neuere Lit. vermittelt *Räisänen*. Dazu den tiefschürfenden Aufsatz von *M. Theobald*, Kirche und Israel nach Röm 9–11: Kairos 29 (1987) 1–22. Vgl. jetzt auch *H. Räisänen*, Paul, God, and Israel: Romans 9–11 in Recent Research, in: *J. Neusner – P. Borgen – E. S. Frerichs – R. Horsley* (Hg.), The Social World of Formative Christianity and Judaism (FS H. C. Kee), Philadelphia 1988, 178–206; *J. Lambrecht*, Israel volgens Romeinen 9–11. Is Paulus' Visie geldig?, in: *J. Bulckens – P. Cooreman* (Hg.), Kerkelijk Leven in Vlaanderen anno 2000 (FS J. Kerkhofs) Leuven – Amersfoort 1989, 319–336.

[99] Vgl. die in Gai und Flacc besprochenen Vorkommnisse. Von Spott und Schadenfreude lesen wir in praem 169ff.

[100] Vgl. virt 75.77; Mos II 288.

[101] Freilich beobachtet man gerade am Schluß mancher Abschnitte einen merk-

nicht-allegorischen Schriften wird etwas von seiner Zukunftsvision für Israel sichtbar.

Bei Paulus steht nicht das Gesetz, sondern das Evangelium im Mittelpunkt; seine Glaubwürdigkeit wird nicht durch die bedauerliche äußere Lage des Volkes, sondern durch die mangelnde Akzeptanz in Israel unterhöhlt. War es doch von den Verheißungen her (vgl. Röm 1,2f; 9,4f; 15,8) ihm besonders zugedacht. Wenn die Masse der Juden verlorenzugehen droht, muß sich seine Kraft zur Rettung allererst an ihnen erweisen (vgl. Röm 1,16). Von diesem ihn als Israeliten persönlich sehr betreffenden Problem bewegt schreibt Paulus Röm 9–11. Wir vereinfachen den komplizierten und oft widersprüchlichen Gedankengang im Blick auf das für uns Wichtige, die χάρις, die wir nicht immer dem Wort, aber der Sache nach finden werden.

1. Israel scheiterte am Evangelium von der universalen Gnade (Röm 9,30 – 10,21)

In diesem Mittelstück versucht Paulus, die innere Logik zu ergründen, weshalb Israel das angebotene Heil ablehnte. Die Antwort erfolgt mit der Rechtfertigungslehre. In seinem Bemühen, aus den Gesetzeswerken zu Gerechtigkeit zu kommen, lief es an Christus vorbei, der „reich ist für alle, die ihn anrufen". Der Reichtum der Gnade Gottes, der unterschieds-

---

würdigen Schwenk auf die Seele des Einzelnen: vgl. 104f.111f. 115–117.123ff.159ff.172. Das ist durch die paränetische Ausrichtung des Stückes zu erklären. Ich würde deshalb nicht so weit gehen wie *Fischer* 184–213, der zum Schluß kommt, Philon sei an einer nationalen Eschatologie gar nicht interessiert. Man muß vielmehr unter seinem Menschheitsgesäusel die Verlegenheit wahrnehmen, die ihm die faktische Lage des Volkes bereitet. Gerade daß er praem 152 den „Fremdling" der biblischen Vorlage mit LXX als ἔπηλυς faßt, zeigt den jüdischen Horizont (zu *Fischer* 193f). Praem 172 relativiert 171 nicht völlig. – Manche biblischen Motive scheinen schon im Material Philons in Richtung Apokalyptik weiterentwickelt. Ob man daraus aber ein im 1. Jh. n. Chr. feststehendes Schema gewinnen kann, ist fraglich. *F. Dexinger*, Ein „messianisches Szenarium" als Gemeingut des Judentums in nachherodianischer Zeit?: Kairos 17 (1975) 249–278, bes. 250–255 erreicht das nur durch Umstellungen. Auch *Wolfson* II 408–420 baut sich nach eigener Logik eine „conception of the Messianic age" zusammen. Die Abfolge in praem ist dadurch bestimmt, daß zuerst nach der aristotelischen Güterlehre die „Wünsche für die guten Menschen" aufgezählt werden (97–126), dann 127–162 die Strafen. Diese haben immer auch warnenden Zweck (133.148f.152), so daß dann 163–172 den Segen für die dadurch zur Umkehr Gelangten entfalten können.

los Juden und Heiden zuteil werden sollte, wurde im eigenmächtigen Streben Israels verfehlt. So erscheint es gerade auf dem Hintergrund des universalen Evangeliums als schuldig. Freilich hört Gott nicht auf, seine Hände nach dem ungehorsamen Volk auszustrecken (10,21). Die Gnade ist für Israel Grund seines Scheiterns, aber auch Chance für eine mögliche Rettung.

Paulus unterstellt dem Judentum, daß es als ein am Gesetz orientiertes religiöses System mit der Gnade nichts anfangen kann. Wir dürfen das nicht als ein objektives religionsgeschichtliches Urteil – schon gar nicht über Philon, den Paulus nicht kannte – nehmen. Es ist gewonnen aus der Erfahrung des Widerstandes, den die in Gestalt des Gekreuzigten greifbare χάρις bei den Juden, nicht zuletzt beim Apostel selber, provozierte. Doch bei aller Perspektivität sollen grundsätzliche, in sich unvereinbare Möglichkeiten des Gottesverhältnisses aufgezeigt werden, die sich wie glaubendes Hören vs. Tun gegenüberstehn.

2. Prädestination und Auswahl aus Gnade (Röm 9,6–29; 11,1–6)

Zunächst hatte aber Paulus die Verheißung verteidigt, indem er ihren Träger von der Gesamtheit des geschichtlich vorfindlichen Volkes abhob. So gesehen braucht das ganze Israel gar nicht zum Heil zu kommen. Gegenüber seinem auf die Abrahamskindschaft gegründeten Anspruch versucht Paulus klar zu machen, daß die Verheißung immer schon als auswählender Ruf ergeht, auch bei den Vätern Israels. Maßgebend ist der „Vorsatz" Gottes, nicht menschliches Handeln. Das οὐκ ἐξ ἔργων (Röm 9,12) klingt an die Rechtfertigungslehre an. Die Alternative bildet allerdings nicht der Glaube oder die sich im Kreuzestod Christi bezeugende χάρις Gottes, sondern sein Rufen schon vor dem Beginn des irdischen Daseins. Es wird durch das Zitat V. 13 als „Lieben" interpretiert. V. 14–23 steht dafür „sich erbarmen" (ἐλεεῖν, ἔλεος, οἰκτίρειν), das wieder im Hoseawort V. 25 durch „lieben" abgelöst wird. Zumal ab V. 24 die konkrete Berufung von Juden und Heiden zur Sprache kommt, wird man dem Gedanken einen Bezug zur Rechtfertigungslehre nicht ganz absprechen können[102]. Die Gerechtsprechung aus Gnaden wird sozusagen in

---

[102] Dies ist kritisch zu *Räisänen* 2900 zu sagen. Die χάρις stellt ein wichtiges Bindeglied dar. Das Argument, Paulus spreche von „Rechtfertigung durch den Glauben" „meistens dort, wo von der Annahme von *Heiden* in die Gemeinde die Rede ist" (2928), gilt für die pragmatische Ursprungssituation, aber nicht für Gal 2,16; Röm 1,16f; 3,21–4,25; 9,30–10,21.

den vorzeitlichen Ratschluß Gottes hinein verlängert wie – allerdings mit anderer Funktion – Röm 8,28ff.

Dasselbe gilt für 11,1–6. Dort konkretisieren sich die „Gefäße des Erbarmens" aus den Juden (vgl. 9,23f) als judenchristlicher Rest. Er verbürgt Paulus, daß Gott sein Volk nicht verstoßen habe. Nach V. 5 kam er aber „gemäß der Auswahl der Gnade" (κατ᾿ἐκλογὴν χάριτος) zustande. Damit sind die Werke wieder ausgeschlossen, wie V. 6 verdeutlicht. Obwohl de facto die gläubiggewordenen Juden den Rest darstellen, bleibt die Glaubensentscheidung außer Betracht. Es geht Paulus um das objektive Prinzip, das Erwählungshandeln Gottes. Dem steht die Verstockung der übrigen (V. 7–10) gegenüber.

Nun führt auch Philon all III 77–103 an einer biblischen Beispielreihe ähnlich wie Röm 9,10ff vor, daß Gott „edle Naturen ohne offensichtlichen Grund zu Ehren brachte (προάγειν), wobei er kein Werk erwähnte (ὁμολογεῖν), bevor er sie lobte". So heißt es von Noah, daß er vor Gott, dem Herrn, Gnade – im Sinn von Wohlgefallen (vgl. 78) – fand, ohne daß er vorher etwas getan hätte (ἐργάσασθαι) (77). Ja, „einigen gibt Gott sogar schon vor der Geburt schöne Bildung und Beschaffenheit und wählt sie im vornhinein zu einem guten Los aus (προαιρεῖσθαι)" (85). Es handelt sich um Isaak und Jakob, deren Vorzug noch vor der Empfängnis bzw. im Mutterschoß ausgesprochen wird, bei Jakob gar mit dem auch von Paulus Röm 9,12 gebrachten Zitat aus Gen 25,23 (88).

Auf den ersten Blick besticht die Übereinstimmung mit Paulus. *K. Berger*[103] folgerte daraus, daß dieser in Röm 4 und 9 aus der alexandrinisch-jüdischen Schöpfungstradition Material entnimmt. Doch müssen wir uns zunächst Kontext und Funktion der philonischen Passage genauer ansehen.

In § 65 ist Gen 3,14f Anstoß zu einer quaestio: Warum verurteilt Gott die Schlange ohne Verteidigung? Die Lösung gibt § 68: Als Lust ist die Schlange von sich aus schlecht. 69–74 gibt ein Parallelbeispiel (Er = Körper). Nach der Zusammenfassung § 75 geht es um die göttliche Qualifizierung von „Naturen", die dann 77–103 an positiven Beispielen (Noah, Melchisedek, Abraham, Isaak, Jakob, Ephraim, Bezaleel und Mose) dargetan wird. Die Patriarchen interessieren nicht als Einzelne, sondern personifizieren ethisch hochstehende Qualitäten, Ideale oder Wesensteile des Menschen, die sich durch ihre Auszeichnung vor jeder Tätigkeit von sich aus empfehlen. Die Natur steht als das Umfassende vor den Einzelakten, bildet aber keinen Gegensatz dazu.

Das zeigt gleich der Fall Noahs (77). Er repräsentiert entweder die Gerechtigkeit

---

[103] Vgl. NedThT 27 (1973) 14f und die Einleitung.

oder das Ruhen, das als Aufhören mit den Untaten und Aufruhen auf dem Schönen durchaus moralische Bedeutung hat. Als solche „Natur" findet er Gottes Wohlgefallen von jeher. Dies ist aber nicht Gottes in der Schöpfung wirksame χάρις; denn die § 78 gebotene andere Auslegung fällt aus dem Gedankengang heraus[104]. Das Wort Gnade kommt übrigens im weiteren Text nicht mehr vor, so daß es irreführend ist, zu sagen: „Demnach haben Noa, Melchisedech, Abraham, Isaak, Jakob und Esau Gnade gefunden, ohne daß sie irgendein gutes Werk vorher getan hätten"[105].

Das Beispiel mit Jakob und Esau (88 f) weist gar in eine ganz andere Richtung als Röm 9,10–13. Denn das schon vor der Geburt über die Herrschaftsverhältnisse entscheidende Orakel wird darin begründet, daß Gott seine Geschöpfe kennt, „ihre Kräfte, von denen sie später Gebrauch machen werden, und überhaupt ihre Werke und Leiden". So wird mit Jakob das Geistige und die Tugend dem Schlechten übergeordnet. Die sittliche Beschaffenheit gibt demnach den Ausschlag für Gottes Urteil.

Die Verwertung dieses Textes bei *K. Berger* und seinen Schülern verkennt also seine allegorische Eigenart. Sachlich bleibt übrig, daß eine gute Physis etwa im Fall Isaaks = Freude Gnadengeschenk sein kann. Gemeinsam sind Philon und Paulus auch gewisse exegetische Verfahren (Beispielreihen, Argumentation mit einem Gotteswort vor einem bestimmten Zeitpunkt, zu der gerade Geburtsankündigungen einladen[106]). Philon kennt keine prädestinierende Gnade, keine „discriminating activity" Gottes – darin ist *Carson*[107] Recht zu geben. Die Verwendung in Röm 11,5 f darf allerdings auch nicht – gegen *Carson* und die kalvinistische Tradition – zum Normalfall bei Paulus hochgesteigert werden. Wie *Räisänen* wieder betont hat, dient sie hier dazu, das Problem der Minorität reflex zu bewältigen. Röm 3,24 ist von solcher Einengung der Gnade nichts spürbar.

---

[104] Vgl. II B Vorspann.

[105] *Berger* ebd. 15.

[106] Nach der pseudophilonischen Predigt De Sampsone 3 verleiht Gott – über den Bibeltext hinaus – bereits dem noch ungeborenen Simson Gaben. „Denn daß er nach seiner Geburt das Wohlgefallen des Lebendigen Gottes fand," – gleichbedeutend mit dem „segnen" Ri 13,24? – „ist offenbar Belohnung (dafür), daß er (seine) Stärke zum Zwecke gerechten Handelns erhielt. Weil er erst noch gezeugt und im Mutterleib verborgen war und das Geschenk von oben schon eher ‚zur Welt kam', als diejenige, die (ihn) empfing, geboren hatte, sind die Gnade und das Geschenk der (göttlichen) Menschenliebe nicht (Belohnung) für gerechtes Handeln" *(Siegert)*. – So wird die charismatische Ausstattung als unverdiente Gabe aufgewiesen. Sie wird freilich bei Verfehlung ihres Trägers reduziert (4. vgl. 26).

[107] NT 33 (1981) 162.

3. Die Güte Gottes bringt in der Rettung Israels seine Gnadengaben zum Tragen (Röm 11,11–36)

Daß der Unglaube tatsächlich ein Faktor für den Ausfall des gegenwärtigen Israel war, kommt Röm 11,20 ff heraus. Die Zweige wurden aus dem Ölbaum herausgebrochen aufgrund der ἀπιστία. Die Heiden erfuhren im Glauben dagegen die Güte Gottes (χρηστότης), müssen freilich „bei der Güte verbleiben"[108]. Ebenso haben aber auch die Israeliten, wenn sie nicht im Unglauben verharren, die Möglichkeit, wieder eingepflanzt zu werden in den ihnen angestammten Verband des Segens (V. 23 f).

Interessanterweise gebraucht auch Philon, wo er innerhalb des Strafenkatalogs den Kontrast zwischen dem Proselyten und dem geborenen, aber untreuen Juden[109] ausmalt, das Bild vom Baum und seinem Sproß: „Gott heißt die Tugend, die aus unedler Abkunft erwächst, willkommen und kümmert sich nicht um die Wurzel, sondern nimmt das zum Stamm gewordene Reis an, weil es sich veredelt (ἡμερωθέν) zum fruchttragenden verwandelt hat" (praem 152). Der Vergleich mit der Veredelungstechnik, die Philon det 107 f ausführlich beschreibt, wird bei Paulus wie bei Philon der Sache so angepaßt, daß nicht ein edles, sondern ein wildes Reis eingepfropft wird. Das Kriterium ist hier allerdings die ἀρετή, nicht der Glaube. Und am Ende des Ausblicks sind die neuen Schößlinge, die nach dem Abhauen der kräftigen Zweige aus der Wurzel sprossen, trotz des allgemeinen ἄνθρωποι doch wohl die Tugenden der Israeliten, deren ursprünglicher Adel so neu aufleuchtet (vgl. praem 172 mit 171).

a) Das Geheimnis der Rettung nach Röm 11,25–36

Die erneute „Annahme" des ganzen Israel (vgl. V. 15) ist, wie sich aus V. 30 ff ergibt, die Tat des Erbarmens Gottes mit den Ungehorsamen. Er ist mächtig genug, auch die Verstockten zu retten. Konkret erhofft sich Paulus das gemäß einem prophetischen Geheimnis von der Vollendung der Heidenmission. Dann wird auch dem bisher abseits stehenden Israel die

---

[108] Vgl. Apg 13,43 προσμένειν τῇ χάριτι θεοῦ (dazu III B 2). Im Fall der Heidenchristen bedeutet das konkret: nicht überheblich werden (κατακαυχᾶσθαι Röm 11,18, παρ'ἑαυτοῖς φρόνιμοι εἶναι Röm 11,25). Die Gnade verunmöglicht also wieder das Rühmen, wie wir schon C 5 sahen.

[109] Ähnlich Röm 2,25–29, wo noch schroffer dem Unbeschnittene dem Beschnittenen gegenübersteht, sich aber auch durch das Tun des Gesetzes auszeichnet.

Vergebung der Sünden durch den Retter vom Sion zuteil (V. 25 ff)[110]. Nun vollzieht sich auch an Israel Rechtfertigung der Sünder auf Glauben hin – wie zuvor an den Heiden –, und daraufhin die Rettung, die „Leben aus den Toten" (vgl. 11,15) bedeutet. Auch wenn Paulus ἔλεος bzw. ἐλεεῖν[111] statt χάρις gebraucht, ist die Struktur der Rechtfertigungslehre unverkennbar[112].

Und doch liegt der Fall der Juden anders, nicht nur was die geschichtliche Situation betrifft. Sie haben noch einen anderen Heilsgrund als die rechtfertigende Gnade in Christus. In der Rettung Israels erfüllt der barmherzige Gott seine eigenen Verheißungen, die er den Vätern gegeben hatte. Schon der Schriftbeweis V. 26 f – gleich wie man διαθήκη auffaßt – impliziert die Kategorie der Erwählung, die V. 28 dem gottgewollten Gang des Evangeliums gegenüberstellt. Sie bezieht sich jetzt – im Unterschied zu 9,11; 11,5.7 – auf Israel in seiner Gesamtheit, und zwar ausschließlich, und geht dem Evangelium voraus. V. 29 sagt dafür τὰ χαρίσματα καὶ ἡ κλῆσις τοῦ θεοῦ. Mit „Gnadengaben" sind wohl die 9,4 f aufgezählten Vorzüge gemeint[113], die durch „Ruf Gottes" worthaft interpretiert werden. Sie begründen zwar keinen Anspruch auf der Seite Israels – da ist Kap. 9 davor –, aber Gott muß, wenn er sich selber treu bleiben

---

[110] Ich halte es immer noch für vertretbar, daß das futurische Zitat auf den bereits in Sion erschienenen (vgl. Röm 9,33) Christus geht; so jetzt auch *Räisänen* 2920. Selbst wenn die Rettung aber durch den Wiederkommenden erfolgt – wie 1 Thess 1,10 (ῥύεσθαι wie Röm 11,26) –, so doch nicht am Evangelium vorbei. Denn Paulus erwartet, daß die erfolgreich abgeschlossene Heidenmission die schon längst vollzogene Judenmission (vgl. Röm 10,14–18) endlich die Frucht des Christusglaubens (vgl. 11,23a) tragen läßt. Dann ist Israel für das Ende bereit. Zu den hier ins Auge gefaßten kurzen Zeiträumen vgl. meinen Beitrag *Theologie der Mission bei Paulus*, in: *K. Kertelge* (Hg.), Mission im Neuen Testament (QD 93) Freiburg–Basel–Wien 1982, 164–189, 181 ff.

[111] Das biblische Wort konnotiert den „miserablen" Zustand der Empfänger, ihre Sündigkeit, ist aber – wie auch bei Philon (s. II C mit Anm. 100) – nicht heilsgeschichtlich eingeschränkt. Wie Röm 11,30 f erfahren es auch 15,9 die Heiden – dort abgesetzt von der Israel geltenden Verheißungstreue Gottes.

[112] Gegen *Räisänen* 2928, der darauf hinweist, daß Paulus im Vergleich zu Gal 3,22 in Röm 11,32 vom „Glauben" schweigt. Aber dieselbe Sache, die er 11,20–24 vom menschlichen Verhalten her beleuchtete, sieht er jetzt vom Verhalten Gottes her. Außerdem: Wie soll Überwindung von Verstockung und Ungehorsam anders geschehen als im Glauben?

[113] So *Brockhaus* 133 f, auch *Horbury* 38. Er macht mit dem Tragiker Ezechiel 35.106 (δωρήματα) traditionellen Sprachgebrauch wahrscheinlich; dieser bildet aber – gegen 46 ff – kaum den Ausgangspunkt für die paulinische Rede von χάρις.

will, sein einmal ergangenes Wort der Gnade geschichtswirksam machen. Im rechtfertigenden Erbarmen mit Israel nach einem paradoxen Verlauf der Heilsgeschichte kommt Gott auf seine gnadenhaften besonderen Verheißungen für dieses Volk zurück.

Der Abschluß Röm 11,30ff zeigt: Paulus folgert von der Erfahrung der Gnade Gottes bei den Heiden, die notorisch als Sünder gelten, aus. Die Heidenchristen sollen nun das, was ihnen selbst zuteil wurde, nämlich voraussetzungslose Begnadung, auch den Juden zubilligen und als Gesetz der Heilsgeschichte erkennen. Weil bei diesen aber doch eine göttliche Voraus-Setzung gemacht ist (V. 28f), ist das ein Schluß a fortiori. Der Kap. 9–11 abrundende Hymnus[114] besingt denn auch die „Tiefe des Reichtums" – zu ergänzen wäre wohl „der Gnade"[115] – und der Weisheit, die sich in dieser wunderbaren göttlichen Führung kundtut. Die Fragen V. 34f hätte Philon unterschrieben[116]; aber stellt er sich die Lösung für sein Volk ähnlich vor?

b) Philon

Zunächst ist Philon stärker der traditionellen Hoffnung auf nationale Wiederherstellung verhaftet, wenn er auch manches psychologisierend und allgemein-menschlich uminterpretiert[117]. Apokalyptisch klingt es,

---

[114] Als Reaktion auf das V. 25f mitgeteilte Geheimnis entspricht Röm 11,33–36 formgeschichtlich dem Dank Baruchs für die Offenbarung „Wer kann deiner Güte gleichkommen, o Herr? Denn sie ist unbegreiflich. Oder wer kann deine Gnaden ergründen, die doch unendlich sind? Oder wer kann deine Einsicht verstehen? Oder wer kann erzählen die Gedanken deines Geistes? Oder wer von den Erdgeborenen wird hoffen können, zu ihnen hinzukommen – es sei denn einer, dem du Gnade schenkst und dem du dich in Wohlwollen zuneigst?" (syrBar 75,1–5 in der Übers. von *A. F. J. Klijn*).

[115] Vgl. III Anm. 19f zu analogen Bildungen bei Philon (all I 34; post 139.174 allerdings auch πλοῦτος absolut) und im Judentum. Bei Paulus vgl. Röm 2,4; 9,23.

[116] Zu V. 34 vgl. sacr 10: „Den, der Gutes erfährt, braucht Gott nicht als Ratgeber für das, was er schenken soll, sondern ist gewohnt, dem Ahnungslosen neidlose Wohltaten darzureichen". Vgl. auch op 23 „Von keinem Beistand, nur von sich selbst beraten…" Daß man Gott nichts geben kann (vgl. V. 35), ist für Philon ein metaphysisches Postulat. διδόναι wird nur mißbräuchlich Gott gegenüber ausgesagt: her 124.

[117] *Fischer* geht ins Extrem, wenn er 189f den Zwang des vorgegebenen Bibeltextes für die kollektiven Aussagen verantwortlich macht. Übrigens ergänzt Philon Lev 26 und Dtn 28 noch durch weitere, ebenfalls auf das Volk bezogene Stellen

wenn nach praem 97 die siegreichen „Heiligen" herrschen sollen; freilich ist es die Herrschaft der stoischen Weisen, die sich nicht nur auf Furcht, sondern auch auf das durch Wohltaten erzeugte Wohlwollen der Unterworfenen stützt. Die größte Wohltat ist – das darf man nach Mos II 44 ergänzen – das mosaische Gesetz, das die übrigen Völker, beeindruckt vom Wohlergehen Israels, als einziges respektieren werden[118]. Das Ziel der Schicksalswende für das Volk ist also der weltweite Triumph des Gesetzes.

Die Frage nach dem Grund für die „Versöhnung mit dem Vater" beantwortet praem 166 f mit dem Bild von den „drei Fürsprechern". Der erste ist „die Freundlichkeit und Güte dessen, der, wenn man ihn anruft, Verzeihung vor Strafe stellt". ἐπιείκεια und χρηστότης nehmen wohl das ἐλεεῖν der Textvorlage Dtn 30,3 auf[119]. Mose wußte schon, als er nach Dtn 33 Gott um die noch ausstehenden Segnungen bat, „daß die Quellen seiner Wohltaten (χάριτες) immer fließen, freilich nicht für alle aufsprudeln, sondern nur für die Flehenden" (virt 79). Entsprechend sagt der abschließende § 126 nach der Liste der εὐχαί in praem, daß sie durch die Gnade (χάρις) des gebefreudigen Gottes in Erfüllung gehen werden[120]. Gottes Erbarmen und seine Gnade führen also an erster Stelle – wie bei Paulus – das Heil Israels herbei.

Dagegen steht der Messias als „Retter" nicht so im Zentrum wie wohl Röm 11,26. Zwar zieht Philon praem 95 zur Erläuterung des panischen Schreckens, der nach Ex 23,27 über die Feinde kommt, Num 24,7 heran.

---

aus Ex und Dtn. Nach *Fischer* 210 sind die in praem 162 ff aufgenommenen nationalen Heilserwartungen für Philon nicht mehr als Bilder für das durch moralische Besserung zu erlangende universale Heil des Individuums. Doch *Winston*, Logos 56 ff findet trotz der von *Fischer* richtig beobachteten entnationalisierenden und psychologisierenden Tendenz noch genug Irdisches in Philons Zukunftsentwurf „to reveal the inner tensions in his thought between nationalism and universalism, the mystical and the this-worldly". Zu „Philo and the future" jetzt auch *Williamson* 18–27.

[118] Ähnliche Aussagen in den Sib III 573–623.702–784 zeigen, daß Philon mit dieser Gewichtung im alexandrinischen Judentum nicht allein steht. Vgl. *Wolfson* II 415–419, der 419 f stoische Anschauungen vergleicht.

[119] Vgl. in der individuellen Anwendung praem 117 ἐλεῶν ὁ σωτήρ. Der Ausdruck variiert das ἵλεως 115 f, das uns im Zusammenhang mit Umkehr vertraut ist (vgl. II C); praem 163 εὐμένεια τοῦ σωτῆρος καὶ ἵλεω θεοῦ. Vgl. noch Gottes Erbarmen und Mitleid mit dem Waisenkind Israel spec IV 180.

[120] Die χάριτες bewirken auch die unaufhörliche Fruchtbarkeit und den noch nie dagewesenen Wohlstand der verheißenen Zeit (praem 101.168).

Aber es ist nicht einmal klar, ob der „Mann" eine Person ist[121], und wenn, dann hat er eine ähnliche militärische Hilfsfunktion wie die § 96 dem folgenden Bibelvers (Ex 23,28) nach genannten Wespen. Die heutige Forschung neigt auch nicht mehr dazu, ihn mit der übermenschlichen Erscheinung zu identifizieren, die nach § 165 die Heimkehrenden geleitet[122]. Diese erinnert eher an den Logos. Bedenkt man noch die Zusammengehörigkeit von Logos und Gesetz, so kann man *Arnaldez*[123] zustimmen: „le temps du Messie sera celui du règne du saint et divin Logos, roi, pontife et législateur, par la loi qu'il a révélée au monde".

Als zweiten Fürsprecher nennt Philon praem 166 – wohl angeregt durch Lev 26,42[124] – „die Heiligkeit der Anführer des Volkes", die in ihrem leiblosen Gottesdienst für ihre Söhne und Töchter erfolgreich eintreten[125]. Das erinnert zunächst an die „heilige Wurzel" Röm 11,16. Doch faßt Paulus Heiligkeit offensichtlich nicht ethisch, wenn die „Zweige" generell als heilig gelten. Sie hat eher etwas mit der Erwählung zu tun und meint „Gott gehören". Philon gebraucht an der Parallele spec IV 181 zwar wieder ein ähnliches Bild wie Paulus, hebt aber auf die Verdienste der Väter ab:

„Die Ursache dafür (daß das Volk als Erstlingsgabe der Menschheit Gott zugewiesen wurde) sind die allen Nacheiferns werten gerechten Taten und Tugenden

---

[121] *Drummond* hatte schon die Ansicht vertreten, ἄνθρωπος stehe allegorisch für Mut und Stärke. Die Beifügung τὸ ἁρμόττον ὁσίοις ἐπικουρικὸν ἐπιπέμψαντος τοῦ θεοῦ würde dann das Zitat psychologisierend interpretieren. Den Kommentar gibt virt 45 ff, wo Gott die ἐπικουρία und der στρατραρχῶν ist. Der Passus steht in einer Abhandlung über die ἀνδρεία. Vielleicht hat Philon sie sachlich zu ἄνθρωπος assoziiert. Beachten sollte man auch das im Bibeltext fehlende γὰρ. Irreführend ist hier die Übers. von *Colson* „because God has sent to *his* aid the reinforcement which befits the godly". Das Pronomen fehlt im Griechischen; es geht um die Hilfe für das Volk. – Ohne Auswertung steht Num 24,7 noch in einer Collage der Bileamsweissagung Mos I 289 ff. Meine Argumente für das Verständnis von *Drummond* habe ich gewonnen in der Auseinandersetzung mit einem Papier von *P. Borgen*, „There shall come forth a man". Sie ließen sich noch dadurch verstärken, daß Philon möglicherweise die in Jes 11,2 dem Messias zugesprochenen Eigenschaften praem 95 auf die Frommen überträgt; vgl. *Fischer* 200. *Jaubert* 382 ff notiert das Fehlen des Davidsbundes bei Philon.

[122] Vgl. *F. Grégoire*, Le Messie chez Philon d'Alexandrie: EThL 12 (1935) 28–50; *J. de Savignac*, Le messianisme de Philon d'Alexandrie: NT 4 (1960) 319–324; *Fischer* 204 ff.

[123] Introduction 30.

[124] Bei *Beckaert* in: *Arnaldez*, œuvres verdruckt zu 36,43.

[125] Vgl. zur Fürbitte der Väter bei Philon *Thyen*, Studien 122 mit Anm. 2; 124 f.

seiner Anführer, die wie unsterbliche Gewächse fortdauern und ihren Nachkommen immer frische, heilsame und zu allem nützliche Frucht bringen, selbst
wenn diese in Sünden fallen, vorausgesetzt es handelt sich um heilbare und nicht
gänzlich unheilbare."

So ist das „um der Väter willen" Röm 11,28 nicht gemeint; es wird ja V.
29 durch die mit der Berufung verbundenen einseitigen Gnadengaben
Gottes erklärt.

Die Verdienste der Väter wirken aber nicht narrensicher, so wenig vornehme Abstammung schon den Adel Israels ausmacht[126]. Das Wohlwollen Gottes und der Patriarchen geht der Besserung der zur Versöhnung
Geführten zwar voraus, hat aber darin auch ihr Um-willen (praem 167).
Solche bereits durch Dtn 30 vorgegebene Umkehr, die § 163 f. 170 noch
ausmalen, setzt u. E. auch Paulus als Hinkehr zum Evangelium voraus.
Aber schon weil er sich von 11,13 an vernehmlich an die Heidenchristen
wendet, tritt die Ermahnung des verstockten Israel in den Hintergrund, er
stellt ihnen vielmehr das von Gott gewirkte Wunder seiner Heimholung
vor Augen.

Vor allem läuft die Weise, in der sich nach dem Mysterium Röm 11,25 f
die Rettung ganz Israels vollziehen soll, der üblichen heilsgeschichtlichen
Rollenverteilung, auch bei Philon, völlig zuwider. Traditionellerweise erhoffte man von der Erhöhung Israels den Zustrom der Proselyten aus den
Heiden, so auch Mos II 43 f in einer Art Schluß vom Kleineren aufs
Größere: Schon jetzt, trotz der bedauerlichen Lage des Volkes, erscheinen
die Gesetze Einzelnen und Führern der Völker erstrebenswert.

„Wenn aber erst ein Anstoß zu einem glänzenderen Los gegeben würde, welcher
Zuwachs würde dann wahrscheinlich erfolgen!"

---

[126] Bekanntlich verficht Philon in virt 187–227 die stoische These, daß nur die
Selbstbeherrschten und Gerechten wahrhaft adelig sind, was er an biblischen
Gestalten exemplifiziert. U. a. sieht man auch an den Abrahamnachkommen,
daß der Adel denen, die seiner unwürdig sind, nichts nützt (206–210). Vgl.
spec IV 182; qGen IV 180; qEx II 36 (zwei Arten von Verwandtschaft). Hellenistische Parallele: Plutarch, Arat 1. Vgl. *Fischer* 195 f. – Zu praem 152 s. o. 3 Einl.
An dieser Stelle erwartet Philon von der Belohnung des Proselyten und
der Bestrafung des als Israelit Geborenen, daß „alle Menschen zur Vernunft kommen" und den Vorzug der Tugend gegenüber dem angestammten Adel zu er-
messen lernen. Dies kann man aber kaum mit der „Eifersucht" vergleichen, die
die Gewinnung der Heiden für das Evangelium bei den ungläubigen Juden
bewirken soll (vgl. Röm 10,19; 11,14). Denn Philon sagt nicht direkt „that the
disobedient Jews may be prompted to repent and return to their old faith by the
sight of the virtuous life of the Gentiles converted to Judaism" (zu *Williamson*
23 f).

Nach Paulus dagegen ist das „Hereinkommen der Fülle der Heiden" der Auslöser für die Rettung seiner Volksgenossen. Lediglich Röm 11,12.15 finden sich *qal – waḥomer* – Sätze nach traditioneller Art: Paulus schließt von der heilsamen Folge der Zurückstellung Israels auf die noch größere seiner Wiederannahme. Für die Welt kann diese dann nur noch das „Leben aus den Toten" bringen.

Bilanz

In der Schau der Zukunft Israels gehen Philon und Paulus ein bemerkenswertes Stück weit parallel. Bei beiden gibt die Güte und das Erbarmen Gottes den Ausschlag. Philon liegt freilich mehr an der sittlichen Erneuerung seines Volkes und an der Weltgeltung des Gesetzes; Paulus denkt von der paradoxen Situation des Evangeliums her, das den sündigen Heiden schon Gnade geschenkt hat. In seinem Licht sieht er den Widerstand Israels (s. 1); die Verkehrung der Fronten führt ihn auch dazu, in einer vorläufigen Antwort seine Gnadenverkündigung zu einer Prädestinationstheorie auszubauen, die bei Philon nicht ihresgleichen hat. Deshalb ist dann auch der Einschnitt zwischen Verstoßung (Röm 11,15 – anders 11,1f) und Wiederaufnahme tiefer; er kann nur durch die in Christus gewährte Vergebung überbrückt werden. Israels zusätzlicher Heilsgrund, seine Erwählung in der Zeit der Väter, wird daraufhin gnadenhaft strukturiert.

E) Gnade im Leben der Christen

Die Rechtfertigungslehre hat ihren Sitz im Christwerden. Hier schließt die Gnade Gottes menschliche Werke aus. Wie steht es aber mit dem Christsein? Gibt es da nach Paulus nicht auch so etwas wie Fortschritt und Bewährung?

1. Vollkommenheit als Erkenntnis des Gnadengeschenks

Während sich bei Paulus die Gnadenerfahrung auf den Anfang bezieht, steht bei Philon die Erkenntnis, daß alles Gnade ist, am Ende des Aufstiegs zu Gott. Dieser situative Unterschied verringert sich aber in einer längeren Passage (1 Kor 2,6–3,4), in der sich der Apostel eine ganz ähnliche Terminologie wie Philon zu eigen macht. Gegen den Vorwurf, er könne mit der beredsamen Weisheit seiner Mitmissionare – gemeint ist vor allem Apollos – nicht mithalten, stellt er eine Weisheitsrede, die jedoch praktisch die zuerst in Korinth gepredigte Botschaft vom Gekreuzigten nur neu einkleidet. Dazu kommt aber die Reflexion auf die Möglichkeit ihres Verständnisses. Es ist nur „Vollkommenen" möglich, d. h. den „Geistlichen" (πνευματικοί), denen Gott das apokalyptische Geheimnis durch den Geist offenbart.

Sie wissen um das, was ihnen von Gott geschenkt wurde (τὰ ὑπὸ τοῦ θεοῦ χαρισθέντα 2,12)[127]. Ihnen steht der unmündige (νήπιος 3,1), bloß psychische (ψυχικός 2,14) bzw. fleischliche (σάρκινος 3,1, σαρκικός 3,3 – hier noch durch das Verhalten bestimmt) Mensch gegenüber.

Nun bewegt sich auch bei Philon der Werdegang des Weisen zwischen den Extremen νήπιος (bzw. φαῦλος, ἀτελής) und τέλειος. Häufig ist auch die stoische Stufenleiter von (ἀρχόμενος) – προκόπτων – τέλειος[128]. Dagegen ist der Gegensatz von ψυχικός vs. πνευματικός bei ihm nur der Sache nach vorbereitet[129]. Sowohl der Fortschreitende wie der Vollkom-

---

[127] Ich schließe mich der neuen Beurteilung des Textes durch *U. Wilckens* weitgehend an; vgl. *Zu 1 Kor 2,1–16*, in: *C. Andresen – G. Klein* (Hg.), Theologia Crucis – Signum Crucis (FS E. Dinkler) Tübingen 1979, 501–537. Außerdem *G. Theißen*, Psychologische Aspekte paulinischer Theologie (FRLANT 131) Göttingen 1983, 341–389. – Die neuere Forschung kommt davon ab, in 2,6ff die Usurpation eines gnostischen Schemas bzw. Mythos zu erblicken. Vgl. zuletzt *J. L. Kovacs*, The Archons, the Spirit, and the Death of Christ, in: *J. Marcus – M. L. Soards* (Hg.), Apocalyptic and the New Testament (FS J. L. Martyn, JSNT SS 24) Sheffield 1989, 217–236.

[128] Vgl. *Völker* bes. Kap. IV; *G. Delling*, τέλειος, in: ThWNT VIII 68–79, bes. 71 f; *Winter* 112–137. Auch hier erübrigt sich die Annahme gnostischen Vokabulars; Paulus setzt es 1 Kor 13,11; 14,20 gegen die Überbewertung der Glossolalie ein, ohne erkennbar ein Schlagwort dieser Gruppierungen zu konterkarieren (vgl. auch Eph 4,13 f; Hebr 5,13 f). Es liegt ein Bild der Diatribe vor: vgl. *H. Conzelmann*, Der erste Brief an die Korinther (KEK) Göttingen 1969, 89 f mit Anm. 25.27.

[129] Vgl. zu den „zwei Menschenklassen" *Brandenburger* 188–196; *B. A. Pearson*, The Pneumatikos-Psychikos Terminology in 1 Corinthians (SBL DS 12) Missoula 1973, ²1976; *Winter* 143–152; *R. A. Horsley*, Pneumatikos vs. Psychikos: Distinctions of Spiritual Status among the Corinthians: HThR 69 (1976) 269–288; *Sellin* 156–165. – Hier ist möglich, daß man Paulus aufgrund seines rhetorisch bescheidenen Auftretens das Pneuma absprach (vgl. 1 Kor 7,40?); es fällt aber auf, daß in unserem Abschnitt πνευματικοί die *Hörer* der Botschaft bezeichnet. Auf jeden Fall braucht Paulus das Begriffspaar nicht bei den Nicht-Paulinern zu borgen. So etwa jetzt *W. Willis*, The „Mind of Christ" in 1 Corinthians 2,16: Bib 70 (1989) 110–122: Paulus nehme nur ironisch zwei „levels" an.

mene leben von den Gaben Gottes, wenn auch in verschiedenem Umfang[130]. Der Vollendete zeichnet sich durch unmittelbarere Gotteserkenntnis aus, wobei der Verstand aus sich herausgeht und seine Taten und Überlegungen Gott anheftet (vgl. all III 44).

Paulus steht Philon nicht nur im esoterischen Stil, sondern auch im Anliegen nahe: Der Geistbegabte erkennt die Gnaden Gottes – freilich in dem für die Welt törichten Vorgang der Kreuzigung Jesu. Damit sind wir wieder einmal bei dem Differenzpunkt, auf den wir schon früher stießen. Dazu kommt, daß bei Paulus der Anfänger in nicht geringerem Maß auf die Gnade angewiesen ist. Indes bedarf es noch einmal des Geistes, um den Heilsplan Gottes reflex wahrzunehmen[131].

2. Gnade als Ermöglichung menschlichen Handelns

Daß die in der Versöhnung mit Gott ohne Zutun des Menschen empfangene χάρις im Verhalten der Christen je und je fruchtbar werden muß, war uns C 1 an 2 Kor 5,18–6,2 aufgegangen. Statt von der Gnade spricht Paulus freilich meist vom Geist als Prinzip des Lebens, aber auch des

---

1 Kor 14,37 formuliert den Anspruch des προφήτης ἢ πνευματικός ähnlich wie den des σοφός 3,18; das verweist auf Bezeichnungen in der Gemeinde, läßt aber auch erkennen, daß nicht jeder ohne weiteres schon ein „Geistlicher" ist. Gal 6,1 redet Paulus wohl ohne jede Spitze aufgrund der vorher entwickelten Pneuma-Ethik die Adressaten so an; der sündige Bruder gehört aber offensichtlich nicht dazu. Jak 3,15 und Jud 19 belegen, daß der Gegensatz „geistlich vs. seelisch" in der Abwertung fremder Weisheitslehre gebräuchlich war. Die zugrundeliegende Anthropologie mündet freilich in die Gnosis. – Neuerdings rekonstruiert G. *Sellin*, Das „Geheimnis" der Weisheit und das Rätsel der „Christuspartei": ZNW 73 (1982) 69–96 die Apollosgruppe mit einer Philon affinen Ideologie, allerdings aus 1 Kor 2,6ff zurückschließend. Es ist jedoch fraglich, ob die in der Tat Philon vergleichbare „pneumatische Erkenntnistheorie" (2,10b–16) durch den Alexandriner vermittelt sein muß (zu 86ff); ist sie nicht schon in höherem Maß Gemeingut und so auch Paulus verfügbar?

[130] Gegenüber dem Dünkel Esaus verdeutlicht all III 196, daß kein Mensch das Pronomen „mein" für sich in Beschlag nehmen darf; denn Num 28,2 „meine Geschenke, meine Gaben..." (Τὰ δῶρά μου, δόματά μου) bezeichnet Gott ausdrücklich die Geschenke = „vollkommene Güter, die er den Vollkommenen schenkt (χαρίζεται)" wie die eingeschränkten Gaben für die fortschreitenden Asketen (cher 84 χάρις μέση) als die seinen.

[131] Auch in Phil 3 scheint Vollendung mit Erkenntnis (bei Paulus selber: V. 8.10; vgl. die Abwehr V. 12) bzw. Offenbarung (bei den Adressaten V. 15) zusammenzuhängen. Nach dem Maßstab des Paulus heißt Vollendung allerdings, die Bewegung vom Tod Christi zur Auferstehung mitzuvollziehen.

Wandels (s. C 3 b). Damit sagt er etwas über die Macht aus, die jetzt den Glaubenden von innen heraus antreibt. Er reiht sich ein in die frühjüdische Traditionslinie, die nicht nur Weisheit, sondern auch das Tun des Guten der dauernden Inspiration Gottes zuschreibt (s. I C 4).

Von besonderem Interesse ist dabei der *Aristeasbrief*. V. 18 sagt:
„Was nämlich Menschen zur Gerechtigkeit und zum Streben nach guten Werken in Frömmigkeit (selbst) zu tun glauben, die Taten und Vorhaben richtet (in Wahrheit) der über alles herrschende Gott aus[132]".
Der theologische Bearbeiter des Königsspiegels macht – oft mit Zusätzen – deutlich, daß hinter allem menschlichen Wollen und Vollbringen des Guten die Kraft Gottes[133] am Werk ist. Bezeichnend ist etwa V. 195 die Antwort auf die Frage, was das Beste zum Leben sei:
„Zu erkennen, daß Gott alles regiert und daß wir bei den edelsten Handlungen nicht selbst das Beschlossene ausrichten; vielmehr vollendet[134] und lenkt[135] Gott in seiner Macht die (Geschicke) aller".

Stellen wir hierzu noch die Aussagen Philons über Anfang und Ende, die auf besondere Weise in der Hand Gottes ruhen (s. II E 3 a), so nähern wir uns Sätzen des Paulus wie Phil 1,6 „Der bei euch das gute Werk begonnen hat, wird es auch vollenden (ἐπιτελεῖν) ..." bzw. 2,13 „Gott ist es, der bei euch das Wollen und das Tun (ἐνεργεῖν) bewirkt (ἐνεργεῖν) gemäß seinem Wohlgefallen (ὑπὲρ τῆς εὐδοκίας)"[136]. Der Vers weckt nur Erstaunen, weil er als Begründung in einer Paränese steht, mit Furcht und Zittern sein Heil zu wirken (κατεργάζεσθαι). Aber auf dieser Ebene schließt die Wirksamkeit Gottes menschliches Bemühen nicht aus, das –

---

[132] Sinngemäße Ergänzungen in Klammern wie in der Übers. von *N. Meisner*, JSHRZ II 1. κατευθύνειν vom Gelingenlassen menschlicher Vorhaben noch 193.216 (διαλογισμὸν καὶ πρᾶξιν). 243 (richtige Beschlüsse).266.287. Vgl. im NT 2 Thess 3,5.

[133] Vgl. δύναμις 236.248.252.268; ἐνέργεια 266; δυναστεία 255. Vgl. die ähnliche Festellung Philons Mos II 5: „denn ohne göttliche Achtsamkeit (ἐπιφροσύνη) kommen die Verrichtungen von Königen und Untertanen nicht zustande".

[134] τελειοῦν noch 199; τελείωσις 239.255; ἐπιτελεῖν 227.265.

[135] καθηγεῖσθαι; vgl. ἡγεῖσθαι 278; ἡγεμών 238. Vgl. κατασκευάζειν 234.237. Vgl. zum Ganzen *N. Meisner*, Untersuchungen zum Aristeasbrief, Diss. Berlin o. J. (1973) I 78 ff.

[136] Die Einheitsübers. hat „noch über euren guten Willen hinaus", teilt also εὐδοκία den Menschen zu (vgl. Phil 1,15; 2 Thess 1,11). Die obige Auffassung, die das Wort wie Eph 1,5.9 mit der göttlichen χάρις zusammenbringt, verteidigt *J. Gnilka*, Der Philipperbrief (HThK X 3) Freiburg–Basel–Wien 1968, 150.

gerade weil Gottes Heils- und Heiligkeitswille in den Christen waltet – von Furcht und Zittern[137] erfaßt wird.

Wir wollen der Gnade Gottes, die so menschliches Tun ermöglicht, in zwei Bereichen nachgehen.

a) Die Charismen[138]

Im Apostolat des Paulus (s. A) hatten wir schon einen Sonderfall solcher Menschen dauerhaft zu heilvollem Handeln befähigenden Gnade. Aber auch die individuellen Gnadengaben (χαρίσματα[139]) der übrigen Christen

---

[137] Vgl. mut 217: Er respektiert voll Furcht die Würde des immer Daseienden und wird zitternd nach Leibeskräften vor dem Unrechttun davonlaufen (Übers. nach *Arnaldez* in: *ders.*, œuvres). Nach der Korrektur von *W. Theiler* in: *Cohn u. a.*, Werke stehen „Furcht und Zittern" sogar wie all III 54; her 24 beisammen).

[138] Exegetische Übersicht bei *H. Schürmann*, Die geistlichen Gnadengaben in den paulinischen Gemeinden, in: *ders.*, Ursprung und Gestalt (KBANT) Düsseldorf 1970; *Brockhaus*, III. Teil; *Dunn*, Part Three. Dort auch zu den Charismen im einzelnen und ihrem Verhältnis untereinander, was wir hier ausklammern. Vgl. auch *B. N. Wambacq*, Le mot „charisme": NRTh 107 (1975) 345–355; *Conzelmann*, ThWNT IX 393–397; *Berger*, EWNT III 1102–1105 (Lit.!).

[139] Das Konzept der Charismen, manchmal auch das Wort selber, gilt weithin als paulinische Schöpfung. Dazu ist zu sagen:
1. Daß das Wort zuerst, dazu noch in theologischem Zusammenhang, zweimal bei Philon all III 78 vorkommt, ist noch kein Grund dafür, es als christliche Eintragung zu verdächtigen. Vgl. die Anm. von *C. Montdésert* in: *Arnaldez u. a.*, œuvres. Es entspricht ganz natürlich dem dortigen χαρίζεσθαι. Außerdem ist es noch in einem Frgm. (*Harris* 84) belegt.
2. Paulus gebraucht es mehrmals unspezifisch außerhalb des Kontexts der für die Gemeinde relevanten Begabungen (s. *Brockhaus* 130–142).
3. In diesem technischen Sinn scheint es 1 Kor 1,7; 12,4.30f als bekannt vorauszusetzen. Nicht durch die Wahl des Wortes interpretiert Paulus die in der korinthischen Gemeinde auftretenden Geisteswirkungen als freie Geschenke Gottes (gegen *Brockhaus* 190f), sondern indem er Gott, Christus und den Geist ausdrücklich als Urheber nennt. *Conzelmann*, ThWNT IX 394 Anm. 11 sagt mit weiser Zurückhaltung: „Es ist nicht festzustellen, ob es Pls selbst war, der χαρίσματα als Bezeichnung der πνευματικά in den Sprachgebrauch einführte."
4. Gegen die allgemeine Anschauung scheint es mir nicht ausgemacht, daß 1 Petr 4,10f von Paulus, genauer vom Röm abhängig ist. Die Stelle könnte auch eine urchristliche paränetische Tradition reflektieren, die sich möglicherweise an eine jüdisch-hellenistische Auslegung der Geistesgaben nach Jes 11,2 anlehnen konnte (s. u. zu De Sampsone 24f).

entsprechen nach Röm 12,6 der ihnen verschieden verliehenen χάρις[140].
Diese sich so ausdifferenzierende Gnade ist nicht mehr einfach die Heilstat Gottes in Christus, sie wird aber doch durch eine präpositionale Wendung wie ἐν Χριστῷ Ἰησοῦ damit in Verbindung gebracht. So dankt Paulus 1 Kor 1,4 f Gott für seine Gnade, die den Korinthern „in Christus Jesus" gegeben wurde; denn in ihm wurden sie in allem reich (πλουτίζεσθαι), in jeglicher Rede und jeglicher Erkenntnis. Das bedeutet nach V. 7, daß sie keiner Gnadengabe entbehren. Reichtum und Überfluß ist nicht nur das Kennzeichen der allen (vgl. B 2b), sondern auch der den einzelnen zuteilwerdenden Gnade (vgl. περισσεύειν 1 Kor 14,12; 2 Kor 8,7). In 1 Kor 12–14 fehlt freilich der Begriff χάρις. Dort ist es der eine Geist, „durch den", „gemäß bzw. in dem" Gott die Charismen bzw. Geistesgaben (πνευματικά) gibt, ja, „er teilt jedem je für sich zu, wie er will" (12,11). Ein erneuter Beleg für die Äquivalenz von χάρις und πνεῦμα. Wenn es V. 13 heißt „wir alle wurden mit dem einen Geist getränkt", so ist das kaum eine Anspielung auf die Eucharistie, sondern erinnert an die Philon geläufige Metapher von der überströmenden Gnade[141].
Wie bei Philon das Übermaß der χάριτες, so ist sicher bei Paulus die eschatologische Fülle des Geistes und der χάρις der positive Grund für die Vielfalt und Verschiedenheit der Gnadengaben[142]. Doch, so könnte man mit Philon weiterfragen, werden sie nicht auch durch die menschliche Fassungskraft eingegrenzt und diversifiziert? Am Beispiel des Lehrers macht post 141–145 verständlich, daß Gott nicht allen alles schenken kann. Auch für einen weniger Angesehenen wie Esau bleibt ein Segen (vgl. Gen 27,38):

Οἷς τὰ ἁρμόττοντα χαρίζεται πρὸς τὰ τῆς ἑκάστου ψυχῆς σταθμήματα καὶ μέτρα σταθμώμενος καὶ διαμετρῶν ἰσότητι παρ᾽ἑαυτῷ τὸ ἀνάλογον ἑκάστοις (ihnen schenkt er das Passende im Verhältnis zur Zuwiegung und zum

---

[140] Einen engen Zusammenhang zwischen der die Rechtfertigung gewährenden Gnadenmacht und den Charismen als ihrer Manifestation und Konkretion stellt *E. Käsemann,* Amt und Gemeinde im Neuen Testament, in: Exegetische Versuche und Besinnungen, Göttingen 1964 I 109–134 her: In der Charis bringt uns die Herrschaft Christi zum Dienen (110f). Noch stärker würdigt *S. Schulz,* Die Charismenlehre des Paulus, in: *J. Friedrich – W. Pöhlmann – P. Stuhlmacher* (Hg.), Rechtfertigung (FS E. Käsemann), Tübingen 1976, 443–460 diese als Ausfluß der Rechtfertigungstheologie. Gegenüber diesen systematisierenden Ansätzen bleibt *U. Brockhaus* (bes. 140f) erfreulich nüchtern.
[141] Vgl. das Stichwort ποτίζειν Gen 2,6 in post 127ff.
[142] Nach 1 Petr 4,10 sind die Charismen gleichsam Farbnuancen der „bunten Gnade Gottes". – Zu Philon vgl. o. II B 1.

Maß jeder Seele, indem er mit Gleichheit bei sich selbst das jedem Zukommende zuwiegt und zumißt)[143].

Von Gott her gesehen herrscht Gleichheit; sie ist aber nur verhältnismäßig, weil Gott sich nach der Aufnahmefähigkeit des Menschen richtet. Das biblische Beispiel des Manna[144] wird her 191 auf die Weisheit übertragen, die der Logos aus Gleichem allen zuteilt, die davon Gebrauch machen sollten. Das bestätigt Ex 16,18:

„‚Nicht hatte zu viel, wer viel, und nicht zu wenig, wer wenig (gesammelt) hatte', solange sie vom … Maß der Verhältnismäßigkeit Gebrauch machten (τῷ τῆς ἀναλογίας … μέτρῳ)"[145].

Da hier nicht nur Funktionen in der Schöpfung zugeteilt werden, sondern auch Weisheit, Offenbarung (post 143) und Tugend (her 194), können wir diese Texte zum Vergleich mit der paulinischen Charismenlehre heranziehen.

Im entsprechenden Kap. des Röm sticht zunächst einmal eine ähnliche Terminologie ins Auge: μερίζειν μέτρον 12,3; ἀναλογία 12,6. Aber so sehr Paulus auch „größere Charismen" von weniger bedeutenden unterscheidet (vgl. 1 Kor 12,31), die menschliche Kapazität spielt für ihre Zuteilung keine Rolle. Wie bei Philon ist es zunächst einmal Gott – bzw. der Kyrios und der Geist –, der die Gnadengaben zumißt, wobei Paulus die souveräne Verfügungsgewalt des Geistes unterstreicht[146]. Es hat den Anschein, als sei das endzeitliche Pneuma nicht so auf die menschlichen Voraussetzungen angewiesen. Anders mag es bei den standesgebundenen Gnadengaben 1 Kor 7 aussehen. Wie bei Philon haben auch die weniger

---

[143] Mut 230 ff, Zitat 232. Die Übersetzungen ziehen – mit oder ohne Einfügung eines Artikels – παρ' ἑαυτῷ zu ἰσότητι. – Vgl. auch mut 218 f, die „unscheinbarer und niedriger Scheinenden" 222.

[144] Vgl. all III 163: Wenn man „den ungeheuren Reichtum der Wohltaten (χάριτες) nicht auf einmal fassen" kann, „ist es besser, das Gute in ausreichender und wohlabgemessener Menge zu empfangen und Gott als den Verwalter des übrigen anzusehen". Ebenso qGen IV 102.

[145] Die κατ' ἀναλογίαν ἰσότης (her 192; qGen IV 102) wird her 145 definiert. Paulus zitiert Ex 16,18 im Blick auf die Kollekte 2 Kor 8,14 f, ebenfalls im Zusammenhang mit der ἰσότης. Vielleicht kann er auf auch bei Philon verwertete Auslegungstradition zurückgreifen: vgl. *Theobald* 287 f. Zum Begriff der ἰσότης vgl. *Georgi* 62 ff.97 f; *Betz*, 2 Corinthians 67. Sie hat bei Philon kosmische Dimensionen, wird aber nicht vergöttlicht (*Theobald* 288 kritisch gegen *Georgi*).

[146] Vgl. 1 Kor 12,4–11, wobei V. 11 διαιρεῖν statt des philonischen διαμετρεῖν steht. Andere Verben sind „setzen" V. 18.28, „zusammenmischen" V. 24 b. – Nach Eph 4,7 wurde die χάρις jedem nach dem Maß des Geschenkes Christi gegeben.

Angesehenen an der Gnade teil (vgl. 1 Kor 12,22 f). Sie haben aber nicht nur proportional gleich viel empfangen, sondern Gott hat „dem geringeren Glied mehr Ehre gegeben" (V. 24, noch radikaler 1 Kor 1,27 f).

Die hellenistisch-jüdische Predigt De Sampsone schlägt sich mit der Tatsache herum, daß Simson trotz des Geistempfangs (vgl. Ri 13,25) sich gleich mit einer ausländischen Frau einläßt (Ri 14). Einerseits schließt sie sich Philon an:
„Es scheint, daß die Schwäche unserer menschlichen Natur die Größe eines Gottesgeschenks nicht (zu) fassen (vermag)" (20).
Andererseits greift er aber 24f wider Ausleger, die dem Pneuma hieraus einen Vorwurf machen, auf eine Aufgliederung des Geistes nach den Kardinaltugenden zurück[147]: Simson hatte nur den Geist der Stärke bekommen, nicht den der Gerechtigkeit und Besonnenheit.
„Nicht zu Unrecht könnte der getadelte Geist antworten, daß die Gaben unterschiedlich sind, (je nachdem) wie es die Macht des Allmächtigen und Großen will, und (daß) jedes Geschenk in seiner Art (nur) partiell (divisa) und jede wohltätige Gnadengabe begrenzt (mensurata) ist" (Siegert bzw. Aucher).
Hier entscheidet also wie bei Paulus allein Gott über die Art der Geistgabe.

Das „Maß", das die einzelnen Charismen regelt, ist nach Röm 12,3 das Maß des Glaubens, bzw. die „Zuteilung des Glaubens" (12,6)[148]. Man wird nicht darum herumkommen, daß Paulus hier doch ein Mehr oder Weniger im Glauben annimmt[149]. Der allen gemeinsame Glaube entfaltet

---

[147] So auch die Väterbeispiele Kap. 25, am Ende von 24 dagegen stärker biblische Formulierung. Zur Aufnahme von Jes 11,2 im Judentum vgl. *K. Berger*, Exegese des Neuen Testaments (UTB 658) Heidelberg 1977, 46f. Hat das hellenistische Judentum die Gaben des Messias „demokratisiert"? Vgl. o. Anm. 121 zu praem 95.

[148] Hier ist nicht die Richtschnur der Orthodoxie gemeint, nach der die Prophetie ausgeübt werden soll, denn das κατά scheint wie vorher V. 6 a „gemäß der uns verliehenen Gnade" verstanden werden zu müssen.

[149] In meinem Kommentar (*Römer* 208) wollte ich Röm 12,3.6 durch 1 Kor 7,17 erhellen, wo der Zuteilung (μερίζειν) des Kyrios der Ruf Gottes parallel geht (vgl. auch 7,7 „jeder hat von Gott eine eigene Gnadengabe, der eine so, der andere so"). Gott ruft den Menschen in bestimmten Situationen, z. B. verheiratet oder nicht, als Sklave oder als Freier, als Jude oder Heide. Diese Vorgegebenheiten machen mit der Art und Weise aus, wie sich die Gnade im einzelnen spezifiziert. – Aber es ist doch schwierig, πίστις hier als Zum-Glauben-Kommen zu nehmen. Paulus kennt nicht bloß einen mehr oder weniger starken Glauben (Röm 14,1), sondern nennt ihn manchmal neben anderen Gnadengaben als die grundlegende (1 Kor 13,2; 2 Kor 8,7; vgl. auch die Danksagungen am Briefanfang). Er kann so groß sein, daß er Berge versetzt (1 Kor 13,2), sich mehren (2 Kor 10,15; vgl. 2 Thess 1,3), d. h. für andere bedeutsam werden. Paulus wie die Christen haben den „Geist des Glaubens" (2 Kor 4,13).

also in der Gemeinde nach der gnadenhaften Maßgabe Gottes eine unterschiedliche Wirkung.

Der Zweck der verschiedenen Charismen ist jedenfalls die Erbauung der Gemeinde[150] oder auch „das Zuträgliche" (τὸ συμφέρον 1 Kor 12,7). Hierzu gibt es eine sinngemäße Parallele bei Philon, virt 169:

> „Zum Nutzen der Gesamtheit (κοινωφελεῖς) sind nämlich die Geschenke des obersten Herrschers, die er einzelnen gibt, nicht damit diese sie empfangen und dann versteckt halten oder zum Schaden anderer mißbrauchen, sondern damit sie sie in die Öffentlichkeit hinaustragen wie bei einer Volksspeisung und möglichst alle zu ihrem Gebrauch und Genuß einladen" (vgl. mut 128).

Der Gedanke scheint hauptsächlich stoisch und wird bei Paulus von der Polis und vom Kosmos auf die Gemeinde übertragen[151].

b) Die Kollekte

In den beiden Kollektenschreiben *2 Kor 8f*[152] kann Paulus, ohne legalistisch mißverstanden zu werden, die Fruchtbarkeit der Gnade im Liebeswerk beschwören. Hier wimmelt es nur so von χάρις in allen Schattierungen, ein Zeichen dafür, wie wenig fixiert der Sprachgebrauch des Apostels ist[153].

8,1–5 will Paulus die Korinther dazu provozieren, die begonnene Kollekte erfolgreich zu Ende zu bringen, indem er ihnen den Sammeleifer der Makedonier vor Augen führt. „Die Gnade Gottes, die gegeben ist unter den Gemeinden Makedoniens" wirkt sich nach V. 2 in ihrer Selbstlosigkeit aus, die sie trotz tiefer Armut an den Tag legen. Dabei verwendet Paulus περισσεία bzw. περισσεύειν. Auch die Korinther sollen „überströmen", nicht nur an geistigen Gaben wie Glaube, Rede und Erkenntnis

---

[150] Vgl. 1 Kor 14; Röm 14,19; 15,2. – 2 Kor 10,8; 12,19; 13,10 vom Apostel; das Verbum 1 Kor 10,23. Ferner Eph 4,12.16.29.

[151] Vgl. *K. Weiß*, συμφέρω, σύμφορος, in: ThWNT IX 71–80, 73f.

[152] Vgl. dazu vor allem *Georgi* 51–79; *Theobald* 277–304; *Betz*, 2 Corinthians (dazu meine in ThRv erscheinende Besprechung). – Wir können hier die kirchenpolitische Bedeutung und den faktischen Verlauf der Aktion außer acht lassen.

[153] Weniger wichtig ist ἡ χάρις ταύτη als Bezeichnung für die Kollekte 8,6f.19. Da nach 1 Kor 16,3 ἡ χάρις ὑμῶν die Korinther ihr Subjekt sind, sollte man den Ausdruck nicht theologisch überladen (gegen *Betz*, 2 Corinthians 58). Paulus spielt mit den Worten; 2 Kor 8,4 meint χάρις die Gunst der Teilnahme am Liebeswerk.

und in eifriger Liebe, sondern auch konkret im Liebesdienst für Jerusalem (8,7). Vorbild für diese χάρις der Gemeinde ist die χάρις Christi (8,9; dazu III C).

Das zweite Schreiben schwärmt dann vorwegnehmend von der „alles übertreffenden (ὑπερβάλλουσα) Gnade Gottes bei euch" (9,14), was man mit der „unaussprechlichen Gabe" (δωρεά) V. 15 gleichsetzen darf. Gemeint ist wieder die von Gott gewirkte übergroße Spendebereitschaft der Korinther. Zuvor hatte V. 8–11a verdeutlicht, wie Gott großherziges Geben – dies das Thema von V. 6f – ermöglicht. „Er vermag es, jegliche Gnade für euch überfließen zu lassen" (V. 8a). Das hat zugleich geistliche und materielle Bedeutung wie das schillernde „in allem bereichert" (V. 11). Die Gemeinde ist nicht bloß zur Liebe inspiriert, sie hat auch in jeder Hinsicht ihr Auskommen und kann nun selbst überströmen zu jeglichem guten Werk (V. 8b). Hier sind die negativen Konnotationen von ἔργον im Zusammenhang der Rechtfertigungslehre vergessen[154]. Das gilt noch mehr für das illustrierende Psalmzitat V. 9, das die Ausleger in Verlegenheit bringt. Denn da ist die Rede davon, daß die „Gerechtigkeit" des großzügig den Armen Ausstreuenden in Ewigkeit bleibt. Es geht – wie im Bibeltext – um den Bestand der menschlichen Gerechtigkeit, d. h. Rechtschaffenheit in den Augen Gottes, die sich in Wohltätigkeit äußert, nicht um die Gerechtigkeit Gottes[155].

Freilich, es ist Gott, der – mit Jes 55,10 – dem Säenden die Saat gewährt und Brot zum Essen. D. h.: Er schenkt die Mittel zum Gutestun. Er wird auch die „Erzeugnisse eurer Gerechtigkeit vermehren", so daß die Korinther fähig sind zu jeder Form von Selbstlosigkeit (V. 10 f). Das Bild vom Säen ist uns von Philon her vertraut[156]; wenn es z. B. Gen 26,12 von

---

[154] Den Singular darf man kaum gegen den Plural bei „Gesetzeswerke" ausspielen, da er ja mit πᾶν generalisiert ist.

[155] Dagegen trägt nach *Georgi* 71f Paulus hier nichts anderes als die Rechtfertigungslehre, wenn auch gleichsam in angewandter Form vor. Er lasse das Subjekt von V. 9 bewußt offen, um den Gedanken an Gottes Gerechtigkeit als Ursprung der menschlichen hervorzurufen. Auch *Betz*, 2 Corinthians 111 – obwohl sonst weniger in einer uniformen Paulusauslegung befangen – nimmt Gott als Subjekt an. Dagegen *Theobald* 295ff, der noch darauf verweist, daß μένει εἰς τὸν αἰῶνα dem πάντοτε von V. 8b entspricht. Das σκορπίζειν ist gleichbedeutend mit σπείρειν V. 6 und 10 (sprachliche Indizien dafür bei *Betz*, 2 Corinthians 111 Anm. 171); also muß auch das Subjekt identisch sein. Dann braucht man V. 10 keinen Bedeutungswechsel bei δικαιοσύνη anzunehmen (gegen *Betz*, 2 Corinthians 114).

[156] S. II D 2 d, vornehmlich im Kontext menschlicher Zeugung.

Isaak heißt: „Er säte in diesem Jahr und fand hundertfache Gerste", dann bedeutet das allegorisch:

> „Wenn die Seele sich als fruchtbares Land erweist, wie ein Feld, das den Samen der Tugend aufzunehmen bereit ist, trägt sie Früchte und ... findet eher als sie erzeugt, denn Gott fördert das Wachstum... Er tut Gutes ... durch ein und dieselbe Gnade..."[157].

Die überkommene Redeweise von der „Frucht der Gerechtigkeit"[158], mit der die Philipper durch Jesus Christus erfüllt sein sollen (Phil 1,11), läßt noch die christologische Ermöglichung anklingen. In 2 Kor 9,6–14 dagegen fehlen, wie *Betz* richtig feststellt[159], die spezifisch christlichen oder gar paulinischen Akzente weithin. Paulus schreibt eine traditionelle Gnadentheologie aus, die in agrarischen Metaphern einhergeht.

Halten wir fest: Die Gnade Gottes entfaltet nach Paulus im Leben des Einzelnen und der Gemeinde eine Dynamik, die mit dem Wirken des Geistes zusammenfällt. Vollendung wird – wie auch bei Philon – an der vertieften Wahrnehmung des von Gott Geschenkten gemessen; dies ist inhaltlich freilich die konkrete Heilstat Gottes in Christus. Die Gnade bekundet sich in außergewöhnlichen Fähigkeiten – bei Philon wäre die prophetische Ekstase vergleichbar –, aber in einer Mannigfaltigkeit, die auf die eschatologische Fülle des Geistes zurückgeht. Dessen verwandelnde Kraft wird auch im sittlichen Verhalten spürbar; exemplarisch wirkt die Gnade im Liebeswerk der Gemeinde zum Wohl des Ganzen. Teilvorstellungen waren auch bei Philon aufweisbar; aber die Synthese ist neu.

---

[157] qGen IV 189 im Anschluß an die Übers. von *Ch. Mercier* in: *Arnaldez u. a.*, œuvres. An der Parallele mut 268f ergänzt Philon als Subjekt ὁ τὰς θεοῦ χάριτας ἐπὶ γενέσει πλειόνων σπείρας ἀγαθῶν (der die göttlichen Wohltaten säte zur Erzeugung größerer Güter). Daß Isaak nicht erntete, sondern „fand", kommt daher, daß ein anderer zuvor die Ähren mit Wohltaten (εὐεργεσίαι, parallel δωρεαί) füllte. Allerdings fehlt der Nachdruck auf der Würdigkeit (ἐπάξιοι, οἱ ζητοῦντες) nicht.

[158] Vgl. Spr 3,9LXX; 11,30; Am 6,12; Hebr 12,11; Jak 3,18; de Jona 52: die Niniviten kannten nicht die Frucht der göttlichen Gerechtigkeit; Herm sim IX 19,2. Vgl. auch Röm 6,22; 7,4; Gal 5,22.

[159] 2 Corinthians 99.

F) Lob und Dank für die Begnadung[160]

In Phil 1,11 hatte Paulus hinzugesetzt „zur Ehre und zum Lob Gottes". Das führt uns darauf, daß wie bei Philon die effektiv gewordene χάρις im Dank des Menschen wieder zurückfließen soll zum Urheber. Dabei können wir folgende Kontexte zusammennehmen:

1. Der Dank für die Kollekte

ist ein schönes Beispiel für den Kreislauf der Gnade. 2 Kor 9,11 b führt Paulus eine neue Motivation ein: Die selbstlose Gabe der Korinther bewirkt, wenn sie „durch uns" überbracht wird[161], Dank gegenüber Gott. Denn sie hilft nicht nur den Bedürfnissen der „Heiligen" in Jerusalem ab, sondern „strömt über durch viele Danksagungen Gott gegenüber" (V. 12). Die Judenchristen preisen Gott einerseits wegen des Zeugnisses für das Gläubigwerden der Heidenchristen, andererseits für das Werk der Solidarität. Der überwältigende Beweis der Gnade bei den Korinthern bewegt sie aber auch zu sehnsüchtigem Fürbittgebet für diese (V. 13f). Der so herabgeflehte erneute Segen ist wohl das περισσεύειν der Diakonie von V. 12. Paulus nimmt den Dank der Jerusalemer in V. 15 schon mit einem Charis-Spruch vorweg[162]. Von daher erhellt auch, was das περίσσευμα der Jerusalemer Gemeinde in 8,14 ist, das einen Mangel der Korinther ausgleichen soll: ihr Dank und die dadurch hervorgerufene neuerliche χάρις. Sie kann – so lehrt ja 9,8ff – auch das materielle Defizit, das durch die großzügige Spende entstanden ist, beheben; freilich noch mehr: geistlichen Reichtum schaffen[163].

---

[160] Vgl. *Schubert;* nicht viel darüber hinaus bringt *P. T. O'Brien,* Thanksgiving and the Gospel in Paul: NTS 21 (1974) 144–155; *ders.,* Introductory Thanksgivings in the Letters of Paul (NT.S 49) Leiden 1977; *ders.,* Thanksgiving within the Structure of Pauline Theology, in: *D. A. Hagner – M. J. Harris* (Hg.), Pauline Studies (FS F. F. Bruce) Exeter 1980, 50–66. Vgl. noch *Conzelmann,* ThWNT IX 397–405, bes. 402f.

[161] Das ist die einfachste Erklärung. Gezwungen dagegen *Betz,* 2 Corinthians 116: „it is to our credit, and thus enhances our righteousness".

[162] Vgl. noch das „Gott-sei-Dank" für den Titus eingegebenen Eifer 2 Kor 8,16.

[163] Vgl. Röm 15,29. Auch *Theobald* 286 schließt sich jetzt diesem meinem Vorschlag an. Letztlich ratlos dagegen *Betz,* 2 Corinthians 68f.

2. Der Dank für die Gnade der Rechtfertigung

Wenn Paulus die Wende vom unheilvollen Einst zum Jetzt beschreibt, kommt ihm ganz spontan ein Charis-Spruch[164] auf die Lippen: Röm 6,17f; 7,25a dankt er so Gott für die Befreiung durch Christus, 1 Kor 15,57 für den Sieg „durch unsern Herrn Jesus Christus". Ein syntaktisch eingeschobenes „Gott-sei-Dank" ist auch in der Koine belegt[165]; es wird in der Diatribe als Stilmittel eingesetzt. Dabei ergeben sich manchmal auch inhaltliche Parallelen:

Epiktet, Diss. IV 4,7 „Damals sündigte auch ich; jetzt aber nicht mehr, Gott sei Dank" ist mit Röm 6,17f und im „Ich-Stil" mit Röm 7 zu vergleichen. Zu Röm 7,25a und 1 Kor 15,57 ist von den philonischen Belegen[166] somn II 213 zu stellen:
„Dank sei dem siegbringenden Gott, der die bis zum Äußersten getriebenen Bemühungen des den Leidenschaften Verfallenen erfolglos macht, indem er unsichtbar geflügelte Wesen zu ihrer Vernichtung und ihrem Verderben schickt".
Ferner her 309:
„Viel Dank sei dem, der die Funken sät, damit nicht der Geist nach Art der Leichen von den Leidenschaften unterkühlt wird..."

Das unterscheidend Christliche liegt darin, daß Paulus mit der διά-Wendung den Mittler Jesus Christus nennt.

Der Dank für die Rettung durch Christus mag auch Inhalt der εὐχαριστία gewesen sein, die Geisterfüllte in der Gemeindeversammlung vortrugen (vgl. 1 Kor 14,16f εὐλογεῖν ἐν πνεύματι)[167]. An der Deutung Judas sahen wir, daß auch bei Philon der Dank in Ekstase dargebracht wird (s. II E 2 b). Während Kol 1,12 und 3,15c.16 zu solchem gottesdienstlichen Dank ermuntern, gehen die Aufrufe zur Danksagung innerhalb der Paränese (Phil 4,6; 1 Thess 5,18; vgl. Kol 2,7; 4,2; Eph 5,20) wohl mehr auf das Gebet des Einzelnen und schließen so auch persönliche Gründe ein.

---

[164] Vgl. *R. Deichgräber*, Gotteshymnus und Christushymnus in der frühen Christenheit (StUNT 5) Göttingen 1967, 43 f.

[165] Vgl. *Wetter* 207; *Bauer-Aland* s. v. χάρις Nr. 5.

[166] Vgl. noch all II 60; III 40; cher 32; spec III 6.

[167] Römer 3,25f könnte ein Fragment davon sein; vgl. Kol 1,12–14. Kol 3,16c fordert dazu auf, in Psalmen, Hymnen und geistlichen bzw. geisterfüllten Liedern ἐν [τῇ] χάριτι mit dem Herzen Gott zu singen; die meisten Kommentatoren denken wegen des Artikels an die vorausgesetzte „Sphäre der Gnade" (*Wetter* 77f). Doch wegen des parallelen ἐν πάσῃ σοφίᾳ und der unsicheren Bezeugung des Artikels könnte man auch mit *Bauer-Aland* s. v. χάρις Nr. 5 übersetzen „in dankerfüllter Gesinnung".

3. Dank im Kontext des apostolischen Wirkens

Mit einem floskelhaften εὐχαριστῶ τῷ θεῷ kommt Paulus manchmal auf seine besondere Begabung oder sein Wirken als Apostel zu sprechen: vgl. 1 Kor 1,14; 14,18; 2 Kor 2,14 mit einem Charis-Spruch. 2 Kor 1,11 sollen die Korinther für das χάρισμα seiner Rettung aus Todesnot danken. Am Anfang der Briefe steht – der epistolaren Sitte entsprechend, in der Funktion einer *captatio benevolentiae* – der Dank für die Glaubensfestigkeit der Adressaten[168]. Bei aller Formelhaftigkeit ist sich der Apostel doch bewußt, daß er es der Gnade Gottes verdankt, wenn sein Werk Frucht bringt (vgl. o. A 2).

4. Die Mehrung der Herrlichkeit Gottes als Ziel

Letztlich zielt all seine Arbeit, gerade als Heidenmissionar, darauf, das Lob Gottes zu mehren. Er setzt sich für seine Gemeinden ein, „damit die Gnade durch eine immer größere Anzahl von Gläubigen größer werde (πλεονάσαι)" – gemeint ist ihre Wirkung in der Gewinnung neuer Christen – „und so den Dank überströmen lasse (περισσεῦσαι) zur Ehre Gottes" (2 Kor 4,15)[169].
Natürlich wehrt sich der Apostel damit auch gegen die Unterstellung, in der Mission seine eigene Verherrlichung zu suchen. So auch 2 Kor 8,19, wo er gegen Verdächtigungen (vgl. V. 20 f) betont, er besorge die Kollekte

---

[168] Vgl. zuletzt *Schnider-Stenger* 42–49; eine Ausnahme bildet Gal, wo die vituperatio 1,6 f das funktionale Gegenstück darstellt; in 2 Kor 1,3–7 tritt eine Eulogie für erfahrenen Trost in der Bedrängnis an die Stelle der Danksagung. – Zu nennen wäre auch noch 1 Thess 3,9 innerhalb des Briefkorpus.

[169] Der Vers bietet fünf Übersetzungsmöglichkeiten. Vgl. *B. Noack*, A Note on II Cor. IV.15: STL 17 (1963) 129–132, der sowohl πλεονάσαι wie περισσεῦσαι intransitiv nehmen möchte; *Theobald* 222 ff, der nur πλεονάσαι aktiv versteht und paraphrasiert: „damit die Gnade durch immer mehr Menschen die Danksagung erstarken läßt und (so) überströmt zur Herrlichkeit Gottes". Die obige Wiedergabe, die dagegen mit transitivem περισσεῦσαι rechnet, hat nur den Nachteil, daß Ursache und Wirkung in der Vervielfältigung der Gnade vertauscht scheinen. – Man hat der Stelle manchmal eine fast quantitative Vorstellung von der Mehrung der δόξα τοῦ θεοῦ durch den Dank entnommen: So im Anschluß an *M. Dibelius*: G. H. *Boobyer*, „Thanksgiving" and the „Glory of God" in Paul. Diss. theol. Heidelberg 1929; zustimmend *Conzelmann* ThWNT IX 403; *Betz*, 2 Corinthians 118 f; *Schubert* 89 ff möchte diese „spekulative Theorie" nur den nicht-paränetischen Texten unterlegen.

zur δόξα des Kyrios. Aber schließlich ist die doxologische Sinngebung seines Tuns wieder im Christusereignis begründet: Der Erhöhte wird zur Ehre Gottes des Vaters verherrlicht (Phil 2,11). Am ausführlichsten ist Röm 15,7–12: Christus hat die Heidenchristen angenommen „zur Ehre Gottes". Während Gott in der Sendung des Messias aus Israel sein den Vätern gegebenes Wort einlöste, sollen die Heiden ihn verherrlichen für das darüber hinausgehende Erbarmen (V. 9–11). Solches Gotteslob ist nichts anderes als das Über- und Zurückströmen der Gnade.

An der Formulierung von 1 Thess 3,9 εὐχαριστίαν τῷ θεῷ ἀνταποδοῦναι (den Dank Gott dafür zurückerstatten) hängt *Betz*[170] seine Deutung auf, daß alles Danken bei Paulus – nicht anders als bei Philon – Antwort, Votivgabe für eine von Gott empfangene Wohltat ist. Paulus überträgt priesterliche Funktionen auf sich, wenn er es Röm 15,16 als seine Aufgabe betrachtet, die aus Heiden bestehende Opfergabe durch seinen Dienst am Evangelium Gott wohlgefällig zuzurichten, geheiligt im heiligen Geist[171]. In metaphorischer Kultsprache legt er Röm 12,1 f den Christen ans Herz, ihre Leiber als lebendiges Opfer im „vernünftigen", aufgeklärten[172] Gottesdienst darzubringen. Das erinnert stark an Philon, nur daß dort die Seele die eigentliche Opfergabe ist (s. II E 3). Zwar nennt auch Paulus den νοῦς als die Stelle, wo die Erneuerung ansetzt (V. 2), er legt aber doch viel größeren Wert als Philon darauf, daß die Christen Gott im Leib verherrlichen (vgl. 1 Kor 6,20), in der Alltäglichkeit ihrer Verrichtungen (vgl. 1 Kor 10,31 = Kol 3,17), in der Einmütigkeit einer auf gegenseitiger Annahme beruhenden Gemeinschaft (vgl. Röm 15,6).

Fazit: In der Ausrichtung des menschlichen Daseins auf den Dank, der auf die χάρις Gottes antwortet, stimmen Philon und Paulus überein. Sie übertragen deshalb auch kultische Begrifflichkeit auf das Leben des Einzelnen. Was solche Danksagung auslöst, ist freilich verschieden. Bei Pau-

---

[170] 2 Corinthians 118.

[171] Dazu zuletzt *J. Ponthot*, L'expression cultuelle du ministère paulinien selon Rom 15,16, in: *A. Vanhoye*, L'Apôtre Paul (BEThL 73) Leuven 1988, 254–262: Die Aufmerksamkeit des Paulus gilt weniger seinen eigenen priesterlichen Funktionen als der kultischen Bestimmung der Heidenvölker.

[172] Dazu zuletzt *H. D. Betz*, Das Problem der Grundlage der paulinischen Ethik (Röm 12,1–2): ZThK 85 (1988) 199–218, 211 ff. Zur „Spiritualisierung" der Kultbegriffe vgl. in neuerer Zeit *H.-J. Klauck*, Die kultische Symbolsprache bei Paulus, in: *J. Schreiner* (Hg.), Freude am Gottesdienst (FS J. G. Plöger) Stuttgart 1983, 107–118; *W. Radl*, Kult und Evangelium bei Paulus: BZ NF 31 (1987) 58–75.

lus sind es nicht in erster Linie die Gaben des Schöpfers – die teilweise auch (s. B 2) –, sondern die im Evangelium von Jesus Christus vernommene Gnade ist der Grund der εὐχαριστία. Der in Christus freigesetzte heilige Geist gestaltet die christliche Existenz auch im Leiblichen zum Gottesdienst um. Deshalb wird Dank (vgl. Röm 1,8) und bestätigende Antwort (vgl. das Amen 2 Kor 1,20b) zu Gottes Verherrlichung auch „durch Jesus Christus" dargebracht.

Versuch einer Zusammenschau

Paulus teilt mit Philon das Mißtrauen in die geistigen und moralischen Fähigkeiten des auf sich allein gestellten Menschen. Beide sind, wie wir in I gegen Ende gesehen haben, hier auch von Zeitströmungen beeinflußt. Zur Abhilfe weist Philon als frommer Jude auf die im mosaischen Gesetz liegenden, in den Patriarchen verkörperten Möglichkeiten des Aufstiegs zu Gott, die die Errungenschaften griechischer Philosophie einbeziehen und noch – in der Ekstase – übertreffen. Der Gipfel der Erkenntnis ist aber die Entdeckung des allgegenwärtigen Schöpfers mit seinen χάριτες und der totalen Abhängigkeit des Menschen, die sich im Dank als dem der Schöpfung „eigenen Werk" (plant 130) artikuliert. Der Ort, wo Gnade erfahren wird, ist die Welt als Schöpfung Gottes, aber auch ekstatische Gottesgewißheit, die im Volk Israel vermittelt wird.

Paulus ist schon von seiner Berufung her durch die Erfahrung der in Christus offenbaren χάρις geprägt, die an den endgeschichtlichen Kairos des Kreuzesgeschehens gebunden ist. Da diese Offenbarung dem gesetzeseifrigen Verfolger der Gemeinde Gottes zuteil wurde, gerät er in Gegenstellung zum Gesetz, die durch seinen Einsatz für die gesetzesfreie Heidenmission noch vertieft wird. Im Gegenüber zum Heilsereignis in Christus wird das Unvermögen des Gesetzes herausgestellt, das den Menschen in Hilflosigkeit und Schuld treibt. Weil die Heilstat Christi auf dem Prinzip der Gnade beruht, schließen sich der Glaube daran und menschliches Tun von Gesetzeswerken als Zugang zum Heil aus. Das impliziert auch einen Gegensatz von χάρις als objektivem Grund der Rechtfertigung und Werken. Paulus entfaltet ihn Röm 4,4 im Rückgriff auf die hellenistische Reflexion über das Wohltun, die χάρις und Schuldigkeit unterscheidet. Das Moment der Gratuität konnte schon die liturgisch besungene χάρις (vgl. Röm 3,24 δωρεάν) enthalten, die als Vorgabe für Paulus freilich hypothetisch bleibt (vgl. III C).

Bei Philon dagegen fanden wir nur eine idealtypische Gegenüberstellung von gottgegebener Anlage (φύσις) und später daraus erfließendem Tun (s. IV D 2), jedoch keinen ausgeprägten Kontrast zwischen göttlicher Gnade und menschlichem Werk. Die vollkommene Tugend und „die ihr gemäßen Handlungen" sind zwar Gottes Geschenk (sacr 57). Aber im konkreten Leben krönt die von Gott geschenkte Vollendung die sittliche Laufbahn des Menschen; in ihrer Anfangsphase sind Appelle zur Anstrengung nötig. Die Mühe wird erst vom Vollendeten als von Gott inspiriert erkannt.

Trotz der Übereinstimmung in der Philondeutung sehen wir also das Verhältnis des Paulus zur Tradition anders als *Heiligenthal* (s. Einl.). Paulus geht nicht von einem traditionellen Gegensatz Gnade vs. Werke aus, sondern stellt in seiner Rechtfertigungslehre Glaube und Gesetzeswerke einander gegenüber[1]. Erst wo er den objektiven Grund dieses Gegensatzes nennt, kommt es auch zu einem Gegenüber von Gnade und Werken. Dabei expliziert Paulus die der χάρις eigene Gratuität weit radikaler als Philon, der – von der Wohltätigkeitsethik bestimmt – immer noch die Konvenienz der Gnadenmitteilung (an die Würdigen) mitbedenkt. Das bringt ihn freilich in ein Spannungsverhältnis zu der bei ihm wie bei Paulus virulenten biblischen Überzeugung vom Erbarmen Gottes für den Sünder. Hier braucht der Mensch Gott nur anzurufen, worauf ja auch Paulus den Glauben reduzieren kann (vgl. Röm 10,12f).

Weil aber Paulus von der im Kreuz markierten eschatologischen Wende her denkt, ist der Einschnitt zwischen der alle Welt umgreifenden sündigen Vergangenheit und der Neuheit in Christus viel tiefer als bei Philon. Dabei bleiben Gnade und Sünde so aufeinander bezogen, daß die Gnade gerade dem Sünder zukommt, daß sie sogar durch die Sünde gesteigert wird. Philon dagegen legt das Modell eines allmählichen sittlichen Werdegangs zugrunde. Bei Paulus steht die Gnade am Anfang, mag sie dann auch im christlichen Leben fruchtbar werden.

Dem Apokalyptiker Paulus eigen ist die Abwandlung von χάρις zur allem menschlichen Tun vorausliegenden Erwählung (vgl. IV D 2), die sich mit den Resten heilsgeschichtlichen Denkens bei Philon nicht vergleichen läßt. Weil die Gnade nicht auf menschliche Voraussetzungen angewiesen ist, kann – nach der Darstellung in Röm 9–11 – das jüdische Heilskonzept auf den Kopf gestellt werden; das verbürgt aber auch die Gewißheit der Rettung Israels, an der Paulus gemäß den als einseitigen Gaben verstandenen Verheißungen festhält.

Mit der eschatologischen Fülle des Geistes hing u. E. die verwandelnde Kraft der Gnade zusammen, die den Menschen in seinen sittlichen Fähigkeiten neu schafft. Ansätze dazu boten Philons Anschauungen von der Inspiration, die er im Zusammenhang mit dem Bewußtsein der Gottebenbildlichkeit, der Eingebung von liebendem Streben und ekstatischer Erkenntnis einsetzt (s. II D 2 und 3). Von hier aus ließen sich direktere Linien zur Charismenlehre des Paulus ziehen; sie hat unserer Meinung nach stärker traditionelle Wurzeln als allgemein angenommen. Freilich reicht die Palette der Charismen über die philonischen Gottesgaben Pro-

---

[1] *Heiligenthal* 279 dagegen bezeichnet diesen Gegensatz als für Paulus untypisch.

phetie, Weisheit und Erkenntnis hinaus. Für die sittliche Neuschöpfung des Menschen vermuten wir mit *Brandenburger* und *Sellin* allgemeinere Grundlagen in der dualistischen Weisheit, in deren Fahrwasser auch Philon segelt. Wir merkten nur dazu an, daß die Vorstellung von einer göttlichen Inspiration, die die Schwäche des Menschen dem Guten gegenüber überwindet, auch Ansichten der heidnischen Philosophie entgegenkommt. Überhaupt rechnen wir damit, daß auch bei Philon verwendete Kategorien wie „vollkommen" vs. „unmündig" oder die Anschauung, daß der Mensch sich selbst geschenkt ist, weiter verbreitet sind, so daß Paulus in 1 Kor 2,6–3,3; 4,6f sie nicht bei seinen Widersachern entleihen muß.

Speziell paulinische Akzente entdeckten wir in der inhaltlichen Bestimmung der vollkommen machenden Weisheitslehre als Botschaft vom Kreuz und in der Kreuzesförmigkeit menschlicher Existenz, wie sie am Apostel anschaulich wird. So kann Gnade nur unter dem Anschein des Gegenteils wirksam werden. Das ist sicher auch für die Bewertung der Charismen bei Paulus entscheidend, wo Paulus die alltäglichen Dienste gegenüber den auffälligen Phänomenen zum Zug bringt. In der Gemeinde gilt nicht das Gesetz der „Gleichheit", sondern – analog zur Erhöhung des Gekreuzigten – empfangen die am wenigsten angesehenen Glieder des Leibes Christi am meisten Ehre.

So unterschiedlich die Ausgangspunkte bei Philon und Paulus waren, so konnten wir doch ähnliche Tendenzen und Konsequenzen feststellen: Die Erkenntnis – bei Paulus: der Erweis – der χάρις läßt das Sich-Rühmen des Menschen verstummen und führt ihn zum Dank.

Gegenüber der stoisch-philonischen Sicht der Welt und des Menschen als Gnadengabe des Schöpfers war bei Paulus ein starkes Defizit zu verzeichnen. Man kann das so erklären, daß er es nicht in erster Linie für seine Sache hält, die göttliche Fürsorge zu rechtfertigen[2]. Ihm geht es nicht zunächst um das Recht-Sein Gottes, sondern um die von Gott in Christus dem Menschen ermöglichte Gerechtigkeit. Der Gedanke an die Schöpfungsgaben taucht deshalb nur implizit im Aufweis menschlicher Schuld, der auf die Rechtfertigungsbotschaft hinführt, und in sekundärer paränetischer Argumentation auf (s. IV B 2). Wir fragten aber, ob die von Philon herausgestellte Grundbefindlichkeit des Menschen, wonach er alles Gott verdankt, nicht bei einer existentialen Interpretation der Rechtfertigungslehre wieder zu Ehren kommt (s. IV E Schluß).

---

[2] Deshalb bringt er auch keine innergöttliche Polarität mit einer Kräftelehre ins System wie Philon (s. IV B 3).

Darüber hinaus müssen wir die gegenüber dem Urchristentum veränderte Situation bedenken, in der sich eschatologische Zeitbestimmungen verbraucht haben. Hier ist das Vergehen dieses Äons kein notwendiges Moment kosmischer Erlösung; sondern umgekehrt hängt das Heil der Menschen am Fortbestand der einen Welt, der gerade durch die Illusion menschlicher Autonomie und Autarkie gefährdet ist. In deren Krise wird es lebensnotwendig, die Schöpfung als Gabe, als χάρις wahrzunehmen, freilich als eine endliche, dem Menschen zum Schutz anvertraute, für die er sich vor dem Geber zu verantworten hat. M. a. W.: Die für Paulus zentrale Gerechtigkeit, mit der der Mensch im Gericht bestehen kann, ist inhaltlich durch die Bewahrung der Schöpfung als χάρις zu füllen. Damit verliert das Christusereignis nicht an Bedeutung, denn es kann uns dazu bringen, inmitten einer panisch aufs eigene Überleben bedachten Menschheit einen Neubeginn zu wagen, indem wir liebend über uns hinausschauen auf die benachteiligten Zeitgenossen und auf künftige Generationen. So gesehen können Philon und Paulus vielleicht sich ergänzende Impulse geben.

Literaturverzeichnis

1. Texte, Übersetzungen und Hilfsmittel zu Philon

Für den griechischen Text:
Cohn, L. – Wendland, P., Philonis Alexandrini opera quae supersunt, Berlin 1896–1915, 6 Bd. mit einem Index von
Leisegang, H., Berlin 1926.1930 (Bd. VII). Vollständiger ist
Mayer, G., Index Philoneus, Berlin–New York 1974
Die Fragmente sind zwar in den Ausgaben der qGen und qEx teilweise abgedruckt, grundlegend ist aber
Harris, J. R., Fragments of Philo Judaeus, Cambridge 1886

Für die nur armenisch erhaltenen, z. T. unechten Werke:
Marcus, R., Philo Supplement (LCL) London – Cambridge Mass. 1953, 2 Bd.
Mercier, Chr. – Petit, F., in: *Arnaldez* u. a., œuvres (mit der lat. Übers. von *Aucher*), t. 34A/B, Paris 1979.1984, 2 Bd. (Ich übernehme jedoch ihre Zählung der Bücher nicht)
Siegert, F., Drei hellenistisch-jüdische Predigten (WUNT 20) Tübingen 1980
–, Philon von Alexandrien (WUNT 46) Tübingen 1988 (Rückübersetzung von De Deo mit Kommentar)

Die deutsche Übersetzung wurde grundsätzlich neu nach dem griechischen Text bzw. den Übersetzungen aus dem Armenischen hergestellt. Dabei wurden verglichen:
Arnaldez, R. – Pouilloux, J. – Mondésert, C., Les œuvres de Philon d'Alexandrie, Paris 1961 ff, bisher 35 Bd. (öfter benützte Einzelbände s. u.)
Cohn, L. – Heinemann, I. – Adler, M. – Theiler, W., Philo von Alexandria. Die Werke in deutscher Übersetzung, Berlin ²1962.1964, 7 Bd., mit einem Sachweiser von *W. Theiler* in Bd. VII (danach die Abkürzungen der philonischen Schriften, dazu qGen = Quaestiones in Genesim, qEx = Quaestiones in Exodum)
Colson, F. H. – (bis Bd. V einschließlich) *Whitaker, G. H.*, Philo (LCL) London – Cambridge Mass. 1929–1962, 10 Bd., mit einem Schrift- und Namenregister in Bd. X von *J. W. Earp*

Für die Schriftzitate und -anspielungen vgl. auch:
Biblia Patristica Supplément, Paris 1982

Als bibliographische Nachschlagewerke wurden benutzt:
Goodhart, H. L. – Goodenough, E. R., A General Bibliography of Philo Judaeus, in: *Goodenough*, Politics 127–348
Hilgert, E., Bibliographia Philoniana 1935–1981, in: ANRW II 21.1, 47–97
Radice, R., Filone di Alessandria, bibliografia generale 1937–1982 (Elenchos 8) Mailand 1983
Radice, R. – Runia, D. T., Philo of Alexandria. An annotated bibliography 1937–1986 (VigChr Suppl. 8) Leiden – New York – Kopenhagen – Köln 1988

2. Abgekürzt zitierte Literatur[1]

Amir, Y., Die hellenistische Gestalt des Judentums bei Philon von Alexandrien (Forschungen zum jüdisch-christlichen Dialog 5) Neukirchen-Vluyn 1983

Arnaldez, R., La dialectique des sentiments chez Philon, in: Philon d'Alexandrie (Colloques nationaux du Centre national de la recherche scientifique) Paris 1967, 299–331

–, Introduction générale, in: *ders. u. a.*, œuvres I 2–112

Becker, J., Paulus. Der Apostel der Völker, Tübingen 1989

Beierwaltes, W., Lux intelligibilis. Untersuchung zur Lichtmetaphysik der Griechen (Diss. Würzburg) München 1957

Berger, K., Apostelbrief und apostolische Rede / Zum Formular frühchristlicher Briefe: ZNW 65 (1974) 190–231

–, „Gnade" im frühen Christentum: NedThT 27 (1973) 1–25

–, Art. χάρις in: EWNT III 1095–1102; χάρισμα ebd. 1102–1105

Betz, H. D., 2 Corinthians 8 and 9 (Hermeneia) Philadelphia 1985

–, Galatians (Hermeneia) Philadelphia 1985

Bolkestein, H., Wohltätigkeit und Armenpflege im vorchristlichen Altertum, Utrecht 1939, Nachdruck Groningen 1967

Borgen, P., Bread from Heaven (NT.S 10) Leiden 1965

–, Philo of Alexandria, in: *M. Stone* (Hg.), Jewish Writings of the Second Temple Period, Assen – Philadelphia 1984, 233–282

–, Philo of Alexandria. A critical and synthetical survey of research since World War II, in: ANRW II 21.1 (1984) 98–154

Bormann, K., Die Ideen und Logoslehre Philons von Alexandrien (Diss. phil. Köln 1977)

---

[1] Abkürzungen nach *Schwertner, S.*, Internationales Abkürzungsverzeichnis für Theologie und Grenzgebiete, Berlin/New York 1974. Statt der offensichtlich irrtümlichen Abkürzung ALGHL verwende ich aber ALGHJ.
Außerdem:
ANRW = *Temporini, H. – Haase, W.* (Hg.), Aufstieg und Niedergang der römischen Welt, Berlin–New York
EWNT = *Balz, H. – Schneider, G.* (Hg.), Exegetisches Wörterbuch zum Neuen Testament, 3 Bd., Stuttgart–Berlin–Köln–Mainz 1979–1983
JSHRZ = *W. G. Kümmel* (Hg.), Jüdische Schriften aus hellenistisch-römischer Zeit, Gütersloh
JSNT = Journal for the Study of the New Testament, Sheffield
JSNT SS = dass., Supplement Series
SBL DS = Society of Biblical Literature, Diss. Ser., Missoula
StPh = studia philonica, Chicago
Der TRE entnehme ich auch die Abkürzungen für die außerkanonischen biblischen Bücher. Dazu
WeishKairGen = Die Weisheitsschrift aus der Kairoer Geniza, hg. und kommentiert von *K. Berger* (Texte und Arbeiten zum neutestamentlichen Zeitalter 1), Tübingen 1989

Boyancé, P., Écho des exégèses de la mythologie grecque chez Philon, in: Philon (s. *Arnaldez*) 169–188

–, Le dieu très haut chez Philon, in: Mélanges d'histoire des religions (FS H.-C. Puech) Paris 1974, 139–149

–, Philon-Studien (1963), in: *C. Zintzen* (Hg.), Der Mittelplatonismus (WdF 70) Darmstadt 1981, 33–51

–, Sur l'exégèse hellénistique du Phèdre, in: Miscellanea di studi alessandrini in memoria di A. Rostagni, Turin 1963, 45–53

Brandenburger, E., Fleisch und Geist. Paulus und die dualistische Weisheit (WMANT 29) Neukirchen-Vluyn 1968

Braun, H., Wie man über Gott nicht denken soll, Tübingen 1971

Bréhier, É., Les idées philosophiques et religieuses de Philon d'Alexandrie, Paris ³1950

Brockhaus, U., Charisma und Amt, Wuppertal 1972

Carson, D. A., Divine Sovereignty and human Responsability in Philo: NT 23 (1981) 148–164

Conzelmann, H., Art. χάρις κτλ ... AC-F in: ThWNT IX 363–393; χάρισμα ebd. 393–397; εὐχαριστέω κτλ. ebd. 397–405

Dahl, N. A. – Segal, A. F., Philo and the Rabbis on the Names of God: JSJ 9 (1978) 1–28

Daniélou, J., Philon d'Alexandrie, Paris 1958

Deichgräber, K., Charis und Chariten. Grazie und Grazien, München 1971

Delling, G., The „One who sees God" in Philo, in: *F. E. Greenspahn – E. Hilgert – B. L. Mack* (Hg.), Nourished with Peace. Studies in Hellenistic Judaism in memory of S. Sandmel, Chico Cal. 1984, 27–41

Dey, L. K. K., The intermediary world and patterns of perfection in Philo and Hebrews (SBL DS 25) Missoula 1975

Dillon, J., The Middle Platonists, London 1977

Dörrie, H., Art. „Gnade" A I Griechisch-römisch, in: RAC XI 313–333

Doughty, D., The Priority of ΧΑΡΙΣ: NTS 19 (1973) 163–180

Drummond, J., Philo Judaeus or the Jewish-Alexandrian Philosophy in its Development and Completion, London 1888, Nachdruck Amsterdam 1969

Dunn, J. D. G., Jesus and the Spirit, London 1975

Fernandes, R. M. R., O Tema das Graças na Poesia clássica, Paris 1962

Festugière, A. J., La révélation d'Hermès Trismégiste (ÉtB). II Le dieu cosmique, Paris 1949; IV Le dieu inconnu et la gnose, Paris 1954

Fischer, U., Eschatologie und Jenseitserwartung im hellenistischen Diasporajudentum (BZNW 44) Berlin–New York 1978

Flack, E. E., The Concept of Grace in Biblical Thought, in: *J. M. Myers – O. Reimherr – H. N. Bream,* Biblical Studies in memory of H. C. Allemann, New York 1960, 137–154

Georgi, D., Die Geschichte der Kollekte des Paulus für Jerusalem (ThF 38) Hamburg-Bergstedt 1965

Gese, H., Der Johannesprolog, in: *ders.,* Zur biblischen Theologie (BEvTh 78) München 1977, 152–201

Goodenough, E. R., An Introduction to Philo Judaeus, Oxford ²1962, Nachdruck Brown classics in Judaica 1986
–, By Light, Light. The Mystic Gospel of Hellenistic Judaism, New Haven 1935, Nachdruck Amsterdam 1969
–, Jewish Symbols in the Greco-Roman Period IX–XI (BollS 37) New York 1964
–, The Politics of Philo Judaeus, New Haven 1938, Nachdruck Hildesheim 1938

Harl., M., Quis rerum divinarum heres sit, in: *Arnaldez u. a.*, œuvres XV, Paris 1966
Hay, D. M., The Psychology of Faith in Hellenistic Judaism, in: ANRW II 20.2 (1987) 881–925
Hegermann, H., Die Vorstellung vom Schöpfungsmittler im hellenistischen Judentum und Urchristentum (TU 82) Berlin 1961
–, Griechisch-jüdisches Schrifttum, in: *J. Maier – J. Schreiner* (Hg.), Literatur und Religion des Frühjudentums, Würzburg–Gütersloh 1973, 163–180; Das griechisch-sprechende Judentum, ebd. 328–352; Philon von Alexandria, ebd. 353–369
Heiligenthal, R., Werke als Zeichen (WUNT 2. R. 9) Tübingen 1983
Holladay, C. H., *Theios Aner* in Hellenistic-Judaism (SBL DS 40) Missoula/Mont. 1977
Horbury, W., Ezekiel Tragicus 106: δωρήματα: VT 36 (1986) 37–51

Jaubert, A., La notion d'alliance dans le judaisme aux abords de l'ère chrétienne (PatSor 6) Paris 1963
Jonas, H., Gnosis und spätantiker Geist. II 1 Von der Mythologie zur mystischen Philosophie (FRLANT 63) Göttingen ²1966

Klein, F.-N., Die Lichtterminologie bei Philon von Alexandrien und in den hermetischen Schriften, Leiden 1962
Krafft, P., Art. „Gratus animus (Dankbarkeit)", in: RAC XII 732–752

Laporte, J., La doctrine eucharistique chez Philon d'Alexandrie (ThH 16) Paris 1972
Leisegang, H., Der heilige Geist. Das Wesen und Werden der mystisch-intuitiven Erkenntnis in der Philosophie und Religion der Griechen. I 1 Die vorchristlichen Anschauungen und Lehren vom ΠΝΕΥΜΑ und der mystisch-intuitiven Erkenntnis, Leipzig–Berlin 1919, Nachdruck Darmstadt 1967
Lewy, H., Sobria Ebrietas. Untersuchungen zur Geschichte der antiken Mystik (BZNW 9) Leipzig 1929
Loew, O., ΧΑΡΙΣ (Diss. Marburg 1908)

Mack, B. L., Logos und Sophia. Untersuchungen zur Weisheitstheologie im hellenistischen Judentum (StUNT 10) Göttingen 1973
Manson, W., Grace in the New Testament, in: *W. T. Whitley* (Hg.), The doctrine of Grace, London 1932, 33–60
Méasson, A., Du chair ailé de Zeus à l'Arche d'Alliance. Images et mythes platoniciens chez Philon d'Alexandrie, Paris 1986
Ménard, J., La Gnose de Philon d'Alexandrie (Gnostica) Paris 1987
Moffatt, J., Grace in the New Testament, London 1931

Montes-Peral, L. A., AKATALEPTOS THEOS. Der unfassbare Gott (ALGHJ 16) Leiden–New York–Kopenhagen–Köln 1987

Mott, St. Ch., The Power of Giving and Receiving: Reciprocity in Hellenistic Benevolence, in: Current Issues in Biblical and Patristic Interpretation (FS M. C. Tenney) Grand Rapids 1975, 60–72.

Moussy, C., Gratia et sa famille (Publications de la faculté de lettres et sciences humaines Clermont-Ferrand 2. sér. 25) Paris 1966

Moxnes, H., Theology in Conflict. Studies in Paul's Understanding of God in Romans (NT.S 53) Leiden 1980

Neumark, H. (später = *Amir, Y.*), Die Verwendung griechischer und jüdischer Motive in den Gedanken Philons über die Stellung Gottes zu seinen Freunden (Diss. Würzburg 1937)

Nikiprowetzky, V., La doctrine de l'„élenchos" chez Philon, ses résonances philosophiques et sa portée religieuse, in: Philon (s. *Arnaldez*) 255–275

–, La spiritualisation des sacrifices et le culte sacrificiel au temple de Jérusalem chez Philon d'Alexandrie: Sem. 17 (1967) 97–116

–, Le commentaire de l'écriture chez Philon d'Alexandrie, Univ. de Lille 1974 (im Druck als ALGHJ 11, Leiden 1977)

Panimolle, S. A., La χάρις negli Atti e nel quarto vangelo: RivBib 25 (1977) 143–158

Pascher, J., Η ΒΑΣΙΛΙΚΗ ΟΔΟΣ. Der Königsweg zu Wiedergeburt und Vergottung bei Philon von Alexandreia (Studien zur Geschichte und Kultur des Altertums 17,3/4) Paderborn 1931

Pfeiffer, R., The Image of the Delian Apollo and Apolline Ethics: JWCI 15 (1952) 20–32

Pohlenz, M., Die Stoa, Göttingen ⁴1970, 2 Bd.

–, Philon von Alexandreia (1942), in: Kleine Schriften I 305–383

de la Potterie, I., Χάρις paulinienne et χάρις johannique, in: *E. E. Ellis – E. Gräßer* (Hg.), Jesus und Paulus (FS W. G. Kümmel) Göttingen 1975, 256–282

Räisänen, H., Römer 9–11: Analyse eines geistigen Ringens, in: ANRW II 25.4 (1987) 2891–2939

Riedweg, Ch., Mysterienterminologie bei Platon, Philon und Klemens von Alexandrien (UaLG 26) Berlin–New York 1987

Ruckstuhl, E., Art. Gnade III. in: TRE XIII (1984) 467–476

Runia, D. T., God and Man in Philo of Alexandria: JThS NS 39 (1988) 48–75

–, Naming and Knowing. Themes in Philonic Theology with special reference to the *de mutatione nominum*, in: *R. van den Broek – T. Baarda – J. Mansfeld* (Hg.), Knowledge of God in the Graeco-roman World (EPRO 112) Leiden 1988, 69–91

–, Philo of Alexandria and the *Timaeus* of Plato, Kampen 1983 (leicht revidierte Ausgabe PhAnt 44, Leiden 1986)

Sandelin, K.-G., Wisdom as Nourisher (AAAb Ser. A 64,3) Åbo 1986

Sandmel, S., Philo Judaeus: An Introduction to the Man, his Writings, and his Significance, in: ANRW II 21.1 (1984) 3–46

–, Philo of Alexandria. An Introduction, New York–Oxford 1979

–, Philo's Place in Judaism: A Study of Conceptions of Abraham in Jewish Literature, New York 1971

–, Virtue and Reward in Philo, in: Essays in Old Testament Ethics in memoriam J. Ph. Hyatt, New York 1974, 215–223

Schnider, F. – Stenger, W., Studien zum neutestamentlichen Briefformular (NTTS 11) Leiden–New York–Kopenhagen–Köln 1987

Schubert, P., Form and Function of the Pauline Thanksgivings (BZNW 20) Berlin 1939

Segalla, G., Il problema della volontà libera in Filone Alessandrino: StPat 12 (1965) 3–31

Sellin, G., Der Streit um die Auferstehung der Toten (FRLANT 138) Göttingen 1986

Siegfried, C., Philo von Alexandria als Ausleger des Alten Testaments (1875), Nachdruck Amsterdam 1970

Theiler, W., Philo von Alexandria und der Beginn des kaiserzeitlichen Platonismus (1965), in: Untersuchungen zur antiken Literatur, Berlin 1970, 484–501

–, Philo von Alexandria und der hellenisierte Timaeus, in: *R. B. Palmer – R. Hamerton-Kelly* (Hg.), Philomathes, The Hague 1971, 25–35

Thyen, H., Die Probleme der neueren Philo-Forschung: ThR 23 (1955) 230–246

–, Studien zur Sündenvergebung (FRLANT 96) Göttingen 1970

Tobin, Th. H., The Creation of Man: Philo and the history of interpretation (CBQ Monograph Ser. 14) Washington 1983

Verdenius, W. J., Platons Gottesbegriff, in: La Notion du Divin (Entretiens sur l'antiquité classique 1) Vandœuvres–Genf 1954, 241–293

–, Platon und das Christentum: Ratio 5 (1963) 13–32

Völker, W., Fortschritt und Vollendung bei Philo von Alexandrien (TU 49) Leipzig 1938

Warnach, W., Selbstliebe und Gottesliebe im Denken Philons von Alexandrien, in: *H. Feld – J. Nolte* (Hg.), Wort Gottes in der Zeit (FS K. H. Schelkle) Düsseldorf 1973, 198–214

Wedderburn, A. J. M., Baptism and Resurrection (WUNT 44) Tübingen 1987

Wenschkewitz, H., Die Spiritualisierung der Kultusbegriffe, in: ΑΓΓΕΛΟΣ 4 (1932) 70–230

Wetter, G. P., Charis (UNT 5) Leipzig 1913

Williamson, R., Jews in the Hellenistic World: Philo (Cambridge Commentaries on Writings of the Jewish and Christian World 200 BC to AD 200) Cambridge 1989

Windisch, H., Die Frömmigkeit Philos und ihre Bedeutung für das Christentum, Leipzig 1909

Winston, D., Freedom and Determinism in Philo of Alexandria: StPh 3 (1974/75) 47–70

–, Logos and Mystical Theology in Philo of Alexandria, Cincinnati 1985

–, Philo of Alexandria, The Contemplative Life, the Giants, and Selections, London 1981

–, Philo's Ethical Theory, in: ANRW I 21.1 (1984) 372–416

Winston, D., – Dillon, J., Two Treatises of Philo of Alexandria (Brown Judaic Studies 25) Chico, Cal. 1983

Winter, M., Pneumatiker und Psychiker in Korinth (MThSt 12) Marburg 1975
Wlosok, A., Laktanz und die philosophische Gnosis (AHAW.PH) Heidelberg 1960
Wobbe, J., Der Charis-Gedanke bei Paulus (NTA 13,3) Münster 1932
Wolfson, H. Au., Philo, Cambridge Mass. ⁴1968, 2 Bd.
Wolter, M., Die Pastoralbriefe als Paulustradition (FRLANT 146) Göttingen 1988

Zeller, D., Der Brief an die Römer (RNT) Regensburg 1985
Zeller, E., Die Philosophie der Griechen in ihrer geschichtlichen Entwicklung III 2
   (1902), Nachdruck Darmstadt 1963

Register

Stoicorum Veterum Fragmenta,
   ed. J. v. Arnim (SVF)
II 1081f *21f;* 1083 *22;* III 45 *108 A*
   299

Sylloge Inscriptionum Graecarum³,
   ed. W. Dittenberger (Syll.)
I 22,15 *13;* II 708,25.33 *16;* 798,5
   13f; 814ff *13;* III 1268 I,14.21
   18 mit A 27

Theognis
Elegiae 105–112 *18 A 26;* 15ff *17*

Thukydides
II 4,40 *20*

Xenophon
Apomnemoneumata II 1,20 *96 A*
   246; 1,21–33 *95;* IV 3,13ff *45 A*
   60; 3,15 *15 A 13*

Altes Testament

Genesis
1,26 *44f;* 1,27. 2,6–10 *73f.78;*
   5,22ff *61;* 6,6 *52;* 6,8
   27.35f.55.112; 6,12 *160;* 6,18a
   153f; 11,7 *53;* 12,1–3 *65.68. 87 A*
   205. 89; 12,1–6 *87;* 12,7 *88;*
   15,1–18 *87;* 15,2 *81;* 15,4f *103;*
   15,6 *89f.165;* 15,7 *88;* 15,8 *89 A*
   214; 15,9 *116;* 17,1–6.15–22
   87.109; 17,3f *111.167;* 17,5 *87 A*
   202. 167; 17,16 *79.92;* 17,17 *89*
   A 214. 92. 111 A 309; 18 *91;* 18,3
   27.91; 18,11 *81 A 181;* 18,12 *89*
   A 214; 18,27 *111f;* 19,20.22 *67;*
   21,6 *92f;* 22 *122. 166 A 87;*
   22,16f *110;* 26,3–5 *90 mit A 290;*
   26,12 *190f;* 29,31 *80.81 A 183;*
   27,20 *94;* 32,29 *97*

Exodus
2,23 *60.63f;* 3,7ff *60;* 3,9 *64;* 3,11f
   88; 3,15 *86;* 13,1 *121 A 348;* 16,4
   82; 16,18 *187;* 23,19 *121;*
   24,1f.9–18 *101f;* 25,18ff *47;*
   29,38–42 *144;* 33,12f.16ff
   27.100f; 34,6 *26.135f;* 34,9 *27*

Leviticus
23,9–14 *123;* 23,10 *122;* 25,23 *39;*
   26,5 *33;* 26,12 *127 A 365*

Numeri
6,1f *119f;* 11,1 *27;* 16,5 *71;* 23,19
   52.71; 24,7 *178f;* 25,12 *107 A*
   293; 28,2 *120. 183 A 130;* 28,3–8
   124; 31,28 *122;* 35,12ff *49*

Deuteronomium
4,6f *68;* 5,5.31 *102;* 8,5 *52f.71;*
   8,12–14.17f; 9,5 *112f;* 26,17f
   62.68; 28,12 *40 A 37. 56f. 82 A*
   187; 30,3 *178;* 30,11–14 *159f;*
   30,15.19 *70;* 32,34f *56f;*
   33 *170.178*

Judit
10,8 *27 A 67*

Psalmen
100,1 *54*

Sprüche
3,34LXX *27 A 64. 129. 167*

Weisheit
3,9; 4,15 *27f*; 6,16 *68 A 138*; 7,7 ff
  28; 7,22.25 f *30*; 8,21 *28f.95*;
  9,1–19 *29*

Sirach
33,16 ff *143*; 37,21 f *28.95*

Jesaja
11,2 *179 A 121. 185 A 139. 188 A
  147*

Sacharja
12,10 *27.30*

Frühchristliche Schriften